华中师范大学出版基金丛书
学 术 著 作 系 列

迈向体育强国的农村体育公共服务研究

国家社会科学基金项目（11BTY011）

胡庆山 著

华中师范大学出版社

新出图证（鄂）字10号

图书在版编目（CIP）数据

迈向体育强国的农村体育公共服务研究 / 胡庆山著. — 武汉：华中师范大学出版社，2023.1

ISBN 978-7-5622-9974-5

Ⅰ.①迈… Ⅱ.①胡… Ⅲ.①农村—群众体育—公共服务—研究—中国 Ⅳ.①G812.42

中国版本图书馆CIP数据核字（2022）第239332号

迈向体育强国的农村体育公共服务研究

MAIXIANG TIYU QIANGGUO DE NONGCUN TIYU GONGGONG FUWU YANJIU

责任编辑：方统伟 **责任校对：**肖 阳 **封面设计：**罗明波

编辑室：数字出版中心 **电话：**027-67867362

出版发行：华中师范大学出版社有限责任公司

社址：湖北省武汉市洪山区珞喻路152号 **邮编：**430079

电话：027-67861549（发行部）

网址：http://press.ccnu.edu.cn **电子信箱：**press@mail.ccnu.edu.cn

印刷：武汉市籍缘印刷厂 **督印：**刘 敏

字数：300千字

开本：710 mm×1000 mm 1/16 **印张：**18.5

版次：2023年2月第1版 **印次：**2023年2月第1次印刷

定价：76.00元

敬告读者：欢迎上网查询、购书

序

新时代的体育强国建设已融入全面建成小康社会、建设社会主义现代化强国、实现中华民族伟大复兴中国梦的历史征程。党的十九大报告提出了“完善公共文化服务体系”“广泛开展全民健身活动，加快推进体育强国建设”等战略目标与任务，新时代的体育公共服务建设成为建设体育强国、构建健康中国的重要抓手。囿于我国农村基础长期薄弱、城乡二元结构的存在，导致城乡一体化的公共服务体系建设任务依然任重而道远，农村体育及其公共服务仍然是全民健身战略、体育强国战略实施中的难题和短板。因此，对迈向体育强国的农村体育公共服务建设这一课题的深入研究，十分必要和重要。

《迈向体育强国的农村体育公共服务研究》一书采用多元研究方法，将定量研究与定性研究相结合、问题研讨与对策研究相结合，全面梳理了体育强国构建与农村体育公共服务建设的关系，深入分析了农村体育公共服务建设的现状及其问题，系统阐析了农村体育公共服务建设中人财物及体制机制问题，尝试构建了体育强国目标下“一体两翼”型农村体育公共服务体系框架，针对性地提出了促进体育强国目标下农村体育公共服务及其体系建设的建议。该书高度契合新时代我国构建体育强国、建设健康中国、促进乡村振兴等战略发展需求，密切观照农村体育公共服务建设的实践难题，将政策导向与实践所需有机结合、理论构建与政策建议相辅相成。较之于已有研究，该书的理论价值在于将体育强国与农村体育公共服务相结合，有利于进一步丰富、完善体育强国与农村体育公共服务的相关理论基础，其应用价值在于通过对农村体育公共服务现状问题的审视、对农村体育公共服务人财物困境及体制机制现实弊端的阐释、对农村体育公共服务及其体系建设的建议等，把脉、破解农村体育公共服务实践难题，为相关政府部门提供决策提供参考。

学术研究贵在找准方向，持之以恒。作为北京体育大学的优秀博士后，胡庆山教授多年来一直致力于农村体育的相关研究，通过不断探索、开拓、耕耘，在这一苦涩坚硬的研究领域里收获了一批具有较大影响力的研究成果，自己也在学术研究的道路上不断成长、成熟、成才。然，学海无涯，研究无止。全面建设社会主义现代化国家新征程中的农村体育研究可谓其途漫漫，尚需持续发力。望庆山固守学术初心，坚持学术精神，保持学术激情，取得更加丰硕的成果。

是为序。

杨桦

2021 年 12 月

目　录

导　论

一、研究缘起及意义

（一）研究缘起

2019 年 8 月 10 日，国务院办公厅印发《体育强国建设纲要》，将体育强国建设融入了全面建成小康社会、建设社会主义现代化强国、实现中华民族伟大复兴中国梦的征程中。众所周知，21 世纪我国体育强国目标的提出，源自胡锦涛同志于 2008 年在北京奥运会、残奥会总结表彰大会上的讲话。在会上，胡锦涛同志指出："要实现竞技体育和群众体育协调发展，进一步推动我国由体育大国向体育强国迈进。"[①] 自此，体育强国就成为我国体育事业发展的总体目标和体育学界理论研讨的热点。众多体育学者围绕着什么是体育强国、为什么要建设体育强国、怎样建设体育强国等问题进行了深入的研究。体育强国作为新时代我国体育事业发展的目标定位，恰如我国体育事业发展的导航仪，引领着我国各项体育事业发展的总体方向。《体育强国建设纲要》突出强调了"公共体育服务体系初步建立""公共服务完善""完善全民健身公共服务体系"等战略目标与战略任务[②]。事实上，2008 年北京奥运会、残奥会总结表彰大会上，胡锦涛同志曾指出："要着眼于满足人民群众的体育需求，……完善全民健身体系，为人民提供更多更好的体育公共服务"，"要强化政府发展体育事业、提供基本体育公共服务的责任，更好地满足人民群众多

---

① 胡锦涛. 在北京奥运会、残奥会总结表彰大会上的讲话［EB/OL］.（2008-09-29）［2021-08-12］. http://news.xinhuanet.com/newscenter/2008-09/29/content_10133226.htm.

② 国务院办公厅. 体育强国建设纲要［EB/OL］.（2019-09-02）［2021-12-12］. http://www.gov.cn/zhengce/content/2019-09/02/content_5426485.htm.

方面的体育需求”①。从某种程度上而言，体育公共服务及其体系的建设与完善，关系着体育强国建设的大局与成败。

回溯公共服务的近来历程发现，公共服务是“十一五”时期我国政府职能转变的风向标，也是“十二五”时期国家加强民生和社会事业建设的重要抓手。彼时，打造服务型政府、加强公共服务体系建设一度成为我国全面建设小康社会、构建和谐社会进程中的一项重要任务。党的十七大报告中有十处提到公共服务，并曾明确指出，要“加快行政管理体制改革，建设服务型政府”，并强调要“健全政府职责体系，完善公共服务体系”②。党的十八大报告亦一脉相承地指出要“加快形成政府主导、覆盖城乡、可持续的基本公共服务体系”③。在2010年政府工作报告中，温家宝同志提出了“大力发展公共体育事业”的新要求④。这是我国政府工作报告中第一次出现“公共体育事业”这一概念，且在国家“十二五”规划纲要第十六章第四节中再次得以强调和体现。伴随着国家战略重心的转移和“十二五”战略部署的制定，体育公共服务及其体系建设随之成为我国体育事业发展的重要抓手。《中华人民共和国国民经济和社会发展第十二个五年（2011—2015年）规划纲要》指出，要建立健全符合国情、比较完整、覆盖城乡、可持续的基本公共服务体系，逐步缩小城乡区域间人民生活水平和公共服务差距⑤。《体育事业发展“十二五”规划》相应指出，“十二五”时期体育事业发展的指导思想要“以建设体育强国

① 胡锦涛. 在北京奥运会、残奥会总结表彰大会上的讲话［EB/OL］.（2008-09-29）［2021-08-12］. http://news. xinhuanet. com/newscenter/2008-09/29/content_10133226. htm.

② 胡锦涛. 高举中国特色社会主义伟大旗帜 为夺取全面建设小康社会新胜利而奋斗——在中国共产党第十七次全国代表大会上的报告［EB/OL］.（2007-10-24）［2021-12-01］. http://news. xinhuanet. com/newscenter/2007-10/24/content_6938568. htm.

③ 胡锦涛. 坚定不移沿着中国特色社会主义道路前进 为全面建成小康社会而奋斗——在中国共产党第十八次全国代表大会上的报告［EB/OL］.（2012-11-19）［2021-08-12］. http://www. xj. xinhuanet. com/2012-11/19/c_113722546. htm.

④ 温家宝. 2010年政府工作报告［EB/OL］.（2010-03-15）［2021-12-10］. http://www. china. com. cn/policy/txt/2010-03/15/content_19612372. htm.

⑤ 新华社北京2011年3月16日电. 中华人民共和国国民经济和社会发展第十二个五年规划纲要［EB/OL］.（2011-03-16）［2021-08-12］. http://www. gov. cn/test/2011-03/16/content_1825941. htm.

为目标”“以建立完善符合国情、比较完整、覆盖城乡、可持续的公共体育服务体系为重点”[①]。可见，体育强国目标下的体育公共服务建设，此时已纳入体育事业发展的整体规划并作为重点任务予以确立。

党的十九大报告提出了“基本公共服务均等化基本实现”“完善公共文化服务体系”“广泛开展全民健身活动，加快推进体育强国建设”等战略目标与任务[②]。《体育发展“十三五”规划》确立了“坚持建设体育强国的战略定位”“全民健身公共服务体系日趋完善”等指导思想和目标定位。2019 年国务院印发的《体育强国建设纲要》，亦对体育公共服务战略地位予以了强调。可以说，新时代体育公共服务的作用不但没有被削弱，更是作为全面建成小康社会后建设社会主义现代化强国、建设体育强国的重要抓手。

无须讳言，体育强国的建设必须以人为本，以人民为中心，该目标的实现要以加强体育公共服务体系建设为基础。国家体育总局原局长刘鹏同志曾在接受中央主流媒体集体采访，论及“怎么样建设体育强国、体育强国有什么内涵”时指出，在群众体育领域，要在全社会有相当广大的民众热爱体育、参与体育，通过体育健身来提高身体素质。这就需要建立覆盖城乡的，比较完善的公共体育服务体系。因此，建立覆盖城乡的、比较完善的体育公共服务体系，也就成为体育强国建设的必然要求和重要抓手。

然而，在一个农村人口众多、农村基础长期薄弱的中国，构建一个完善的体育公共服务体系却并非易事。农村体育公共服务问题将是我国体育公共服务体系建设中的一个重点和难点。可以认为，农村体育公共服务及其体系的建设与完善，对我国体育公共服务体系建设以及体育强国目标的实现，将产生根本性的影响并起到举足轻重的作用。

综上所述，在体育强国目标引领下，在当前构建健康中国、打造服

① 国家体育总局政法司. 体育事业发展“十二五”规划［EB/OL］.（2011-04-01）［2021-08-12］. http://www. sport. gov. cn/n16/n1077/n1467/n1843577/1843747. html.

② 新华社北京 10 月 27 日电. 习近平：决胜全面建成小康社会 夺取新时代中国特色社会主义伟大胜利——在中国共产党第十九次全国代表大会上的报告［EB/OL］.（2017-10-27）［2021-08-12］. http://www. gov. cn/zhuanti/2017-10/27/content_5234876. htm.

务型政府并完善社会公共服务体系的现实背景下，在现今大力发展农村体育公共服务的实践需求下，对我国农村体育公共服务的理论与实践问题开展研究，在一定程度上而言，可谓既迫切，又必要。于此，迈向体育强国的农村体育公共服务建设研究这一时代课题应运而生。

（二）研究意义

本课题的研究意义与本课题研究缘起的现实背景与实践要求是不可分割的，正是基于当前我国必须致力于发展农村体育公共服务、建设并完善农村体育公共服务体系这一现实需求，本课题研究的理论意义与实践价值才得以彰显。总体而言，本课题的研究意义主要集中表现为以下几个方面：

第一，本课题的研究，有利于为党的十七大、十八大、十九大报告分别提出的“建设服务型政府、完善公共服务体系”“加快形成基本公共服务体系”“加快推进体育强国建设”，以及《中华人民共和国国民经济和社会发展第十四个五年规划和2035年远景目标纲要》中2035年远景目标“建成体育强国”等文件精神的贯彻落实提供一定的理论支撑。不可否认，农村体育公共服务及其体系建设，既是体育公共服务体系建设的一部分，也是我国公共服务体系整体建设的一部分①。从某种程度上而言，在一个以农村和农民②占绝对地理和人口比例优势的中国，农村体育公共服务及其体系的建设情况，将对体育公共服务体系建设的成败产生根本性的影响，并进一步影响我国整个公共服务体系的完善程度。本课题对农村体育公共服务及其体系建设的相关理论分析，尤其是对农村体育公共服务及其体系建设的若干建议，在一定程度上有利于为体育公共服务体系以及公共服务体系的建设与完善提供理论支持。

第二，本课题的研究，有利于从我国群众体育领域的薄弱环节来反思和审视当前我国体育强国建设的发展目标，为我国实现从体育大国向体育强国的迈进提供理论参考。众所周知，相较于竞技体育的发展，我国群众体育的发展相对滞后，而农村体育则是其薄弱环节上的软肋。如

---

① 刘蕾. 湖北省农村体育公共服务建设现状调查研究［D］. 武汉：华中师范大学，2013.

② 据《现代汉语词典（第7版）》中所释义，农民意为“在农村从事农业生产的劳动者”。因研究所需，本书中“农民”所指不仅包括以上义项，还包括生活在农村地区的其他人员。

果说要给农村体育“补钙”，使其不断发展来给群众体育“壮腰”的话，那么当前以我国大力加强公共服务建设为契机，着力开展农村体育公共服务及其体系建设，则不失为一个明智之举。农村体育公共服务及其体系建设，不仅是近年来我国农村体育事业发展的新方向，而且是重难点问题。这无疑抓住了我国体育事业发展中的薄弱环节，并把握住了其中的重难点，对实现体育强国的目标具有重要的意义。因为其既有助于在实现从体育大国向体育强国迈进的过程中保持清醒的认识，也有助于在迈向体育强国的过程中抓住我国体育事业发展的主要矛盾，并有助于解决关键性问题。所以，本研究对体育强国相关理论建设及体育强国目标的实现，也就具有一定的理论参考价值。

第三，本课题的研究，有利于推动公共服务理论在体育学科中的应用研究，拓宽体育学科的研究视阈，有利于拓展和深化体育公共服务及农村体育公共服务的研究广度、深度，丰富农村体育公共服务及其体系建设的相关理论研究成果。

第四，从实践价值来看，本课题的研究有利于为新时代《全民健身计划（2021—2025 年）》《“健康中国 2030”规划纲要》《体育强国建设纲要》等文件精神在广大基层农村的落实和实施提供对策性建议，为体育强国进程中农村体育公共服务及其体系建设的实践，提供实证材料支撑和实践参照。此外，本课题的研究，还有利于为各级政府及相关部门转变管理职能、明确服务责任、建设服务型政府等提供一定的决策依据和实践参考。

二、研究现状述评

（一）国外相关研究现状分析

就本课题而言，针对研究主题，其相关研究主要涉及体育强国、公共服务、体育公共服务、农村体育公共服务等几个方面。由于 21 世纪体育强国目标的确立是伴随胡锦涛同志 2008 年北京奥运会后的讲话而诞生，因而体育强国的相关研究可谓颇具中国特色。然而，由于公共服务理论与实践发源于社会发展程度较高的西方发达国家，因此，国外有关公共服务问题的研究历时较久，且成果颇为丰富。但就体育公共服务而言，国外则主要集中在体育公共政策的制定及实施实践上，相关理论研究颇为缺乏。

1. 国外有关公共服务的研究

公共服务概念的提出与社会经济发展程度密切相关[1]。最早提出公共服务概念的是19世纪后期德国社会政策学派和20世纪初期的法国公法学者。19世纪后半叶，德国社会政策学派的杰出代表瓦格纳极力主张公共支出的生产性，主张财政的社会政策作用，拓宽了政府职能的范围，初步提出了公共服务概念，认为政府除了应履行维护市场经济正常运作的作用外，还应担负社会文化、福利的作用，并指出："如果我们考虑财政经济中国家以及其他消费所需支出经济的话，那就必须筹划国家需要中所支付的工资乃至薪俸，或直接使用于公共服务的，或为获得其他财货而必须预为筹措的财货和货币的部分。在整个国家需要中，这一部分特别叫作财政需要。"[2] 1912年，法国公法学者狄骥明确提出了"公共服务"的概念，并将其作为现代公法制度的基础。他认为："现代公法制度背后所隐含的原则，可以用这样一个命题来加以概括：即那些事实上掌握着权力的人并不享有行使公共权力的某种主观权力；而恰恰相反，他们负有使用其手中的权力来组织公共服务，并保障和支配公共服务进行的义务……公共服务的概念也就因此成为了现代公法的基本概念。"狄骥定义公共服务的概念为："任何因其与社会团结的实现与促进不可分割、而必须由政府来加以规范和控制的活动，就是一项公共服务，只要它具有除非通过政府干预，否则便不能得到保障的特征。"[3] 不难发现，就公共服务概念起源来看，公共服务同国家权力关系密切。

20世纪后期，随着新公共管理理论的兴起，新公共服务的概念随之产生。新公共服务理论，是以登哈特夫妇为代表的新公共管理理论，主要是针对公共行政学的批判和反思。1989年，美国行政学者帕里夏·英格拉姆(Patricia Ingraham)和戴维·罗森布鲁姆（David Rosenbloom）提出了"新公共服务"的概念，认为新公共服务是"一场新型的公共行政运动"[4]。

---

① 国家广电总局发展研究中心课题组. 中国农村广播影视公共服务［M］. 北京：中国广播电视出版社，2008.

② 毛连程. 西方财政思想史［M］. 北京：经济科学出版社，2003.

③ 莱昂·狄骥. 公法的变迁：法律与国家［M］. 郑戈，冷静，译. 沈阳：辽海出版社，1999.

④ PATRICIAL W. INGRAHAM，DAVID H. Rosenbloom. The New Public Personnel and the New Public Service［J］. Public Administration Review，1989，49（2）.

1999 年，保罗·赖特（Pual Light）在《新公共服务》（*New Public Service*）中，以实证的方式，结合实际将“新公共服务”描述为“21 世纪新一代公务员应具备的典型特征”①。可憾的是，这些关于新公共服务的概念并未引起国际公共行政学界的广泛关注，直到 2000 年登哈特夫妇发表《新公共服务：服务，而不是掌舵》一文，并指出：“所谓新公共服务，指的是关于公共行政在以公民为中心的治理系统中所扮演的角色的一套理念。”②自此，新公共服务才引起了公共行政学界的广泛关注和众多学者的认同。

（1）公共服务创立阶段的相关研究

18 世纪产业革命发生以后，自由资本主义市场经济形成，且资产阶级民主政治制度建立，政府管理权利的来源为民主意愿与选举程序。管理者与被管理者的关系似乎是利益一致与平等交换的关系，行政的属性是公共行政，其主要理念是理性经济人的人性假设和“看不见的手”。政府在这些理念下追求的治理价值是依靠市场功能，鼓励自由竞争，减少政府干预，崇尚无为而治，政府公共服务的规模较小，这是一种典型的放任行政。以上背景促进了公共服务理论的创立。19 世纪后半叶，德国社会政策学派的杰出代表瓦格纳极力主张财政的社会政策作用，初步提出了公共服务的思想。1912 年，法国公法学者莱昂·狄骥明确提出了“公共服务”的范畴，并将其作为现代公法制度的基本概念，这些思想观点促进了政府公共服务理论的创立。

20 世纪 20 年代，福利经济学的代表人物 A. C. 庇谷提出了“社会资本优先配置理论”，确定了资源最优配置的标准和社会福利最大化的标准，阐述了“收入均等化”的思想。1929 年，在资本主义世界经济大危机的背景下，凯恩斯在《就业、利息和货币通论》中提出了政府干预理论，明确并首次使用了“公共产品”概念。20 世纪中期，随着公共经济学者提出“公共产品”的概念以后，公共服务研究逐渐成为经济学和财政学的主流和基础。1954 年，新古典综合派代表人、美国经济

---

① LIGHT P C. The New Public Service [M]. Washington DC : Brookings Institution Press, 1999.

② 珍妮特·V. 登哈特，罗伯特·B. 哈登特. 新公共服务 [M]. 丁煌，译. 北京：中国人民大学出版社，2004.

学家萨缪尔森在《经济学和统计学》上发表了《公共支出的纯理论》一文，首次界定了“公共产品”的含义及特征。他认为，公共产品的主要特征是：任何人消费这种物品不会导致他人对该物品消费的减少。他认为由于市场失灵的存在，市场经济中存在着不完全竞争、外部效应等生产和消费无效率的情况，必须通过政府干预，由政府提供公共产品以调节经济运行，他认为政府提供公共产品和公共服务具有效率、平等和稳定三个重要作用。20 世纪 50 年代末，马斯格雷夫在《财政学原理：经济学研究》中引入公共经济的概念，深化了人们对如何更有效地提供公共产品问题的认识。从 20 世纪 50 年代末到 70 年代初，威廉·坦普尔提出的“福利国家”理论得到快速发展，形成了系统的理论观点。他认为，市场经济存在缺陷，福利国家应事先收入均等化和福利社会化。与此同时，社会民主原则、社会权利普遍化原则和充分就业原则得以提出。至此，西方公共服务理论以“福利国家”学派为代表而获得迅速发展①。

（2）公共服务发展阶段的相关研究

20 世纪 80 年代前后，新公共管理改革运动在英美等经济合作与发展组织国家陆续开展，从而对传统公共行政学理论提出了强烈批判。公共服务作为新公共管理理论的一个核心概念，也逐渐成为公共管理研究的核心内容，并推动了西方公共服务理论研究的日益成熟。新公共管理理论是有关公共部门治理方式的最新理论，是公共部门管理方式迅速变化的显著标志。新公共管理理论的产生，与西方社会掀起的大规模的政府改革活动紧密相连，对于西方社会政治体制改革发挥了积极的作用。

在这一阶段，治理理论也发展成为一个重要理论。作为治理理论的创始人，詹姆士·N. 罗西瑙在《没有政府治理》一书中提出了全球治理的思想。与新公共管理和治理理论相关的研究成果极为丰富，具有代表性的著作有：《职业优势——公共服务中的技能三角》②（詹姆斯·鲍曼，2005 年）、《新公共管理》③（简·莱恩，2004 年）、《构建虚拟政府：信息

① 田兆阳，尚秋谨. 变革管理与政府创新［M］. 北京：北京出版社，2007.

② 詹姆斯·鲍曼. 职业优势：公共服务中的技能三角［M］. 北京：中国人民大学出版社，2005.

③ 简·莱恩. 新公共管理［M］. 北京：中国青年出版社，2004.

技术与制度创新》① （简·芳汀，2004 年）、《摒弃官僚制：政府再造的五项战略》② （戴伟·奥斯本，2002 年）、《突破官僚制：政府管理的新愿景》③ （麦克尔·巴泽雷，2002 年）、《新有效公共管理者》④ （史蒂文·科恩，威廉·埃米克，2002 年）、《创建高绩效政府组织》⑤ （马克·G. 波波维奇，2002 年）、《驾驭变革的浪潮：开发动荡时代的管理潜能》⑥ （加里斯·摩根，2002 年）、《政府未来的治理模式》⑦ （B. 盖伊·彼德斯，2001 年）、《公共管理导论》⑧ （欧文·E. 休斯，2001 年）、《公共管理评估：国家公共卫生服务案例》⑨ （Hannigan，1998 年）、《通过新公共管理提供公共服务：一个公共住房的案例》⑩ （Sprigings N，2002 年）、《治理与竞争：非营利组织在提供公共服务的作用》⑪ （Mark Considing，2004 年）等。这些研究成果对深化公共服务改革进行了有益的探索。

---

① 简·芳汀. 构建虚拟政府：信息技术与制度创新［M］. 北京：中国人民大学出版社，2004.

② 戴伟·奥斯本. 摒弃官僚制：政府再造的五项战略［M］. 北京：中国人民大学出版社，2002.

③ 麦克尔·巴泽雷. 突破官僚制：政府管理的新愿景［M］. 北京：中国人民大学出版社，2002.

④ 史蒂文·科恩，威廉·埃米克. 新有效公共管理者［M］. 北京：中国人民大学出版社，2003.

⑤ 马克·G. 波波维奇. 创建高绩效政府组织［M］. 北京：中国人民大学出版社，2002.

⑥ 加里斯·摩根. 驾驭变革的浪潮：开发动荡时代的管理潜能［M］. 北京：中国人民大学出版社，2002.

⑦ B. 盖伊·彼德斯. 政府未来的治理模式［M］. 北京：中国人民大学出版社，2001.

⑧ 欧文·E. 休斯. 公共管理导论［M］. 北京：中国人民大学出版社，2001.

⑨ HANNIGAN. Assessing the New Public Management：The Case of the National Health Service［J］. Journal of Nursing Management，1998，6（5）：307-312.

⑩ SPRIGINGS，DELIVERING N. Public Serivice Under the New Public Management：The Case of Public Housing［J］. Public Money& Management，2002，22（4）：11-17.

⑪ CONSIDINE，MARK. Governance and Competition：The Role of Non-profit Organisations in the Delivery of Public Service［J］. Australian Journal of Political Service，2003，38（1）：63.

(3) 公共服务创新阶段的相关研究

正如有研究所言，“由于新公共管理模糊了政府与公民、政府与社会之间的本初关系，严重损害了现代民主制度所倡导的宪政主义和公共精神，社会开始呼唤一种新的政府运行模式，于是新公共服务理论应运而生”①。在传统公共行政和新公共管理理论的基础上，新公共服务理论得以建立，其“是基于民主公民权、社团主义和后现代话语理论的折衷结合体，具有深刻的伦理意蕴”②。

新公共服务理论的代表性人物登哈特认为，政府的职能是服务，而不是掌舵③。登哈特夫妇在《新公共服务：服务，而不是掌舵》一文中指出：“所谓新公共服务，指的是关于公共行政在以公民为中心的治理系统中所扮演的角色的一套理念。”④ 作为新公共服务的代表人物，登哈特也是美国公共行政学会“全国公共服务运动” (National Campaign for Public Service) 的创始人。迄今为止，他已经出版了十余本专著和 70 多篇学术论文，其公共服务相关研究主要涉及公共行政理论、组织行为学、领导学和组织变革等方面。主要代表作包括：《Theories of Public Organization》(1993 年，2006 年已经重印第 5 版)、《The New Public Service：Serving，Not Steering》 (与珍妮特 · V. 登哈特合著，2003 年)、《Managing Human Behavior in Public and Nonprofit Organizations》(2001 年)、《In Pursuit of Significance：Strategies for Managerial Success in Public Organizations》 (1993 年)、《The Revitalization of the Public Service》(1992 年)、《Executive Leadership in the Public Service》 (1992 年)、《Public Administration：An Action Orientation》 (1991 年)、《In the Shadow of Organization》(1981 年) 等。

新公共服务理论的主要代表人物还有美国纽约大学罗伯特 · 瓦格纳

① 申剑. 基于卓越绩效管理的我国城市政府管理研究 [M]. 昆明：云南大学出版社，2008.

② WOUTER VANDENABEELE，ANNIE HONDEGHEM. “New Public Service”，Encyclopedia of Public Administration and Public Policy [M]. London：Taylor and Francis，2005.

③ 罗伯特 · B. 哈登特. 公共组织理论 (第三版) [M]. 北京：中国人民大学出版社，2003：2007.

④ 珍妮特 · V. 登哈特，罗伯特 · B. 哈登特. 新公共服务 [M]. 丁煌，译. 北京：中国人民大学出版社，2004.

公共服务研究生院教授保罗·C. 赖特。赖特被公认为美国政府、公共服务和非营利组织研究的权威人物，其有关公共服务研究主要有：《Thickening Government：Federal Hierarchy and the diffusion of Accountability》(1995 年)、《The Tides of Reform：Making Government Work》(1997 年)、《The New Public Service》(1999 年)、《The Four Pillars of High Performance》(2004 年) 等，在《The New Public Service》中，赖特描述了在新型的多部门公共服务机构中，政府如何失去了年轻人职业追求的吸引力，他广泛研究了公共服务的职业特点，以及政府和非营利组织如何才能更好地进行管理，以增加对那些希望服务社区和国家的年轻人的吸引力。

此外，这一时期，国外有关公共服务的研究还有：《新西兰公共服务中的一体化服务》[①] (Vincent，Ida，1999 年)、《民主治理与公共服务用户角色的变换》[②] (Sorensen，Eva，2000 年)、《治理转变，转向公平？新工党，现代化与公共服务》[③] (Janet Newman，2002 年)、《管理差异：英国公共服务和旅店组织中的公平研究》[④] (Maxwell G，2003 年)、《公共服务组织中的伦理探究》[⑤] (Doig，Alan，2005 年)、《公共服务中的公正与抉择》[⑥] (Le Grand，Julian，2006 年) 等。以上研究主要集中在将“整体政府”(“整体政府”是在对传统的公共服务模式和碎片化的公共服务供给模式批判的基础上形成的一种新的治理模式) 理论运用于公共服务及其体系的完善等方面。

---

① VINCENT，IDA. Collaboration and Integrated Service in the NSW Public Sector [J]. Australian Journal of Public Administration，1999，58 (3)：50.

② SORENSE N，EVA. Democratic Gpvernmance and the Changing of Rose Use of Public Services [J]. Administrative Theory&Praxis，2000，22 (1)：24-44.

③ NEWMAN，JANET. Changing Governance，Changing Equality? New Labour，Modernization and Public Services [J]. Public Money&Management，2002，22 (1)：7.

④ MAXWELL G，MCDOUGALL M，et al. Equality at work in UK public services and hotel organizations：Inclining towards managing diversity? [J]. Human Resource Development International，2003，6 (2)：243.

⑤ LAWTON ALAN，DOIG，ALAN. Researching Ethics for Public Service Organizations [J]. Public Integrity，2005，8 (1)：49-63.

⑥ LE GRAND，JULIAN. Equality and Choice in Public Services [J]. Social Research，2006，73 (2)：695-710.

以上相关研究，对于认清国外公共服务的发展轨迹无疑具有重要的参考作用，同时对本研究而言，也具有有益的参考和借鉴价值。

2. 国外有关体育公共服务的研究

检索发现，国外有关体育公共服务研究主要体现在相关体育政策的制定和体育权利的保护实施上。

由于许多经济发达国家和地区的政府及体育相关部门对体育的作用与价值认识相对较为全面深刻，对体育领域的关注与重视也不断增多，因此，伴随着多方面体育公共政策的制定、实施，体育公共服务领域日渐完善和发展。其在体育公共服务供给模式上，涉及政府相关部门、社会非营利组织、市场商业性组织在内的不同主体相互合作，进行着体育公共服务的多元化供给。这在包括英国、美国、加拿大、德国、澳大利亚、挪威等许多国家都不同程度地得以体现。相关资料显示，这些国家的政府在体育领域政策制定、体育公共服务提供方面各具特点，但无外乎地方、省级州级、国家层面与社会其他组织机构（如自愿者组织、相关非盈利组织等）以及市场上盈利性企业的合作联手与各尽其职①。

例如，英国政府在体育领域一贯强调的旨在提升居民健康的政策——“Sport for all”中就体现着体育公共服务的理念，在实施时融合了体育部门与卫生健康部门的努力（Patrick Murphy，Ivan Waddington，1998 年）②。德国体育公共服务的一个明显特点是存在着包括众多俱乐部与联盟在内的强有力的非官办组织，1933 年之前这种由大量自发组织构成的体育体系并不被政府所重视，更缺乏应有的联系与合作。但随着时代的发展，1945 年后，德国体育公共服务体系中官方部门与非官方组织共同提供体育公共服务的局面逐渐形成并不断完善（Naul R，Hardman K，2002 年）③。澳大利亚的体育在 20 世纪 70 年代之前与政府关联甚少，除了涉及土地使用与财政问题外，政府在其发展上无所作为，包括体育

---

① NILS ASLE BERGSGARD，BARRIE HOULIHAN，PER MANGSET，et al. Sport Policy：A Comparative Analysis of Stability and Change［M］. Oxford：Butterworth-Heinemann. 2007.

② PATRICK MURPHY，IVAN WADDINGTON. Sport for all：some public health policy issues and problems［J］. Critical Public Health. 1998，8（3）：193-196.

③ NAUL R，HARDMAN K. Sport and Physical Education in Germany［M］. London：Routledge，2002.

公共服务在内的各类体育政策也不在政府议程之内。然而30年后的21世纪，政府已认识到需要通过各种方式扶持与发展体育。有关资料显示，如今澳大利亚政府在体育公共服务提供、社会体育发展政策的制定和实施方面，已形成了较为合理有效的体系及流程，包括政府相关部门、社会非营利组织、市场商业性组织在内的三维主体相互协调、监督与激励，而这一模式同时在地方、州、国家等不同层面展开（Stewart B，2004年）①。挪威自1946年开始体育领域中新组合主义模式（New-Corporatist Model）的运用，这种模式的内容之一正是体育公共服务提供方面各阶层之间的合作，诸如国会旨在推进体育生活化进程而颁布的白皮书《Changing Sport Life》、挪威体育联邦（Norwegian Sport Confederation）关于体育赌博法案的制定，均是新组合主义模式运用的表现（Enjolras & Waldahl，2007年）②。从诸多国外经济发达国家体育公共服务领域的实践及其研究中可以发现，一种渗透多个区域层面（地方、省级州级、国家层面）、涉及多个方面（政府相关部门、社会非营利组织、市场商业性组织）的体育公共服务供给模式框架值得借鉴③。

由于国外体育公共服务供给模式框架的运作背景，要受到不同国家与地区政治、经济、文化、科技等特定社会环境因素的影响，所以在具体实施上，许多国家政府及体育相关部门，多是本着有效性和公平性宗旨，来多渠道、多方面地制定与实施各种有关体育休闲娱乐公共服务领域的运作方案与配套办法（G. Howat，J. Crilley，I. Milne，1996年）④。

总体而言，由于国情的不同，国外鲜见直接针对体育公共服务的研究，而是把体育放在社会公共文化产品的提供中，并通过大众体育相关服务的政策制定与实施开展研究，但其体育政策制定及实施中蕴含的服

---

① STEWART B. Australian Sport-Better by Design? The Evolution of Australian Sport Policy [M] London：Routledge，2004.

② ENJOLRAS，WALDAHL. Policy-Making in Sport：The Norwegian Case [J]. International Review for the Sociology of Sport，2007，42（2）：201-216.

③ 俞琳，曹可强. 国外体育公共服务供给的发展趋势及启示 [J]. 体育学刊，2011，18（3）：41-43.

④ HOWAT G，ABSHER J，CRILLEY G. Measuring customer service quality in sports and leisure centres [J]. Managing Leisure，1996（1）：77-89.

务理念及其运作方式，无疑值得现今我国开展体育公共服务实践时参考，其相关研究亦为本课题的研究提供了理论与实践上的参照。

3. 国外有关农村体育公共服务的研究

文献检索表明，目前尚未见到国外有关农村体育公共服务的研究报道。究其原因，主要是由于国外一些发达国家城乡差别较小，农民对其而言并非是一种身份标识，城乡居民普遍具有较强的体育健身意识，公共服务业已成为政府的一项基本职能且已形成较为完备的体系，体育公共服务城乡差异较小。因此，也就没有城乡二元概念下专门针对农村体育公共服务的研究。

（二）国内相关研究现状分析

1. 有关体育强国的研究

伴随着2008年北京奥运会的圆满成功和我国竞技体育辉煌成就的取得，胡锦涛同志发出了由体育大国向体育强国迈进的号召。随之，体育强国便成为人们争论的热点问题①②。围绕体育强国，相关研究内容不仅涉及体育强国的概念界定、认识上的分歧、建设的内容、体育强国视域下我国各项体育事业发展方略及对策等，还涉及如何实现体育大国向体育强国迈进、体育大国向体育强国迈进的战略对策等问题③④。

（1）有关体育强国概念的研究

有关体育强国的概念辨析，颇具代表性的研究主要有：《体育大国向体育强国迈进的战略研究》（鲍明晓，2009年）、《“体育大国”与“体育强国”的内涵探析》（周爱光，2009年）、《体育强国的辩证认识论》（田雨普等，2009年）、《体育强国、竞技体育强国、大众体育强国内涵的诠释与评析》（徐本力，2009年）、《孰大焉，孰强焉？——论体育大国与体育强国之争》（徐伟煌，2009年）、《论体育强国的国际影响力》（任海等，

① 郑宝通. 我国建设体育强国基本理论的分析研究［D］. 郑州：郑州大学，2011.

② 陈静依，徐凤琴，吕树庭. 体育强国研究回望与前瞻［J］. 武汉体育学院学报，2011，45（11）：21-25.

③ 陈静依，徐凤琴，吕树庭. 体育强国研究回望与前瞻［J］. 武汉体育学院学报，2011，45（11）：21-23.

④ 吴俊娜. 我国体育强国评价指标体系构建研究［D］. 北京：北京体育大学，2013.

2010年)、《从体育强国内涵探究体育综合实力构成》(黄莉，2010年)、《"体育大国"与"体育强国"研究探析》(周丽萍等，2010年)、《体育大国与体育强国考释》(兰运平等，2010年)、《"体育强国"辨义及相关问题探讨》(辜德宏等，2010年)、《体育强国概念的缘起、演进与未来走向》(陈玉忠，2010年) 等。虽然有关"体育强国"概念内涵的研究在不断增多，但由于体育强国本身乃是一个相对性的概念，因此，有关体育强国的概念至今仍然没有统一的定论。

部分学者对"体育强国"的概念进行了梳理，其中具有代表性的论述和提法有：黄莉指出：所谓体育强国，是指在国民体质、运动竞技、科学教育、产业经营、竞技文化等方面显现出强劲综合实力，整体发展水平位于世界前列的国家。体育强国的内涵主要涉及大众体育、竞技体育、体育科教、体育产业、体育文化这五个领域①。徐本力教授指出：体育强国是指包括以竞技体育和大众体育为主的体育事业的整个结构的发展水平。是在以社会体育为基础，竞技体育为先导的体育事业发展各个领域的总体发展水平在世界上处于一流和前列的国家。这些领域不仅包括竞技体育和大众体育，还包括体育科技、体育教育、体育文化、体育场地、体育产业等方面②。周丽萍、田雨普指出：体育强国是指该国体育发展的综合实力超群，总体水平明显高于其他的国家③。周爱光指出：体育强国是指体育事业的总体发展水平在世界上处于一流或前列的国家④。任海等指出：作为一个相对的概念，体育强国不仅是一个国家自身的历史纵向比较，更重要的是国际间的横向比较⑤。鲍明晓指出："从体育自身的维度看，体育强国就是由体育基础实力和核心表现所构成的体育综合实力和国际影响力名列前茅的国家；从体育发展的外部性维度看，体

---

① 黄莉. 从体育强国内涵探究体育综合实力构成 [J]. 上海体育学院学报，2010，34 (4)：15-19.

② 徐本力. 体育强国、竞技体育强国、大众体育强国内涵的诠释与评析 [J]. 天津体育学院学报，2009，24 (2)：93-98.

③ 周丽萍，田雨普. "体育大国"与"体育强国"研究探析 [J]. 北京体育大学学报，2010，33 (1)：103-105.

④ 周爱光. "体育大国"与"体育强国"的内涵探析 [J]. 体育学刊，2009，16 (11)：1-4.

⑤ 任海，王芳，赵卓. 论体育强国的国际影响力 [J]. 中国体育科技，2010，46 (1)：3-9，18.

育强国就是能融入并塑造民族精神的体育，是一个能参与经济生活并创造财富的体育，是一个能沟通人际、亲和社会、培育积极健康生活方式的体育，也是一个能传承历史并能给后代人留下宝贵文化遗产的体育”①。田雨普教授指出：“体育强国是个意会概念、定性概念，但具有明显的动员性和引领性。竞技体育的国际竞争力和群众体育的发展水平是判别体育强国的两项基本标准。”②

（2）有关当前中国是否为体育强国的研究

对于现阶段中国是否是体育强国的现实判断问题，体育学术界的观点不尽相同③。具有代表性的研究有：《“竞技体育强国”论析》（田麦久，2008年）、《“体育大国”与“体育强国”的内涵探析》（周爱光，2009年）、《体育强国、竞技体育强国、大众体育强国内涵的诠释与评析》（徐本力，2009年）、《体育大国与体育强国提出由来与涵义的演进》（曹守和，2010年）、《关于体育强国认识的演变历程与发展策略》（汲智勇，2010年）、《对体育强国认识分歧的思考》（张学飞，2010年）等。田麦久教授指出：“在21世纪3届奥运会上，我国竞技运动总体水平均进入第一集团，毫无异议的是国际体坛重要的竞技体育强国。”④徐本力教授指出：“北京奥运会后，我国已成为名副其实的世界竞技体育强国之一，但目前还称不上是名副其实的体育强国和大众体育强国。”⑤ 周爱光教授指出：“我国现阶段尚不是世界体育大国，更不是世界体育强国。”⑥ 曹守和教授指出，我国对体育强国的认识体现为：奥运会上名列前茅—竞技体育发达的国家—群众体育事业的发展水平，成为“体育强国”的主要的、

① 鲍明晓．体育大国向体育强国迈进的战略研究［J］．南京体育学院学报，2009，23（6）：1-6.

② 田雨普，王欢．体育强国的辩证认识论［J］．体育学刊，2009，16（8）：9-13.

③ 廖理连．从体育大国迈向体育强国的社会认同与影响因素研究［D］．长沙：湖南师范大学，2011.

④ 田麦久．“竞技体育强国”论析［J］．北京体育大学学报，2008，31（11）：1441-1444.

⑤ 徐本力．体育强国、竞技体育强国、大众体育强国内涵的诠释与评析［J］．天津体育学院学报，2009，24（2）：93-98.

⑥ 周爱光．“体育大国”与“体育强国”的内涵探析［J］．体育学刊，2009，16（11）：1-4.

重要的标志①。汲智勇指出："我国对于体育强国的认识，经历了从单维型的理解向多维化认识的转变，在这一过程中经历了以竞技体育为主导的单维型的体育强国理解，竞技体育与群众体育协调发展的认识阶段和汇集了群众体育、竞技体育、体育产业、体育文化、国际交往、体育法制、体育科技和体育教育在内的多维化体育强国认识的三个阶段。"② 张学飞在《对体育强国认识分歧的思考》一文中，梳理了当前我国学术界关于体育强国的五种认识："一是，中国现在既不是竞技体育强国和奥运强国，更不是体育强国；二是，中国已经是竞技体育强国，但还不是体育强国；三是，中国是奥运强国，但还不是竞技体育强国；四是，中国已经是体育强国；五是，不赞同体育强国的提法。"③ 综合以上学者对体育强国的认识发现，我国尚不是体育强国的观点占主流，这也比较符合当前我国体育事业发展的实际水平。

(3) 有关体育强国建设内容的研究

对于体育强国具体建设内容、指标体系和基本框架等问题的研究，具有代表性的研究有：《体育强国内涵的阐释》（肖焕禹等，2009 年）、《关于体育强国战略若干问题的思考》（刘一民等，2010 年）、《"体育强国"战略内涵及评价指标体系的研究》（齐立斌，2010 年）、《新时期建设体育强国的认识基础》（张晓义，2010 年）、《体育强国指标体系的创建》（邱雪，2010 年）、《我国建设体育强国标准与框架的初步探讨》（林克明等，2011 年）等。

其中肖焕禹教授等提出了体育强国的七个标志：①国民体质强；②竞技体育项目均衡发展，国际大赛金牌处于领先地位，后备人才可持续发展；③大众体育普及，体育人口达到经济发达国家中上水平；④体育科技水平高；⑤公共体育服务体系完善；⑥体育文化繁荣；⑦体育产业发达④。刘一民等学者将体育强国主要构成要素划分为五个部分："群

---

① 曹守和，赵玉梅."体育大国"与"体育强国"提出的由来与涵义的演进[J].中国体育科技，2010，46 (1)：15-17.

② 汲智勇.关于体育强国认识的演变历程与发展策略研究 [J].体育与科学，2010，31 (5)：26-29.

③ 张学飞.对体育强国认识分歧的思考 [J].体育学刊，2010，17 (6)：10-13.

④ 肖焕禹，邵雪梅.体育强国内涵的阐释 [J].体育科研，2009，30 (4)：2-5.

众体育、竞技体育、学校体育、体育产业、体育软实力。”① 齐立斌指出：“体育强国评价指标体系分为横向指标体系和纵向指标体系，横向指标包含群众体育、竞技体育、学校体育三个一级指标，纵向指标包含体育资源、体育科技、体育传媒、体育产业、体育法规和体育管理六个一级指标。”② 汲智勇指出：“体育强国不仅仅代表着竞技体育成绩，更是一个汇聚群众体育、竞技体育、体育产业、体育文化、国际交往、体育法制、体育科技和体育教育在内的多维集合体。”③ 张晓义指出：“体育强国应该包括两方面的内容：一是国内体育的发展，主要包括体育人口的数量及质量，人均体育消费水平，体育科研成果的数量与质量，现代化体育设施的数量，体育队伍的数量与质量，体育产业化水平与体育市场的成熟程度；二是国际体育的发展，主要包括优势项目的数量及在重大国际赛会上的名次，中国体育产业的竞争力，我国在国际体育组织中的话语权与规制权，世界对中国体育文化的认同程度。”④ 虽然以上学者有关体育强国构建内容的观点各异，但不容忽视的是，其研究使人们对体育强国构建内容的认识不断得以丰富、拓展和充实。

（4）有关体育强国目标下我国体育事业发展策略的研究

检索发现，有关体育强国目标下我国体育事业发展策略的研究，主要是针对我国体育事业发展的某些方面或领域来开展。具有代表性的研究有：《体育强国视域下我国群众体育发展对策探索》（刘梅英等，2009年）、《建设体育强国与世界一流体育大学的发展战略》（杨桦，2010年）、《体育强国视野下民族传统体育传承机制探析》（刘俊伟等，2010年）、《体育强国目标下发展群众体育的路径探讨》（张永保等，2010年）、《体育强国视域下休闲体育发展对策探究》（姜明等，2010年）、《体育强国视阈下我国群众体育的发展》（刘小俊，2010年）、《体育强国视域下我国青

① 刘一民，赵溢洋，刘翔. 关于体育强国战略若干问题的思考［J］. 中国体育科技，2010，46（1）：32-36.

② 齐立斌. “体育强国”战略内涵及评价指标体系的研究［J］. 南京体育学院学报，2010，24（1）：73-76.

③ 汲智勇. 关于体育强国认识的演变历程与发展策略研究［J］. 体育与科学，2010，31（5）：26-29.

④ 张晓义. 新时期建设体育强国的认识基础［J］. 武汉体育学院学报，2010，44（5）：12.

少年体育的发展》(平杰，2011 年)、《体育强国建设中青少年体育发展方略》(张忠等，2011 年)、《体育强国目标下青少年体质健康促进机制探讨》(周丛改，2011 年)、《体育强国视阈下中国学校体育发展方式探究》(董翠香等，2011 年)、《体育强国视域下武术发展方略》（郭玉成等，2012 年）等。

在体育强国视域下我国群众体育的发展方略及对策方面，刘梅英等指出："应明确群众体育的发展地位，增加体育科技投入，有效利用各种体育资源。"① 张永保等认为，要以科学发展观为发展群众体育的指导思想，以共享体育发展成果作为发展群众体育的目标，强化政府服务职能，解决公平与效率问题，加强体育制度创新②。刘小俊指出："要完善群众体育公共服务体系，积极引导社会力量，合理配置学校体育资源。"③

在体育强国视域下我国青少年体育发展方略及对策方面，平杰指出：各级政府应强化青少年体育发展职能，把青少年体育切实纳入各级政府发展规划中，强化政府职能，树立科学的教育观、人才观、健康观，切实加强学校体育工作④。张忠等指出：要强化政府依法行政，夯实学校体育的主体地位，构筑青少年体质下降的"边防线"，构建青少年体育服务和保障体系，加强青少年体育法规制度建设⑤。董翠香等指出：学校体育发展方式应由"空间封闭型"向"空间开放型"转变，在促进学生全面健康发展理念下，倡导终身体育思想，追求长远效益；在管理体制上强化政府管理的同时，适度引入社会组织参与管理，实施"政府—社会结合型"管理模式；在运行机制上应构建"政府、社会、学校"三位一体

---

① 刘梅英. 体育强国视域下我国群众体育发展对策探索［J］. 武汉体育学院学报，2009，43（7）：9-12.

② 张永保，沈克印. 体育强国目标下发展群众体育的路径探讨［J］. 武汉体育学院学报，2010，44（12）：79-86.

③ 刘小俊. 体育强国视阈下我国群众体育的发展［J］. 体育与科学，2010，31（3）：69-72.

④ 平杰. 体育强国视域下我国青少年体育发展［J］. 上海体育学院学报，2011，35（1）：47-50.

⑤ 张忠，严爱鸣. 体育强国建设中青少年体育发展方略［J］. 上海体育学院学报，2011，35（5）：18-21.

的长效运行机制[1]。

在体育强国视域下我国民族传统体育发展方略及对策方面，刘俊伟等指出：民族传统体育的进一步传承发展，必须在坚持民族特色的基础上，紧紧依靠学校教育、竞技、产业、媒体和民间等传承途径来实现[2]。郭玉成教授指出："应建设完备的武术产业体系，加速中国体育产业化发展，稳步推进武术职业化进程，推动中国职业体育发展。"[3]

在体育强国视域下我国休闲体育发展对策方面，姜明等指出：增加政府对休闲体育的财政投入，拓宽融资渠道及产业空间，使休闲体育群众化、平民化，休闲体育与群众体育并驾齐驱，促进休闲体育与学校体育有机融合，谋求休闲体育与特色旅游跨越式发展，构建终身休闲体育健身体系，增加休闲体育理论研究和科技投入[4]。

综上研究，自体育强国战略目标提出后，在体育强国视域下，相关研究内容已日趋全面，这对本研究而言，亦能提供一定的借鉴和启示。

（5）有关体育强国实现战略和路径的研究

有关体育强国的实现战略、路径，学界也开展了有益的探索，具有代表性的研究有：《体育大国向体育强国迈进的战略研究》（鲍明晓，2009 年）、《文化兴体：建设体育强国的抉择》（宋继新，2010 年）、《"体育强国"的制度创新——组织改革》（于永慧，2010 年）、《迈进体育强国体育产业资本市场创新体系发展战略》（缪伟舰等，2010 年）、《尊重人的价值是体育强国之路的永恒选择》（陈立国等，2010 年）、《关于体育强国认识的演变历程与发展策略研究》（汲智勇，2010 年）、《建设体育强国的法治抉择》（于善旭，2011 年）、《体育文化对体育强国建设助推作用研究》（黄迎乒等，2011 年）、《试探体育强国建设》（杨春艳，2011 年）、《区域发展战略：实现体育强国目标的必然途径》（邹师，2012 年）、《中

---

① 董翠香，茹佳，季浏．体育强国视阈下中国学校体育发展方式探究［J］．北京体育大学学报，2011，34（11）：88-92.

② 刘俊伟，郭修金．体育强国视野下民族传统体育传承机制探析［J］．山东体育学院学报，2010，26（7）：35-38.

③ 郭玉成，李守培．体育强国视域下的武术发展方略［J］．上海体育学院学报，2012，36（2）：55-58.

④ 姜明，李樑，潘华．体育强国视域下休闲体育发展对策探究［J］．成都体育学院学报，2010，36（12）：29-31.

国迈向体育强国途径的研究》（冯宝忠，2012 年）等。

其中，于永慧从组织改革的视角提出了未来体育行政组织改革的具体建议[①]。于善旭认为："建设体育强国要加强体育制度建设并提升我国体育法治建设水平。"[②] 宋继新指出："文化兴体是建设体育强国的战略抉择。"[③] 杨春艳指出："体育强国建设要坚持并完善举国体制，提高竞技体育队伍文化素质；树立科学发展观，妥善处理竞技体育与社会体育关系，实现学校体育与竞技体育和社会体育的一体化发展。"[④] 陈立国指出："尊重人的价值是体育强国之路的永恒选择。"[⑤] 汲智勇认为："保持和扩大竞技体育的优势是实施体育强国战略的前提；群众体育的普及是体育强国的基础；群众体育与竞技体育的双向驱动是实现体育强国战略的关键；努力加强学校体育教育、积极扩大体育产业发展是实现体育强国战略发展的必由之路。"[⑥] 邹师指出，体育强国建设战略实施必须以区域发展为重点[⑦]。冯宝忠认为，体育强国目标下一体化及品牌化是区域体育发展的两大途径[⑧]。不可否认，学者们的上述思路对建设体育强国具有积极的现实意义，但是，就体育强国实现路径的现实难度而言，在此方面的研究无疑仍需进一步加强。

综上有关体育强国的研究，其具有如下特点：一方面，相关研究颇具时代性、及时性。2008 年体育强国目标提出后，体育学界便迅速做出回应，产生了体育强国的研究热潮。另一方面，研究内容日益丰富。我国体育学者已从体育强国概念的界定、评价标准、内容框架、战略目标、

---

① 于永慧．"体育强国 " 的制度创新：组织改革 [J]．体育与科学，2010，31（5）：22-25.

② 于善旭．建设体育强国的法治抉择 [J]．体育文化导刊，2011（2）：1-4.

③ 宋继新．文化兴体：建设体育强国的抉择 [J]．北京体育大学学报，2010，33（2）：1-4.

④ 杨春艳．试探体育强国建设 [J]．体育文化导刊，2011（2）：5-7.

⑤ 陈立国，富学新．尊重人的价值是体育强国之路的永恒选择 [J]．体育学刊，2010，17（6）：1-4.

⑥ 汲智勇．关于体育强国认识的演变历程与发展策略研究 [J]．体育与科学，2010，31（5）：26-29.

⑦ 邹师．区域体育发展战略：实现体育强国目标的必然途径 [J]．体育文化导刊，2012（4）：1-4.

⑧ 冯宝忠．中国迈向体育强国途径的研究 [D]．苏州：苏州大学，2012.

实现途径等方面，展开了较为深入的研究，研究内容可谓涉及广泛。

尽管体育学界对体育强国的研究取得了较为丰富的成果，并具有较大的理论与实践价值①，但是现有研究仍需改进和深入：第一，学科视域有待进一步拓展，目前基本上尚局限在体育学自身领域，对其他学科领域的理论借鉴不够，缺乏多学科的交叉研究。第二，研究内容有待进一步深入。目前涉及内容虽然较为广泛，但相对于我国体育强国建设的实践来说，还需进一步扩展。第三，研究方法过于单一。目前有关体育强国的研究，大多采用单一的文献资料法，多是研究者的理性思辨，缺乏多种研究方法的结合，实证研究相对不足。第四，研究成果的整合度不高。虽然近年来关于体育强国的研究成果不断丰富，但相应的研究成果较为分散，缺乏有机整合，系统性、连续性不够强。

2. 有关公共服务的研究

在我国努力实现中国梦、全面贯彻落实科学发展观、全面建设小康社会、大力推进和谐社会建设的新时代，建设服务型政府、统筹城乡协调发展并为此构建覆盖城乡的全面、完善的公共服务体系，已被作为重要的历史任务提上现今政府的议事日程。近年来，“公共服务”这一字眼日益引起了国人的关注和学界的重视。

文献检索表明，公共服务是近年来我国政治学、管理学、社会学等学科领域研究的一个热点话题。颇具影响力和代表性的研究有：《政府购买服务还是回购服务》(杨安华，2014 年)、《政府职能创新：公共服务市场化改革的视角》(胡象明，2014 年)、《政府购买公共服务的现实困境与路径创新》(徐家良，2013 年)、《我国基本公共服务体系的共同趋势与地区差异》(姜晓萍，2013 年)、《构建公共服务的协同机制：一个界定性框架》(汪锦军，2012 年)、《实现基本公共服务均等化的供应问题研究》(刘江，2012 年)、《基本公共服务的均等化与有效供给》(陈振明等，2011 年)、《公共服务中的公民参与模式分析》(汪锦军，2011 年)、《公共服务型政府建设与财政支出结构效率》(李永友，2011 年)、《我国基本公共服务均等化问题研究》(刘广，2010 年)、《地方政府公共服务职责与财政能力匹配的研究》(黄幸家，2010 年)、《“服务下乡”：国家对乡村社

---

① 陈静依，徐凤琴，吕树庭. 体育强国研究回望与前瞻 [J]. 武汉体育学院学报，2011，45 (11)：21-25.

会的服务性渗透》(徐勇，2009 年)、《政府转型与基本公共服务》(迟福林，2009 年)、《促进中国基本公共服务均等化的财政改善路径研究》(高鹏，2009 年)、《非均等化的农村文化服务及其改进对策》(吴理财，2008 年)、《城乡公共服务均等化问题研究》(王谦，2008 年)、《中国基本公共服务体系研究》(陈海威，2007 年)、《完善促进基本公共服务均等化的公共财政制度》(金人庆，2006 年)、《社会和谐与公共性》(郑杭生，2005 年) 等。综合已有的相关研究可见，公共服务的相关研究近年来不断得以加强并将持续下去①②，其研究视阈也发生了转变③④⑤，即从宏观层面逐步具体到了微观领域，研究重心也有下移的趋势，对区域公共服务及城乡公共服务均等化的关注度日益增加，尤其是对农村公共服务问题的研究现已逐渐成为政治学、管理学及社会学界研究的重点。

经检索发现，近年关于农村公共服务的代表性研究主要有：《农村公共服务多元主体协同治理的实证研究》(范逢春，2014 年)、《社会管理转型中的农村公共服务供给改革研究》(高韧，2014 年)、《从制度匹配检视农村公共服务均等化》(胡志平，2013 年)、《乡镇政府在农村公共服务供给中的困境与出路》(张菊梅，2013 年)、《乡村社会资本与农村公共服务农民自主供给效率》(周生春，2012 年)、《以农民满意为导向的农村公共服务多元化协同供给模式研究》(汪杰贵，2012 年)、《农村公共服务绩效评价指标的维度选择与体系构建》(王俊霞，2012 年)、《我国农村公共服务体系建设研究》(刘尚希，2012 年)、《基于收入差别的农村公共服务需求偏好与满意度研究》(张立荣，2011 年)、《农村公共服务的自主供给困境及其治理路径》(陈潭，2011 年)、《我国农村公共服务市场化供给研究》(蒋开东，2011 年)、《中国农村公共服务实现均等化供给的宏微观政治学阐释》(胡志平，2011 年)、《农村公共服务的社区化问题研究》(贾

---

① 付筱薇. 中国政府公共服务能力建设的基本思路与对策 [D]. 吉林：东北师范大学，2008.

② 娄峥嵘. 我国公共服务财政支出效率研究 [D]. 北京：中国矿业大学，2008.

③ 卢胜君. 政府公共服务能力提升研究 [D]. 大连：大连理工大学，2008.

④ 韩培玉. 从公共卫生角度谈我国公共服务型政府的建设 [D]. 太原：山西大学，2006.

⑤ 孔金丽. 民族地区公共服务供给问题研究 [D]. 广州：华南理工大学，2011.

先文，2010 年)、《中国农村公共服务非均衡供给的政治经济学分析》(胡志平，2010 年)、《农村公共服务供给中的政府责任研究》(王佳佳，2010 年)、《新农村公共服务体系的构建研究》(周美岑，2010 年)、《中国农村公共服务供给存在的问题及对策》(姜秀敏，2010 年)、《农村公共服务供给体系中乡镇政府职能研究》(王红霞，2010 年)、《当前农村公共服务体系建设思路的检视与反思》(马光选，2009 年)、《闽粤边界新农村建设与乡镇政府公共服务能力现状分析》(李平，2009 年)、《构建新型农村公共服务体系》(项继权，2006 年) 等。

从以上关于农村公共服务的研究中发现：一方面，有关农村公共服务的研究主要集中在 2010 年以后，这说明农村公共服务问题目前正受到学者们的重视和青睐；另一方面，从上述研究中亦不难看出，近年来学界对农村公共服务领域的研究，其内容范畴已非常广泛，涉及农村公共服务供给、农村公共服务体系建设、农村基层政府公共服务职能等多个方面，从研究趋势和需求来看，研究的广度和深度将进一步得以拓展和深入，相关系统性理论与实证研究还有待进一步加强。

无疑，上述非体育学科对公共服务问题的研究，在一定程度上能为体育学科开展体育公共服务研究提供宝贵的借鉴和参考，尤其是有关农村公共服务的研究，则更具针对性地为本课题提供了理论上的支撑，研究视阈与研究范式上的启示。

3. 有关体育公共服务的研究

对体育事业和体育学人而言，“公共服务”理念的渗透和领域的拓展，既为我国体育事业的发展带来了新的机遇，也为我国体育学人提供了新的研究视野①②③。体育公共服务是公共服务的重要组成部分，当前已引起体育学人的高度重视。通过文献检索发现，目前已有的体育公共服务的相关研究，无论是从研究数量来看，还是就研究领域而言，其相关研究都呈现出不断拓展和深入的状态。近年来，部分体育学人就体育公共服务

① 陈嘉文. 城镇社会弱势群体的体育公共服务研究 [D]. 桂林：广西师范大学，2011.

② 李海龙. 体育公共服务城乡一体化发展动力机制研究 [D]. 南京：南京师范大学，2011.

③ 苏龙伟. 居民需求导向的体育公共服务供给研究 [D]. 北京：首都体育学院，2014.

的相关概念、体育公共服务均等化、体育公共服务体系、体育公共服务管理体制改革、体育公共服务需求、体育公共服务供给、体育公共服务满意度、体育公共服务建设现状、体育公共服务中的政府职能、体育公共服务运行机制、体育公共服务建设对策建议等问题进行了多方面的探讨。

（1）有关体育公共服务概念的研究

周爱光教授认为，体育公共服务是通过提供各种体育产品满足公民需要的公共服务①。樊炳有教授认为，体育公共服务是提供体育公共产品和服务行为的总和②。刘艳丽、苗大培认为，体育公共服务是指满足社会公共需求，具有非竞争性和非排他性公共物品的体育服务③。王才兴等认为，体育公共服务是指由公共部门或准公共部门共同提供的，以满足社会成员的基本体育需要为目的，着眼于提高市民身体素质和生活质量，既给市民提供基本的体育文化享受，也提供并保障社会生存与发展所必需的体育环境与条件的公共产品和服务行为的总称④。范东云认为，体育公共服务是政府、企业和第三部门等供给主体为满足社会成员体育需要而提供体育公共产品的过程⑤。王景波认为，所谓体育公共服务即满足公共需求的行为⑥。高军认为，体育公共服务是通过向居民提供基本体育服务产品以保障其体育权利的实现⑦。综合已有研究来看，虽然已不乏对体育公共服务相关概念的界定⑧⑨，但体育公共服务的概念至今仍无定论，

---

① 周爱光．从体育公共服务的概念审视政府的地位和作用［J］．体育科学，2012，32（5）：64-70.

② 樊炳有．体育公共服务的理论框架及系统结构［J］．体育学刊，2009（6）：23-28.

③ 刘艳丽，苗大培．社会资本与社区体育公共服务［J］．体育学刊，2005，12（3）：126-128.

④ 王才兴．上海市体育公共服务的实践与探索［J］．体育科研，2008，29（2）：20-26.

⑤ 范东云．我国体育公共服务研究中几个问题的探讨［J］．成都体育学院学报，2010（2）：6-12.

⑥ 王景波．加强体育行政部门体育公共服务职能的研究［J］．沈阳体育学院学报，2009，28（1）：18-20.

⑦ 高军．浙江省城市居民体育公共服务满意度的调查分析［J］．嘉兴学院学报，2009（6）：103-108.

⑧ 刘蕾．湖北省农村体育公共服务建设现状调查研究［D］．武汉：华中师范大学，2013.

⑨ 范东云．广州市大众体育公共服务研究［D］．上海：上海体育学院，2011.

甚至存有对体育公共服务和公共体育服务两个概念混淆不清的现象。因此，对于体育公共服务和公共体育服务两个概念的界定，本研究也将做一尝试。

(2) 有关体育公共服务均等化的研究

文献查阅发现，体育公共服务均等化的研究颇受学界青睐，涉及的内容主要有体育公共服务均等化的目标、体育公共服务均等化的内涵及意义、体育公共服务均等化评估体系、体育公共服务均等化现状及实现路径等方面。其中，大多研究侧重对体育公共服务均等化实现路径予以探讨。有关体育公共服务均等化的实现路径，我国学者看法不一。夏青等从经济、政治、社会三个方面构建了我国体育公共服务均等化的实现路径①。周良君指出，可通过供给主体社会化、供给模式多样化和市场化、发挥政府主导作用、建立公共财政预算机制、实施均等化绩效考评等措施来实现体育公共服务均等化②。李亚莉等提出城乡体育公共服务均等化的路径包括建立城乡一体化的体育公共服务制度，加大财政转移支付力度，建立多元参与机制等③。贾文彤等认为，应通过由政策治理模式向依法治理模式的转变来予以实现④。刘亮提出完善公共财政供给体制、确保弱势群体体育权利、缩小城乡之间服务差距等发展路径⑤。张利等提出转变观念、健全财政体制、构建绩效评价和反馈机制等建议⑥。袁春梅指出，可通过统筹安排体育公共服务资源的数量、规模及种类，制定并落实最低配置标准等措施来促进体育公共服务均等化目标的实现⑦。

---

① 夏青，秦小平，王健，等. 我国体育公共服务均等化的实现路径研究 [J]. 三峡大学学报，2012，34 (2)：108-111.

② 周良君. 广东省体育公共服务均等化现状与路径选择 [J]. 上海体育学院学报，2011，35 (3)：33-36.

③ 李亚莉，钟丽萍，范成文. 困境与思路：实现城乡体育公共服务均等化的路径 [J]. 体育科技文献通报，2012，20 (1)：15-17.

④ 贾文彤，郝军龙，齐文华. 体育公共服务均等化若干问题研究 [J]. 山东体育学院学报，2009，25 (12)：1-5.

⑤ 刘亮. 我国体育公共服务均等化的理论模型与实证分析 [J]. 体育科学，2013，33 (1)：10-16.

⑥ 张利，田雨普. 我国体育公共服务均等化现状及发展对策研究 [J]. 西安体育学院学报，2010，27 (2)：137-141.

⑦ 袁春梅，杨依坤. 我国体育公共服务资源配置均等化水平的实证研究 [J]. 武汉体育学院学报，2014，48 (2)：21-26.

此外，我国学者还从不同的视角来分析体育公共服务均等化问题，颇具代表性的研究有：《正义视角下的体育公共服务均等化研究》（潘家礼，2010年）、《中西方体育公共服务均等化环境研究》（秦小平，2010年）、《法律视野下体育公共服务均等化研究》（贾文彤等，2009年）、《论体育权利与体育公共服务均等化》（罗攀，2011年）、《体育公共服务均等化及其财政政策选择》（冯国友，2007年）。尽管现有的相关研究视角和内容涉及颇为广泛，但部分研究且如蜻蜓点水，浅尝辄止，尤其是关于农村体育公共服务均等化的相关研究目前甚少，迫切需要进行全面而深入的调查实证研究。

（3）有关体育公共服务体系的研究

体育公共服务体系的相关研究主要涉及体育公共服务体系的概念内涵、体育公共服务体系的构建内容、体育公共服务体系建设现状问题、体育公共服务体系建设的对策建议等，不仅有理论性思辨，也有实证研究，但其主要针对城区体育公共服务体系建设来开展①，而关于农村尤其是贫困地区农村体育公共服务体系的研究相对较少。具体而言，相关研究内容主要集中体现为以下方面。

其一，有关体育公共服务体系概念内涵的研究。李静指出："体育公共服务体系是政府主导、社会参与形成的以满足人民群众体育需求、保障人民群众体育权益的各种公益性体育机构和服务的总和。"② 王才兴在《上海市体育公共服务的实践与探索》一文中指出，体育公共服务体系是为满足社会的公共体育需求，向市民提供公共体育产品和服务行为及相关制度与系统的总称，它是公共服务体系的有机组成部分③。就相关研究来看，目前有关体育公共服务体系概念内涵的研究还相对较少，反映出不少研究者尽管能注意到体育公共服务体系这一热点研究领域，但对其概念的界定、自身研究的规范性等问题却相对重视不够。

其二，有关体育公共服务体系构建内容的研究。王才兴认为："完善

---

① 孙明鑫. 经济发达县市城乡体育公共服务一体化研究［D］. 曲阜：曲阜师范大学，2011.

② 李静. 试论体育公共服务体系建设［J］. 南京体育学院学报，2009，23（1）：62-65.

③ 王才兴. 上海市体育公共服务的实践与探索［J］. 体育科研，2008，29（2）：20-26.

的体育公共服务体系包括体育公共服务主体、体育公共服务设施、体育公共服务平台、体育公共服务产品、体育公共服务信息、体育公共服务便利、体育遗产保护、体育公共服务机制、体育公共绩效评估以及体育公共服务的资金、人才、政策法规保障体系等方面内容。”① 李静等认为，体育公共服务体系主要涵盖政策法规、基础设施、组织机构和人才、活动主体、活动方式和经费等要素②。龚建林认为：“我国体育公共服务体系主要包括场地设施系统、活动系统、指导与培训系统、信息咨询服务系统、体质监测系统、组织管理系统等六大要素系统。”③ 无疑，以上相关研究为研究体育公共服务体系的构建内容奠定了一定的前期理论基础，但其研究仍需进一步深入。

其三，有关体育公共服务体系建设现状的研究。近年来有关体育公共服务体系现状的研究数量较多，但主要针对局部地区予以开展。其中，汪波针对贫困地区社区体育公共服务体系建设现状的研究指出，我国贫困地区社区居民的体质监测服务缺乏相应的管理机构和必要的仪器设备，体质监测在短期内无法得以保障落实；社区体育组织存在数量偏少、质量偏低，且属于被动型管理的状况；社区体育活动表现出以“自发运作”为主，以“行政运作”和“共同运作”为辅的特征。另外，社区体育服务还表现出在政策法规、人力、财力、场地设施等资源保障上明显匮乏，在信息宣传的多样性、时效性和科学性上认识不足等特征④。李静针对杭州市社区开展相关研究后指出，杭州市社区体育公共服务体系建设存在诸多问题，如组织、制度保障不健全，体育信息不畅通，健身指导不足，体育场馆、健身器材偏少，缺乏资金保障等⑤。黄晨曦研究指出，苏州古

① 王才兴. 构建完善的体育公共服务体系 [J]. 体育科研，2008，29 (2)：1-13.

② 李静，陈嵘. 浙江省社区体育公共服务体系的现状与对策研究：以杭州市为例 [J]. 成都体育学院学报，2009，35 (2)：23-25.

③ 龚建林. 论体育公共服务体系的内涵和结构 [J]. 当代体育科技，2012，2 (2)：93-96.

④ 汪波，周学荣，李慧萌. 贫困地区城市化进程中社区体育公共服务体系建设现状分析：以安徽省六安地区为研究个案 [J]. 首都体育学院学报，2008，20 (6)：39-42.

⑤ 李静，陈嵘. 浙江省社区体育公共服务体系的现状与对策研究：以杭州市为例 [J]. 成都体育学院学报，2009，35 (2)：23-25.

城区体育公共服务体系建设在政策、法规上较滞后，体育公共服务产品的公益性缺乏，存在供需不足①。从以上对我国不同地区体育公共服务体系建设现状来看，目前资金和体育公共产品的缺乏是现阶段制约我国体育公共服务体系建设最直接的问题。而对此问题开展更深入的研究，无疑是学界后续研究的一个致力点。

其四，有关体育公共服务体系建设对策建议的研究。其中，曹可强教授等提出创新发展模式和供给模式，实行购买服务，加强统筹协调和绩效管理等建议②。陈立国等提出，要用分享思维构建我国体育公共服务体系③。刘明生等认为应树立“以人为本”的体育公共服务理念，强化政府在体育公共服务建设中的主导职责，加快政府职能转移等④。谢正阳等认为要倡导公民参与体育公共服务体系建设⑤⑥。不可否认，以上学者的观点及建议无疑对我国体育公共服务体系的建设提供了有益的参考。但是，由于以上研究缺乏实践论证，因此，诸多观点和建议尚处于理论建构阶段，其操作性和可实施性仍有待考证。

(4) 有关体育公共服务管理体制改革的研究

文献检索发现，对体育公共服务管理体制改革的研究较少。近年来具有代表性的研究有：《社会转型与体育公共服务管理体制改革》（陈玉忠，2008 年）、《我国城乡体育公共服务组织与管理现状与对策研究》（刘超，2011 年）等。其中，陈玉忠从完善政府体育公共服务职能等角度提出了实现体育公共服务管理体制创新的途径⑦。刘超等分析了我国城乡体

---

① 黄晨曦，刘军. 苏州古城区体育公共服务体系的发展对策研究 [J]. 苏州市职业大学学报，2011，22 (1)：68-72.

② 曹可强，徐箐，俞琳. 完善上海市体育公共服务体系的若干对策建议 [J]. 体育科研，2008，29 (2)：32-36.

③ 陈立国，王明哲，富学新. 用分享思维构建我国体育公共服务体系 [J]. 吉林体育学院学报，2012，28 (3)：37-39.

④ 刘明生，李建国. 新公共服务理论视角下体育公共服务体系的建设 [J]. 体育科研，2010 (4)：54-56.

⑤ 谢正阳，胡乔，李燕领，等. 体育公共服务体系建设中公民参与的必要性、可行性及路径 [J]. 体育学刊，2011，18 (5)：16-20.

⑥ 汪刚. 公共体育服务体系建设中的公民参与研究 [D]. 苏州：苏州大学，2013.

⑦ 陈玉忠. 社会转型与体育公共服务管理体制改革 [J]. 体育文化导刊，2008 (3)：9-12.

育公共服务组织与管理的现状及问题，并提出了相应对策及建议①。上述研究无疑对我国体育公共服务管理体制改革具有一定的理论与实践参考价值。然而，从已有的研究数量来看，体育公共服务管理体制改革的研究亟待加强。

(5) 有关体育公共服务需求的研究

文献检索表明，体育公共服务的需求问题已引起学界的关注。较具代表性的研究有《上海市体育公共服务的需求》(沈建华，2008 年)、《城市居民体育服务产品的需求收入弹性及影响因素分析——以杭州市居民为例》(徐家伟，2011 年)、《江西省农村居民体育公共产品需求现状的调查分析》(杨希，2013 年) 等②③④⑤⑥。上述基于实证调研基础上对体育公共服务需求问题开展的研究，对了解和认识我国部分地市居民体育公共服务的需求现状及问题，不可否认具有较强的针对性。但值得指出的是，目前有关体育公共服务需求的研究还相对不多，而群众的体育需求却是政府有效供给体育公共服务产品的依据和前提。因此，有关体育公共服务需求的研究，其研究数量和质量亟须加强和深入，以更好地为我国体育公共服务的实践提供参考依据。

(6) 有关体育公共服务供给的研究

近年来，有关体育公共服务供给的研究是体育公共服务研究中的重点和热点问题，现有的研究主要涉及体育公共服务供给制度、供给主体、供给方式、供给现状及对策等方面。

其一，在体育公共服务供给制度方面，具有代表性的研究有：《我国体

① 刘超，李国，赵一平. 我国城乡体育公共服务组织与管理现状与对策研究 [J]. 四川体育科学，2011，12 (2)：108-112.

② 沈建华. 上海市体育公共服务的需求 [J]. 体育科研，2008，29 (2)：37-41.

③ 徐家伟. 城市居民体育服务产品的需求收入弹性及影响因素分析：以杭州市居民为例 [J]. 北京体育大学学报，2011，34 (4)：30-34.

④ 杨希. 江西省农村居民体育公共产品需求现状的调查分析 [D]. 武汉：华中师范大学，2013.

⑤ 周玉玲. 河北省城市居民体育公共服务需求研究 [D]. 石家庄：河北师范大学，2012.

⑥ 梁朋举. 濮阳市城市居民体育公共服务需求研究 [D]. 新乡：河南师范大学，2014.

育公共服务供给制度及实践路径选择探讨》(樊炳有，2009年)、《我国城市社区体育公共服务供给制度的改革研究》(谷礼燕，2011年)、《我国群众体育公共服务供给过程中的政府职能研究》(张建会等，2012年)①②③。

其二，有关体育公共服务供给主体及供给方式的研究。具有代表性的研究主要有:《论体育公共服务供给主体的多元化》(曹可强等，2010年)、《体育公共服务多主体供给分析》(郝艳艳等，2010年)、《我国体育公共服务供给主体及供给方式探析》(蓝国彬等，2010年)、《刍议我国体育公共服务的供给主体与供给方式》(牛寒松，2010年)、《城市社区体育公共服务体系建设的供给主体及实现路径》(孔祥，2011年)、《体育公共服务多元化供给研究》(晏绍文等，2011年)、《改革开放30年我国体育公共服务供给模式转型与现实选择》(刘玉，2013年) 等④⑤⑥⑦⑧⑨⑩。

关于体育公共服务的供给方式，牛寒松认为体育公共服务供给方式是以体育公共服务的市场化、社会化和多中心供给为主要内容，需要合理的供给主体、工具和过程，以及供给渠道的变化过程⑪。蓝国彬等指

---

① 樊炳有. 我国体育公共服务供给制度及实践路径选择探讨 [J]. 体育与科学，2009，30 (4)：27-31.

② 谷礼燕. 我国城市社区体育公共服务供给制度的改革研究 [J]. 广州体育学院学报，2011，31 (1)：24-27.

③ 张建会，刘振江. 我国群众体育公共服务供给过程中的政府职能研究 [J]. 河北体育学院学报，2012，26 (3)：10-13.

④ 曹可强，俞琳. 论体育公共服务供给主体的多元化 [J]. 体育学刊，2010，17 (10)：22-24.

⑤ 孔祥. 城市社区体育公共服务体系建设的供给主体及实现路径 [J]. 体育与科学，2011，32 (4)：66-71.

⑥ 郝艳艳，李金亮. 体育公共服务多主体供给分析 [J]. 体育科技文献通报，2010，18 (6)：98-99.

⑦ 牛寒松. 刍议我国体育公共服务的供给主体与供给方式 [J]. 网络财富，2010 (14)：204-205.

⑧ 蓝国彬，樊炳有. 我国体育公共服务供给主体及供给方式探析 [J]. 首都体育学院学报，2010，22 (2)：27-31.

⑨ 晏绍文，秦小平. 体育公共服务多元化供给研究 [J]. 湖州师范学院学报，2011，33 (1)：69-73.

⑩ 陈文娇. 我国体育公共服务的供给研究 [D]. 北京：北京体育大学，2013.

⑪ 牛寒松. 刍议我国体育公共服务的供给主体与供给方式 [J]. 网络财富，2010 (14)：204-205.

出，体育公共服务供给方式及供给主体变化趋势的基本走向是：由政府体育公共服务供给垄断单一模式，向政府主导的多主体供给模式和市场主导的多主体供给模式转变，逐步引入市场化、社会化机制，是体育公共服务实践路径的有益探索①。刘玉认为要不断完善体育公共服务治理结构，不断推进复合式体育公共服务供给模式的改革与创新②。

其三，有关体育公共服务供给现状及对策的研究。具有代表性的文章有：《社会转型期的体育公共服务供给问题》（刘玉，2009 年）、《构建和完善上海社区体育公共服务供给增长的保障体系》（王自清等，2010 年）、《新时期中国体育公共服务供给主体多元发展研究》（刘次琴，2012 年）等③④⑤。

综合来看，上述有关体育公共服务供给研究的内容颇为广泛，且部分研究也不乏深度，但其广度和深度仍有待进一步拓展。无疑，以上相关研究将为本课题研究农村体育公共服务的供给问题提供重要参考，尤其是上述文章中提出的体育公共服务供给过程中的相关问题，也将为本课题探讨农村体育公共服务供给问题提供理论与实践层面的参照。

（7）有关体育公共服务满意度的研究

文献检索表明，目前国内对体育公共服务满意度的研究主要以城镇居民为对象来开展，且相关研究不多。其中，蔡景台等以河南省 10 个城市的居民作为调查对象，对其体育公共服务的总体满意度以及体育组织服务、体育设施服务、体育指导服务、体育信息服务和体育活动服务等方面满意度开展了调查⑥，该研究对本研究确立调研维度提供了重要参

① 蓝国彬，樊炳有. 我国体育公共服务供给主体及供给方式探析［J］. 首都体育学院学报，2010，22（2）：27-31.

② 刘玉. 改革开放 30 年我国体育公共服务供给模式转型与现实选择［J］. 体育科学，2013，33（2）：11-21.

③ 刘玉. 社会转型期的体育公共服务供给问题［J］. 理论前言，2009（23）：30-31.

④ 王自清，蔡皓，夏菊锋. 构建和完善上海社区体育公共服务供给增长的保障体系［J］. 体育科研，2010，31（2）：44-50.

⑤ 刘次琴. 新时期中国体育公共服务供给主体多元发展研究［J］. 浙江体育科学，2012，34（3）：23-26.

⑥ 蔡景台，樊炳有，王继帅. 城市体育公共服务居民满意度调查分析：以河南省 10 个城市为例［J］. 北京体育大学学报，2009，32（6）：31-34.

考。高军通过调查研究认为提高居民满意度应注重提高体育组织服务质量，实现体育公共服务均等化，尽快完善体育公共服务体系①。张清华等采用自制量表对影响居民满意度的变量进行了实证分析，认为不同城市居民在各个维度上的满意度均存在显著性差异②。从上述研究发现，我国学者针对城镇居民体育公共服务满意度的研究已初见端倪，但相关满意度调研指标的选取、研究方法等还尚需完善。

（8）有关体育公共服务建设现状及对策的研究

文献检索发现，该类研究近年来数量不断增多，其中具有代表性的文章有：《浙苏皖赣鲁农民享有基本体育服务现状调查与对策研究》（郁俊等，2006年）、《长三角地区体育公共服务发展现状、基本矛盾与对策》（郑家鲲等，2009年）、《广州市体育公共服务公众评价现状调查及启示》（陈琦等，2011年）、《江苏宜兴南园村体育公共服务调查》（刘红建等，2011年）、《中国体育公共服务研究》（易剑东，2012年）、《中国城市化进程中的乡镇体育公共服务研究——基于广州市花都区新华街的实地调查》（范冬云，2012年）等③④⑤⑥。综合有关体育公共服务现状研究的文献来看，近年来其数量不断增加，研究内容也不断得以丰富，但研究的地域范围主要集中在对部分省市或区域体育公共服务现状的调查分析，而相对缺乏对全国范围的调查研究。

（9）有关体育公共服务中政府职能的研究

目前有关体育公共服务政府职能的研究数量相对较少，较具代表性的研究主要有：《加强体育行政部门体育公共服务职能的研究》（王景波，

---

① 高军. 浙江省城市居民体育公共服务满意度的调查分析［J］. 嘉兴学院学报，2009，21（6）：103-108.

② 张清华，刘海辉，樊炳有. 江苏省城镇居民体育公共服务满意度调查［J］. 山东体育学院学报，2010，26（3）：8-12.

③ 郁俊，杨建营，李萍美，等. 浙苏皖赣鲁农民享有基本体育服务现状调查与对策研究［J］. 体育科学，2006，26（4）：21-27.

④ 易剑东. 中国体育公共服务研究［J］. 体育学刊，2012，19（2）：1-10.

⑤ 范冬云. 中国城市化进程中的乡镇体育公共服务研究：基于广州市花都区新华街的实地调查［J］. 成都体育学院学报，2012，37（2）：6-9.

⑥ 汪波，周学荣，李慧萌. 贫困地区城市化进程中社区体育公共服务体系建设现状分析：以安徽省六安地区为研究个案［J］. 首都体育学院学报，2008，20（6）：39-42.

2008年)、《从体育公共服务的概念审视政府的地位和作用》(周爱光，2012年)、《政府购买体育公共服务的困境与突破》(周建新等，2014年)等。其中，周爱光教授研究认为，政府在纯体育公共服务和基本体育公共服务领域处于绝对主导地位，而在准体育公共服务领域处于核心主导地位①。周建新研究指出，推行政府购买体育公共服务是各级政府职能转变和服务转型的着力点②。无疑，在加强服务型政府建设背景下，政府在体育公共服务建设中的作用及其职能定位，是必须要讨论的问题。然而，现今有关政府体育公共服务职能的研究无论是数量，还是内容广度与深度，显然还有待强化和推进。

(10) 有关体育公共服务运行机制的研究

文献检索发现，有关体育公共服务运行机制的研究数量不多，较具代表性的观点主要有：樊炳有教授研究认为，体育公共服务系统的结构、动力关系、支撑点及其功能构成了体育公共服务运行的机制原理③。邱宗忠等指出，城市社区体育公共服务体系动力机制是由政府、企业、非政府组织、社区居民4大主体要素共同作用和影响形成的结果④。罗旭等认为，全民健身体育公共服务的运行机制是由运作主体、运作目的、运作环境、运作程序、运作手段等构成的动态系统⑤。虽然目前有关体育公共服务运行机制的研究相对较少，但是上述研究仍然对我国体育公共服务运行机制的实践具有一定的理论指导价值，对后期相关研究亦能起到一定的启示与参照作用。不可否认的是，随着我国体育公共服务实践的发展，当前迫切需要体育学界加强对体育公共服务运行机制的研究，为保证体育公共服务建设的协调运行提供理论参考。

综合上述关于体育公共服务的研究来看，在现阶段我国“建设服务

---

① 周爱光. 从体育公共服务的概念审视政府的地位和作用 [J]. 体育科学，2012，32 (5)：64-70.

② 周建新，王凯. 政府购买体育公共服务的困境与突破 [J]. 体育与科学，2014，35 (5)：49-53.

③ 樊炳有. 体育公共服务的运行机制探讨 [J]. 体育与科学，2010，31 (2)：25-32.

④ 邱宗忠，周涛，赵敬华. 城市社区体育公共服务体系动力机制构建要素分析 [J]. 体育与科学，2011，32 (5)：54-56.

⑤ 罗旭，苗向军，邢文华. 全民健身体育公共服务运行机制的理论分析 [J]. 沈阳体育学院学报，2009，28 (6)：11-14.

型政府、完善公共服务体系”这一现实要求的驱动下，学界有关体育公共服务的研究业已形成一股研究的热潮，其研究成果亦将进一步得以丰富和完善[①]。然而，尽管近年来有关体育公共服务研究的数量明显增加，但相对于当前我国体育公共服务及其体系建设的理论与实践需求而言，目前尚显不足，尤其是需要给予深度理论挖掘的问题，如体育公共服务管理、政府职能、运行机制等方面的研究，还尚需深入探究。总之，体育学界对体育公共服务研究的数量与质量均需提升，研究广度和深度均需加强。

4. 有关农村体育公共服务的研究

(1) 有关农村体育公共服务建设现状及对策的研究

检索发现，目前此方面的相关研究较少，具有代表性的文章只有寥寥数篇：《江苏宜兴南园村体育公共服务调查》(刘红建等，2011 年)、《阜阳农村体育公共服务的发展现状与对策研究》(任继跃，2011 年) 等。其中刘红建等研究后指出：推进农村体育公共服务建设农村基层干部重视是关键，农村体育健身群体的形成是动力，体育资金多元化来源是保障，相关政策与制度是保证[②]。不难发现，上述研究不仅数量少，而且缺乏地域范围的代表性，以上研究主要是针对某一地区，甚至是以某一个案的形式予以开展。因此，针对农村体育公共服务现状的研究，尤其是全国大范围的调查研究，亟待加强。只有这样，才能在把握我国农村体育公共服务现状及问题的基础上，对症下药，采取有效措施推动农村体育公共服务实践的发展。

(2) 有关农村体育公共服务供给的研究

文献检索发现，相关研究主要涉及农村体育公共产品供给中的政府职能及制度创新、供给现状及对策、供给机制改革及供给模式等。代表性的成果有：《社会公正视野下农村体育公共产品供给的制度创新》(郑志丹等，2009 年)、《我国农村体育公共产品供给制度分析与创新》(张小林，2010 年)、《农村体育公共产品供给的现状及对策研究——基于公共

---

① 戴健，郑家鲲．我国公共体育服务体系研究述评 [J]．上海体育学院学报，2013，37 (1)：1-7.

② 刘红建，孙庆祝．江苏宜兴南园村体育公共服务调查 [J]．体育文化导刊，2011 (9)：30-33.

经济学的视角》(陈雷鹏，2010 年)、《分层次、多元化、竞争式农村体育公共服务社区化供给研究》(刘玉，2011 年)、《"以钱养事"——农村体育公共服务供给机制改革新思路》(秦小平等，2012 年)、《非均衡视域下的农村体育基本公共产品供给研究》(秦小平等，2013 年)、《农村体育公共服务供给模式探索》(李珊珊，2014 年）等。近年，王洁、王凯（2017 年）认为农村体育公共服务应由"制度外供给"向"制度内供给"转变，并对"制度内供给"的诸多障碍与阻滞因素进行分析后提出了优化方案①。综上成果分析认为，尽管相关研究数量还不多，且研究的深入程度也尚为有限，但以上部分研究已开始从经济学、管理学等多学科视阈，借鉴其他学科的研究成果来研究农村体育公共服务的供给问题，这不失为研究中的一个鲜明亮点，亦可为本研究提供视角和方法上的启示。

除以上两方面的研究外，还有少数研究就我国农村体育公共服务政策、农村体育公共服务体系、农村体育公共服务发展特点、农村体育公共服务发展路径等问题进行了初步探索。代表性的成果有：《我国农村体育公共服务政策研究》(郝军龙等，2010 年)、《农村公共体育服务体系的运行机制》(齐立斌，2010 年)、《迈向体育强国的农村体育公共服务体系建设》(胡庆山等，2011 年)、《西北地区农村体育公共服务发展的特点研究》(任莲香等，2012 年)、《我国农村体育公共服务的发展路径及模型构建》(文烨等，2012 年）等，以上均是较具代表性的研究报道。

综上发现，有关农村体育公共服务的研究虽然近年来受到了我国部分体育专业类学者的关注，但总体上研究者偏少，研究数量依然较为缺乏，研究质量也有待提高，缺乏对农村地区体育公共服务问题的具体、深层分析，更缺乏大范围的实证研究。值得肯定的是，上述成果诚然能为本课题的研究提供一定的借鉴和启示。

5. 有关体育强国建设与（农村）体育公共服务相结合的研究

目前将体育强国与体育公共服务相结合的研究寥寥，而将体育强国与农村体育公共服务相结合的研究，则更是几近阙如②。其中颇具针对性

① 王洁，王凯."制度内供给"：当下农村体育公共服务的路径选择与优化［J］.南京体育学院学报（社会科学版），2017，31（6）：87-92.

② 胡庆山，方千华，张铁明，等.迈向体育强国的农村体育公共服务体系建设［J］.上海体育学院学报，2011，35（5）：12-17.

和代表性的研究为：《体育强国的基础——体育公共服务体系建设》（李建国，2009 年）、《政府体育公共服务体系与体育强国建设论略》（陈伟等，2012 年）等。其中，李建国教授认为，体育公共服务体系建设是体育强国的基础[①]。陈伟研究指出，政府体育公共服务是建设体育强国的着力点，体育公共服务体系的完善是建设体育强国的必经之路[②]。

综合上述研究来看，虽然已有的将体育强国与（农村）体育公共服务相结合的研究并不多见，但上述研究对本课题无疑具有重要的、直接针对性的借鉴和参考价值。然而，结合前述研究背景和意义的分析，不难发现，目前已有的将体育强国与（农村）体育公共服务相结合的研究，尚不能满足我国城乡一体化体育公共服务及其体系建设的理论需要和实践需求，这无疑是体育学界应该高度重视并予以加强的研究领域。

三、内容框架及研究方法

（一）内容框架

任何研究，都必须具备一定的理论意义与实践价值诉求，否则既无意义，也无学术生命力。本课题研究内容的设计，正是根据课题研究目的所秉承的理论与实践价值使命而确定。本课题研究的初衷即是，从理论与实证的双向纬度较为全面地梳理、阐述和分析体育强国视域下的农村体育公共服务建设问题，从而为体育强国目标下农村体育公共服务及其体系的构建与完善等提供参考和借鉴。

根据本课题的研究目的，本研究的主体部分共设六章（导论部分除外）。其内容框架如下：

第一章，关系梳理：体育强国的构建与农村体育公共服务建设。诚然，对于本课题的研究主题而言，明确体育强国的构建与农村体育公共服务建设二者的关系可谓是后续问题研究的前提。该章首先对体育强国目标提出的历史与现实背景及意义、体育强国构建的目标与任务等问题进行了分析，然后就体育强国目标下农村体育公共服务建设的发展契机予以解析，最后论证了体育强国的构建与农村体育公共服务建设的互动

① 李建国．体育强国的基础：体育公共服务体系建设［J］．体育科研，2009，30（4）：15-18.

② 陈伟，贺兆轩．政府体育公共服务体系与体育强国建设论略［J］．成都体育学院学报，2011，35（5）：12-17.

关系。

第二章，现状微探：农村体育公共服务的现状调查与分析。没有调查就没有发言权。通过大量的问卷调查和田野访谈，本章对我国农村体育公共服务的现状及其问题进行了全面而深刻的分析，内容主要包括农民对农村体育公共服务建设的认知、意愿及需求状况，农村体育公共服务的供给现状及农民的满意度状况等。尔后，基于目前农村体育公共服务更多的是依靠“供给”，而非“自给”的现实，从农村体育公共服务供给主体、供给内容、供给方式以及供给保障四个方面，对我国农村体育公共服务建设中的现状问题予以审视。

第三章，人财物：农村体育公共服务建设的实体。为进一步挖掘其深层问题，本章结合第二章现状调查的结果，对现阶段我国农村体育公共服务建设人力、财力、物力因素进行分析。结果表明：人、财、物可谓是农村体育公共服务建设的三大“实体”，是根本、实质性问题。其中，人力是根本、财力是保证、物力是基础，“三力”相互联系，相互促进，缺一不可。该章各节分别阐释了农村体育公共服务建设中人力、财力、物力要素的构成状况，然后分别就农村体育公共服务建设中人力、财力、物力要素问题予以总结剖析。

第四章，体制与机制：农村体育公共服务建设的“两翼”。如果说人财物是农村体育公共服务建设的“实体”，那么，体制与机制则是其“两翼”，是农村体育公共服务建设的制度保障。该章分别阐释了农村体育公共服务体制与机制的定义及构成，并剖析了农村体育公共服务体制及机制的现实弊端，最后，为了深入认识和理解农村体育公共服务体制与运行机制在农村体育公共服务建设中的作用机理，该章还对农村体育公共服务体制与运行机制的相互关系进行了解析。

第五章，体系构建：农村体育公共服务体系建设论纲。为了从整体上系统地来分析农村体育公共服务建设的理论与现实问题，该章在阐明农村体育公共服务体系构建的理论基础、现实条件及意义的基础上，论述了体育强国目标下农村体育公共服务体系建设的指导思想、基本原则、目标任务、具体内容、机制模型等问题，并结合前述人财物、体制机制等内容分析，构建了“一体两翼”型农村体育公共服务体系框架。

第六章，抛砖引玉：迈向体育强国的农村体育公共服务建设建议。基于前述对农村体育公共服务现状、农村体育公共服务建设的“实体”、农村体育公共服务建设的“两翼”、农村体育公共服务体系总体框架等问题的分析，结合体育强国目标背景，该章提出了较为全面、颇具针对性的促进农村体育公共服务及其体系建设的对策建议。

（二）研究方法

1．文献资料法

本研究利用万方系列数据库、中国期刊全文数据库、EBSCO全文数据库以及百度等搜索引擎，并利用课题负责人赴美国访学之机，充分运用中外检索工具来查阅搜集本课题所需的相关电子资料文献，查阅与本研究相关的文献汇编、期刊、著作、报纸等纸质文献，在阅读大量的文献资料的过程中对相关的文献资料进行整理、分析、总结、归纳和加工，作为本研究的理论依据和论证基础。

2．问卷调查法

本研究紧扣农村体育公共服务这一内容主题，经过多轮专家问卷筛选后确立了若干反映农村体育公共服务现状的调查指标，然后根据李克特量表自制半封闭式的调查问卷进行调查。为确保问卷的信效度，聘请了10位相关领域的专家对问卷内容效度进行检验，10位专家一致认为本问卷指标内容能满足研究主题的需求，具有较好的效度。此外，采用重测信度法，在正式调查前，对湖北省松滋市、仙桃市等200位农民前后间隔20天两次发放问卷，回收后计算出相关系数 $r=0.835$，表明问卷的信度较高。

经过信效度检验后陆续正式发放问卷。课题组采取分层、聚类取样的方法，依据区域经济梯度转移理论将我国划分为东、中、西三大地带，并结合各省、市、自治区的GDP贡献率，将山东、浙江、福建3个省作为东部经济发达地区的调查对象，将湖北、湖南、河南3个省作为中部经济发展一般地区的调查对象，将四川、陕西、贵州3个省作为西部经济欠发达地区的调查对象。其分别代表了我国东、中和西部三大区域和三个经济地带，因而可以较为全面地反映我国农村体育公共服务建设的整体情况。同时，调研对象的选择还利用了课题负责人所在单位的教育部社科重点研究基地中国农村研究院的“百村十年计划”调研平台及其成果。实际调查样本覆盖9大省（区）、26个县（市区）、42个乡（镇）、125个村，共发放问卷3 000份，回收2 467份，回收率为82.2%，回收有效问卷1 864份，有效问卷回收率为75.6%。

3. **田野调查法**

为深入了解农村体育公共服务建设的真实情况，倾听农民和农村干部对农村体育公共服务发展的意见和建议，掌握第一手实践资料，本研究自制访谈提纲并采用问卷调查、田野访谈相结合的方式，定期深入基层乡镇、农户、田间地头，对农民、村干部、乡（镇）政府部门及基层体育机构和组织的工作人员进行深度访谈，以探究农村体育公共服务建设中的实际问题和不足，获取基层一线的真实需求和建议。

4. 专家访谈法

采用面谈、电话访谈等相结合的方式，对从事农村问题研究、公共服务问题研究、社会管理研究，以及群众体育研究的专家学者进行访谈，获取其对农村体育公共服务建设的相关看法、意见和建议，为本研究提供智力支持。

5. **数理统计法**

对回收的调查问卷采用 SPSS 17.0 统计软件进行统计分析，根据研究的需要进行统计处理分析。

四、相关核心概念的界定

(一) 体育强国

众所周知，近年来关于体育强国的探讨发自于 2008 年胡锦涛同志的讲话，但是体育强国的概念却诞生于 20 世纪 80 年代初期。我国学者在两个不同的时期、不同的历史条件背景下，对体育强国的概念及目标问题，均进行过激烈的讨论。

1983 年国家体委《关于进一步开创体育新局面的请示》中，除第一次明确提出了要在 20 世纪末把我国建设成为“世界体育强国”的目标外，还提出了几个主要指标：第一，全国半数左右的人经常参加体育活动。青年一代的身体形态、素质、机能有明显提高。第二，在奥林匹克运动会上名列前茅，大多数项目达到和接近世界水平。第三，建成可以举办亚运会和奥运会的场地。第四，彻底改善体育队伍的结构，干部实现“四化”。健全体育科研机构，出现一批具有世界水平的科研成果，在重要领域有所突破、有所创新。此后，“体育强国”一词引起了人们的关注，许多专家学者也发表了不同意见。1985 年，第一次全国体育发展战略研讨会召开，与会者热烈讨论了“在本世纪内把我国建设成体育强国”

这一战略目标的内涵及其实现的可行性问题。会议代表一致认为，体育强国是一个动态的、同世界各国进行比较中得出的概念。在当时的讨论中，对体育强国的认识不乏分歧。有的学者认为，体育强国是指那些既是体育发达又是竞技强国的国家。体育发达国家是以大众体育和学校体育的发展水平为主要标志，指那些人均经费在世界上名列前茅，制定了完善的学校体育和大众体育计划，拥有充分的保证群众锻炼和承办大型国际比赛的场地设施，体育人口超过全国总人口半数以上的国家。在世界上可以称上体育强国的只有美国、苏联、民主德国、联邦德国、加拿大等为数不多的国家。有的学者持不同的观点，认为不能把比赛中成绩优异作为重要标志。如芬兰、瑞典、丹麦、瑞士等国家，体育运动的发展规模和场地设施条件均堪称体育发达国家，但由于他们在奥运会和其他国际重大比赛中总成绩没有名列前茅，人们不称他们为体育强国。而当我国在亚运会上金牌获得第一，总分超过日本时，世界舆论就称我国为亚洲体育强国了。可见，在人们的习惯中，体育强国同体育发达国家是既有联系又有区别的两个概念[①]。

经过反复的研讨，人们的认识逐渐趋于统一。1988 年，时任国家体委主任的李梦华在谈到进一步加强奥运战略时讲道："奥运会上名列前茅，是体育强国的一个主要指标。到 2000 年我们要走三大步，参加 1992 年、1996 年和 2000 年三届奥运会。要订出爬三个台阶的目标，每一台阶大体上要有一个明确的要求，当然不可能很具体。比如说，1992 年二十五届奥运会上我们能否拿 8—12 枚金牌，以及一定数量的银牌、铜牌等。在内部工作上，现在就要把指标提出来，而不是去巴塞罗那才提。当然还要计算总分，提高我国竞技体育的整体实力。第二、三步，即 1996 年和 2000 年奥运会，可否提 15—20 枚金牌的任务？奥运会上获 20 枚金牌左右，团体可进入前六名，一般可以称为体育强国了"。可见，这一时期，"体育强国"的含义已经由"奥运会上名列前茅"，演进为"奥运会上名列前茅，是体育强国的一个主要指标"，而不是唯一的指标了[②]。虽

① 崔乐泉，杨向东. 中国体育思想史（现代卷）[M]. 北京：首都师范大学出版社，2008：213.

② 兰运平，曹守和，赵玉梅. 体育大国与体育强国考释 [J]. 体育文化导刊，2010 (8)：106-109.

然20世纪80年代初期“体育强国目标”一经提出便引起了大家的广泛关注和激烈讨论，但随即我国在1988年韩国汉城奥运会以及其他赛事上的失利，“体育强国目标”便逐渐慢慢淡出人们的视野。

2008年北京奥运会和残奥会总结表彰大会上，胡锦涛同志发出“要进一步推动我国由体育大国向体育强国迈进”的号召后，我国再次掀起关于体育强国讨论的热潮。

对于体育强国的概念和内涵，现时期已有不少专家、学者提出了各自的看法。徐本力教授认为：体育强国是指包括以竞技体育和大众体育为主的整个体育事业的发展水平，是指在以社会体育为基础，竞技体育为先导的体育事业发展各个领域的总体发展水平在世界上处于一流和前列的国家。这些领域不仅包括竞技体育和大众体育，还包括体育科技、体育教育、体育文化、体育场地、体育产业等方面[①]。鲍明晓指出：可从体育自身的维度与外部性维度来认识体育强国[②]。此外，鲍明晓在“中国体育：体育强国辨析与建设”学术沙龙中，提出体育强国的内涵是：(1) 以人为本的体育；(2) 促进人全面发展、促进经济社会发展的强国体育；(3) 竞技体育和群众体育、体育事业和体育产业的全面协调可持续的体育[③]。2009年底，在中国体育发展战略研讨会上，国家体育总局原局长刘鹏同志指出，体育强国必定有丰富的内涵、鲜明的特征，涉及体育事业的方方面面，包括群众体育、竞技体育、体育产业、体育文化、国际交往、体育法制、体育科技、体育教育等[④]。周丽萍等学者指出：“体育强国”是指该国体育发展的综合实力超群，总体水平明显高于其他国家[⑤]。

部分学者在论及体育强国内涵的同时，还提出了体育强国的标准、

---

① 徐本力. 体育强国、竞技体育强国、大众体育强国内涵的诠释与评析［J］. 天津体育学院学报，2009，24（2）：93-98.

② 鲍明晓. 体育大国向体育强国迈进的战略研究［J］. 南京体育学院学报，2009，23（6）：1-6.

③ 许立群. 中国体育：体育强国的辨析与建设：中国科协新观点、新学说学术沙龙观点摘编［J］. 体育文化导刊，2009（8）：4-11.

④ 曹彧. 中国体育发展战略研讨会召开：共同探讨体育强国内涵特征［N］. 中国体育报，2009-12-14（5）.

⑤ 周丽萍，田雨普. “体育大国”与“体育强国”研究探析［J］. 北京体育大学学报，2010，33（1）：103-105.

标志以及必要条件。例如，黄莉指出：所谓体育强国，是指在国民体质、运动竞技、科学教育、产业经营、竞技文化等方面显现出强劲综合实力，整体发展水平位于世界前列的国家。体育强国的内涵主要涉及大众体育、竞技体育、体育科教、体育产业、体育文化这五个领域。同时黄莉还指出了体育强国的“强”主要表现在五个方面：(1) 国民身体健康，体质强壮，健身活动开展广泛，体育设施城乡覆盖面广；(2) 重大国际赛事能摘取较多奖牌，竞技运动水平名列世界前茅；(3) 体育科技与体育教育发达，体育场馆一流，运动器材先进，受过高等教育的体育人才众多；(4) 体育服务业兴旺，体育经营、管理、服务、消费水平高，体育产业对 GDP 的贡献大；(5) 具有国内外组织动员能力，体育发展模式或民族体育文化能对世界其他国家产生吸引力和影响力①。周爱光认为：“体育强国”是指体育事业的总体发展水平在世界上处于一流或前列的国家，我国现阶段尚不是世界体育大国，更不是世界体育强国。虽然现在国际上还没有关于体育强国的评价体系，然而成为世界体育强国有其需要满足的必要条件。现阶段成为世界体育强国至少应当满足三个必要条件，即在群众体育方面，年满 20 周岁的成年人中体育人口占 45%以上；在竞技体育方面，奥运会的奖牌数和成绩名次进入前 8 名；在体育产业方面，GDSP 占 GDP 的比重 1.5%以上。当然，还有学校体育、体育俱乐部、人均体育场地、体育科学研究等方面的指标需要进一步研究②。《人民日报》记者许立群提出：真正的体育强国应该具备以下四个特征：竞技体育均衡发展、全民健身蓬勃开展、体育产业兴旺发达、体育文化独具魅力③。田雨普指出：体育强国是个意会概念、定性概念，竞技体育的国际竞争力和群众体育的发展水平是判别体育强国的两项基本标准④。肖焕禹认为，体育强国有七大标志：(1) 国民体质强是第一大要素，强国必先

① 黄莉．从体育强国内涵探究体育综合实力构成［J］．上海体育学院学报，2010，34 (4)：15-19.

② 周爱光．“体育大国”与“体育强国”的内涵探析［J］．体育学刊，2009，16 (11)：1-4.

③ 许立群．中国体育：体育强国的辨析与建设：中国科协新观点、新学说学术沙龙观点摘编［J］．体育文化导刊，2009 (8)：4-11.

④ 田雨普，王欢．体育强国的辩证认识论［J］．体育学刊，2009，16 (8)：9-13.

强种，强种必先强身，民族素质的内核民族体质当推首位；（2）竞技体育项目均衡发展，国际大赛中得金牌数处于世界领先地位，竞技体育后备人才可持续发展；（3）大众体育普及，体育人口达到经济发达国家中上水平；（4）体育科技水平高，自主研发能力强；（5）公共体育服务体系完善，可以满足市民的基本体育生活需求；（6）体育强国的建立需要体育文化的强力支撑，有优秀的体育文化为依托，就像一座高楼有了坚实的地基；（7）体育市场红红火火，体育产品种类齐全，体育消费水平相对发达①。熊晓正教授认为，建设体育强国要围绕增强国际竞争力考虑：第一，在国际大赛中成绩要名列前茅；第二，在国际大赛和国际体坛主要事务中，有组织、承担的能力；第三，在国际体育市场具有很强的市场竞争力；第四，在国际体坛、国际体育组织中，要有很强的话语权②③。

综合分析以上学者的观点，可以得出：（1）体育强国是在特定的历史背景和社会文化需求的环境下产生的，它是一个相对的概念，目前关于体育强国的内涵，我国学者尚未有统一的定论。（2）虽然当前体育强国还没有明确的标准，但体育强国的“强”不仅体现在国民体质健康、竞技体育、群众体育、学校体育等的全面发展，还体现在体育的国际竞争力、体育对 GDP 的贡献率等多个方面。无疑，以上观点对于新时代我们认识体育强国具有重要的参考作用。

事实上，仔细研究胡锦涛同志的讲话，不难发现其所言的体育强国是一个相对于体育大国而言的名词性概念，而非“动词性”概念，因此非指“通过体育来强国”。另鉴于我国现时期仍然处于发展中国家这一国情，可以认为胡锦涛同志所言的体育强国是指能突显出“体育强”的一个国家，而并非是“强国体育”，否则难免因提“强国”而导致“中国威胁论”，而且这与我国一直声称的“现在处于发展中国家水平”这一定位相悖。鉴于以上两个方面的分析，本研究认为，体育强国是指一个拥有相对强的体育综合实力与体育竞争力的国家。其内容范畴可以从如下两

① 肖焕禹，邵雪梅．体育强国内涵的阐释［J］．体育科研，2009（4）：3-4．

② 熊晓正．关于体育理论与实践几个问题的思考［J］．体育文化导刊，2009（10）：13．

③ 冯宝忠．中国迈向体育强国途径的研究［D］．苏州：苏州大学，2012．

个层面来认识。从内在层面来看，作为一个体育强国，首先其国内体育事业的发展必须处于一个和谐有序的协调运行状态，并表现出厚实强劲的体育综合实力。就我国而言，主要是指社会体育、学校体育和竞技体育协调发展，体育文化事业及体育产业蓬勃发展，并整体上表现出高水平。从外在层面来看，作为一个体育强国，其在国际体育舞台上必须拥有主导性的话语权和影响力，并具备相对强的竞争优势。

（二）体育服务、公共体育服务、体育公共服务

1. 体育服务

关于体育服务的定义，通过检索和查阅相关资料发现，主要有以下几种界定：（1）体育服务是指针对指定的服务对象，运用体育的各种手段来满足体育需求，并在这一过程中传播体育精神与文化①。（2）体育服务是指需要以人为本，为人民群众提供体育服务产品，让公民享受体育服务成果，提高公民参与体育活动的质量和水平，满足体育需求，传播体育文化，倡导体育精神，提高全民族的健康素质②。（3）体育服务是指专门为人们的自主性体育活动创造条件、提供帮助的各种体育工作的总称。它的主要内容包括组织管理系统、政策法规系统、提供场地设施和器材、进行锻炼指导、物质保障服务、体育活动的组织服务等③④。

虽然体育服务尚未具有普遍公认的确切定义，但是体育服务的本质属性决定了无论是哪一种定义，都不乏要体现体育服务以人为本、以服务为本的特性，以及为广大人民群众提供体育服务产品以满足人民群众体育需求的最终目的。

2. 公共体育服务

关于公共体育服务的定义，也存有众多不同的看法，具有代表性的界定主要有以下几种：（1）公共体育服务是指为社会公众提供体育产品

---

① 刘欣然. 对构建群众性多元化体育服务体系的理论分析［J］. 武汉体育学院学报，2007，40（9）：57-61.

② 林敏. 群众性多元化体育服务体系相关因素的分析［J］. 武汉体育学院学报，2009，43（2）：43-47.

③ 郭长忱. 构建吉林省新农村体育服务体系的研究［D］. 吉林：东北师范大学，2008.

④ 罗旭. 我国全民健身服务体系的理论构建与运行机制研究［D］. 北京：北京体育大学，2006.

和体育服务[①]；（2）公共体育服务是公共组织为公众提供的公共物品[②]；（3）公共体育服务是为满足公众的公共体育需求而提供的各种体育服务和活动的总称[③]；（4）公共体育服务是指为满足公共体育需求而提供的产品和行为[④]；（5）公共体育服务是政府组织为公民提供的公共物品或服务[⑤⑥]。

3. 体育公共服务

作为公共服务的下位概念，由于公共服务的概念目前尚未有定论，既而体育公共服务也难以做出确切而公认的界定。关于体育公共服务概念的界定，不同的学者有其不同的看法。（1）体育公共服务是指由公共部门或准公共部门共同提供的，以满足社会成员的基本体育需要为目的公共产品和服务行为的总称[⑦]；（2）体育公共服务是具有非竞争性和非排他性的体育服务[⑧]；（3）体育公共服务是体育公共产品和服务行为的总和，包括加强体育公共设施建设、发展体育公共事业、发布体育公共信息等，为丰富社会公众生活和参与社会体育活动提供社会保障和创造条件[⑨]；（4）体育公共服务是供给主体为满足社会成员体育需要提供体育公共产品的过程[⑩]；（5）体育公共服务是通过整合社会资源，向居民提供基

---

① 闵健，李万来，刘青. 公共体育管理概论［M］. 北京：北京体育大学出版社，2005.

② 肖林鹏，李宗浩，杨晓晨. 公共体育服务概念及其理论分析［J］. 天津体育学院学报，2007，22（2）：97-101.

③ 郇昌店. 我国公共体育服务供给市场化运作方式研究［D］. 天津：天津体育学院，2008.

④ 田雨普. 努力实现由体育大国向体育强国的迈进［J］. 体育科学，2009，29（3）：3-8.

⑤ 尹维增. 对构建和谐环境下公共体育服务的基本责任研究［J］. 体育与科学，2009，30（2）：45-47.

⑥ 刘蕾. 湖北省农村体育公共服务建设现状调查研究［D］. 武汉：华中师范大学，2013.

⑦ 王才兴. 上海市体育公共服务的实践与探索［J］. 体育科研，2008，29（2）：20-26.

⑧ 刘艳丽，苗大培. 社会资本与社区体育公共服务［J］. 体育学刊，2005，12（3）：126-128.

⑨ 樊炳有. 体育公共服务的理论框架及系统结构［J］. 体育学刊，2009（6）：23-28.

⑩ 范东云. 我国体育公共服务研究中几个问题的探讨［J］. 成都体育学院学报，2010（2）：6-12.

本的体育服务及体育产品，以保障居民体育权利的实现[①]。

上述界定对于我们认识体育公共服务的概念均颇具启发意义。通过对上面有关体育公共服务概念的比较，本研究认为上述第一种观点颇具合理性和针对性。因其不仅明晰了体育公共服务的供给主体，还明确了体育公共服务的目的——满足公民的基本体育需要。定位于基本，这比较符合当前及今后很长一段时期内中国的国情。

尽管体育公共服务和公共体育服务的概念均尚未有定论[②]，但是两者之间的差别却有必要在一定程度上予以厘清。目前有包括诸多学者在内的很多人将上述两个概念混淆，或者混而一谈，在很大程度上都是由于对这两个概念没有进行严格区分所致。在此，本研究结合上述学者对体育公共服务和公共体育服务的定义，认为两者的区别主要体现在以下几个方面：(1) 所属不同。体育公共服务的上位概念为公共服务，公共体育服务的上位概念为体育服务。(2) 提供服务的主体不同。体育公共服务提供的主体为公共部门和准公共部门，其中包括政府、公共企事业单位、非营利组织、国际组织、第三部门等。公共体育服务的提供主体为公共组织，广义的公共组织包括政府和第三部门组织，狭义的公共组织指的就是国家机关组织[③]。很明显，体育公共服务比公共体育服务供给主体的范围更广泛。(3) 目的不同。体育公共服务的目的主要是为了满足社会成员的基本体育需要，而公共体育服务则主要是满足公众的公共体育需求。显然，基本的体育需要与公共体育需求也具有明显的不同。

既然如上所述，体育公共服务与公共体育服务的区别如此明显，那么，为何还有诸多学人将其混淆或者混用呢？本研究认为，导致存在认识误区的原因可能主要有以下几点：其一，虽然体育公共服务和公共体育服务是两个不同的概念，但是由于二者概念仅存两个文字顺序的不同，导致从表上面上也难以看出其中的区别。而且由于两者的上位概念公共服务和体育服务虽然存在不同，但是体育服务也是公共服务中的一种，导致二者也有一些交集，例如两者的服务对象有交叉的区域，都包括全

---

① 高军. 浙江省城市居民体育公共服务满意度的调查分析 [J]. 嘉兴学院学报，2009 (6)：103-108.

② 肖林鹏，李宗浩，杨晓晨. 我国公共体育服务体系概念开发及其结构探讨 [J]. 天津体育学院学报，2007，22 (6)：472-475.

③ 张振明. 公共管理学 [M]. 北京：中国人民大学出版社，2005.

体社会成员，且两者的服务内容交集部分也较多，区别也不够明显。故部分学者认为两者本质上并没有很大的区别。其二，虽然体育公共服务的供给主体范围更为广泛，但是两者的主要供给主体都是政府，从某种程度上来说，尤其是基于现今我国体育公共服务的供给实践而言，实际中也并没有很大的区别，目前均以政府供给为主。

（三）体育服务体系、体育公共服务体系、农村体育公共服务体系

1．体育服务体系

“体系是由若干有关事物互相联系、互相制约而构成的一个整体。”① 服务体系，是指在社会化的服务活动中形成的一整套完备的运行系统，要求达到服务活动功能的最大化、效率的高效化、成本的合理化②③④⑤。在我国，体育事业是社会公共事业的重要组成部分，体育服务体系亦是公共服务体系的重要组成部分。现今，加强体育服务体系建设，是建设社会主义和谐社会、体现社会公平和发挥服务型政府职能的重要指标。

虽然目前鲜见有学者给体育服务体系进行界定，但学界对多元体育服务体系、群众性多元化体育服务体系以及社区体育服务体系等相关概念给予了定义。如：多元体育服务体系是指根据不同区域、不同人群的不同需求，坚持体育服务的多元化，为适应各方面的体育健身需要，以保障广大人民群众享有良好体育健身环境和条件的体育服务⑥。群众性多元化体育服务体系，就是建立与我国社会主义性质、社会主义初级阶段的基本国情以及社会主义市场经济体制相适应，能够较好满足广大人民群众日益增长的体育健身需求，保障人民群众享有基本的体育权利和服务，保障群众体育事业持续发展，保障国民体质普遍增强和健康水平不

① 辞海编辑委员会．辞海［M］．上海：上海辞书出版社，1979．

② 林敏．群众性多元化体育服务体系相关因素的分析［J］．武汉体育学院学报，2009，43（2）：43-47．

③ 肖林鹏．论全民健身服务体系的概念及其结构［J］．西安体育学院学报，2008，25（4）：6-11．

④ 高红香．苏州市全民健身公共服务体系建设的研究［D］．苏州：苏州大学，2013．

⑤ 黄玉珍．社会阶层分化与多元化群众体育服务体系研究［D］．长沙：湖南师范大学，2010．

⑥ 王雷，王芳．我国多元化体育服务体系影响因素研究［J］．武汉体育学院学报，2004，38（5）：1-3．

断提高，结构完整、功能完备、运转顺畅、亲民、便民、利民的社会化服务系统①。社区体育服务体系是指针对社区居民不同的体育价值取向，通过政府支持，各种社团、机构、志愿者提供，最终形成的多层次、多种类，具有社会福利和公益性的社会体育服务整体组织架构②。

基于以上分析，本研究认为：体育服务体系是指为满足社会的体育需求，向广大公民提供体育公共产品和服务行为系统的总称。

2. 体育公共服务体系

通过检索并分析已有文献发现，我国大部分学者对体育公共服务体系的定义多以其内容的表现形式进行界定，即主要指出了其包括哪些方面并据此进行的操作性界定，目前给予的学术性界定主要有：（1）体育公共服务体系是政府主导、社会参与形成的以满足人民群众体育需求、保障人民群众体育权益的各种公益性体育机构和服务的总和③；（2）体育公共服务体系是为满足社会的公共体育需求，向市民提供公共体育产品和服务行为及相关制度与系统的总称④⑤。

根据上述分析，结合相关研究认为，体育公共服务体系是指为满足全体公民基本体育需求，由公共部门和准公共部门提供体育公共产品、服务行为以及相关制度与系统的总称。主要是由相关政策法规、体育场地器材设施服务、体育组织服务、体育指导服务、体质监测服务、体育活动服务、体育信息咨询服务等组成的服务系统⑥。

3. 农村体育公共服务体系

文献检索发现，目前我国学者对农村体育公共服务体系进行了初步

---

① 晓敏. 对构建群众性多元化体育服务体系的思考［J］. 体育文化导刊，2003（8）：6-7.

② 周平. 湘鄂渝黔边城镇社区体育服务体系构建研究［J］. 山东体育学院学报，2007，23（2）：20-23.

③ 李静. 试论体育公共服务体系建设［J］. 南京体育学院学报，2009，23（1）：62-65.

④ 王才兴. 上海市体育公共服务的实践与探索［J］. 体育科研，2008，29（2）：20-26.

⑤ 龚建林. 论体育公共服务体系的内涵［J］. 当代体育科技，2012，2（2）：93-94.

⑥ 肖林鹏. 论全民健身服务体系的概念及其结构［J］. 西安体育学院学报，2008，7（4）：6-11.

定义。张正明等认为，农村体育公共服务体系是以政府为核心的多元化主体面向农业、面向农村、面向农民，通过有效地组织和配置农村体育产品和体育服务，满足农民对体育公共产品和服务的需求的一系列有组织程序化服务①。同时文献检索还发现，与农村体育公共服务体系相关的定义，还有农村体育服务体系、新农村体育服务体系。有研究指出，农村体育服务体系是指针对农民不同的体育价值取向，通过政府支持，各种社团、机构、志愿者提供，最终形成的多层次、多种类，具有社会福利和公益性的社会体育服务的整体组织架构②。新农村体育服务体系就是在乡（镇）人民政府所在地，以及经县人民政府确认，由集市发展而成的作为农村一定区域经济、文化和生活服务中心的非建制镇以外的乡村地区，按照“生产发展、生活宽裕、乡风文明、村容整洁、管理民主”的新农村建设要求开展的、旨在为农民（包括学生）为主要参加者的体育活动提供服务的相关事物相互联系而构成的一个整体③。无疑，以上定义为本研究对农村体育公共服务体系的界定提供了重要的参考价值。

要弄清什么是农村体育公共服务体系，首先有必要对农村体育公共服务予以界定。就我国农村而言，现今农村体育公共管理和公共服务主要由国家依托县（市）及其所属乡镇政府组织和体育事业单位来实现。也即，农村体育公共服务当前的直接提供主体是县（市）及其所属乡镇政府体育机构和组织。当然，随着我国政府职能的转变和机构的逐步改革，农村体育公共服务势必朝着社会化的管理与服务方向发展，其服务主体也将日益多元化。而农村体育公共服务的受益对象无疑是广大农民。从农村体育公共服务的提供主体和受益对象以及供给目的而言，农村体育公共服务是指以满足广大农民基本体育文化需求、保障广大农民基本体育权益为主要目的，由政府主导、社会公益性组织参与的，向农村和农民提供体育服务产品和行为的过程。

根据上述界定及本课题的研究需要，本研究将农村体育公共服务体

① 张正民，赵元吉，徐永. 立足城乡统筹构建四川省农村体育公共服务体系[J]. 河北体育学院学报，2011，25（3）：7-10

② 郭长忱. 构建吉林省新农村体育服务体系的研究［D]. 长春：东北师范大学，2008.

③ 周登嵩，李林，茹秀英. 新农村体育服务体系研究［J]. 北京体育大学学报，2009，32（11）：1-7.

系定义为：农村体育公共服务体系是指由政府主导、社会参与形成的，以满足广大农民基本体育需求为主要目的，为其提供体育公共产品和服务行为及相关制度与系统的总称。农村体育公共服务体系的建设是一个系统工程，在构建体育强国的后北京奥运时期，其对凸显我国体育事业的民本宗旨、民生观点起着重要作用①。

值得指出的是，受制于我国基层农村幅员辽阔、基础薄弱的经济社会发展现实，当前我国对农村的公共服务政策只能采取“保基本”这一务实策略，这从2012年7月国务院颁发的《国家基本公共服务体系“十二五”规划》中可见一斑②，且党的十八大报告提出的要“加快形成政府主导、覆盖城乡、可持续的基本公共服务体系”亦强调了要“立足基本”③，以及党的十九大报告在“提高保障和改善民生水平、加强和创新社会治理”部分强调，要“坚持人人尽责、人人享有，坚守底线、突出重点、完善制度、引导预期，完善公共服务体系”④。基于这一实际，本研究也主要是在“体育基本公共服务”这一范畴之内来探讨农村体育公共服务建设的相关问题。

---

① 胡庆山，方千华，张铁明，等. 迈向体育强国的农村体育公共服务体系建设[J]. 上海体育学院学报，2011，35（5）：12-17.

② 中国政府网. 国务院关于印发国家基本公共服务体系“十二五”规划的通知[EB/OL]. (2012-07-20)[2021-08-12]. http://www.gov.cn/zwgk/2012-07/20/content_2187242.htm.

③ 胡锦涛. 坚定不移沿着中国特色社会主义道路前进 为全面建成小康社会而奋斗——在中国共产党第十八次代表大会上的报告[EB/OL]. (2012-11-08)[2021-08-12]. http://china.caixin.com/2012-11-08/100458021.html.

④ 新华社北京10月27日电. 习近平：决胜全面建成小康社会 夺取新时代中国特色社会主义伟大胜利——在中国共产党第十九次全国代表大会上的报告[EB/OL]. (2017-10-27)[2021-08-12]. http://www.gov.cn/zhuanti/2017-10/27/content_5234876.htm.

第一章 关系梳理：体育强国的构建与农村体育公共服务建设

第一节 体育强国构建的相关理论分析

一、体育强国目标提出的背景及意义

（一）体育强国目标提出的背景

尽管近年来关于体育强国的探讨源于胡锦涛同志在2008年北京奥运会、残奥会表彰大会上发出的“推动我国由体育大国向体育强国迈进”的号召，但是“体育强国”目标却并非是首次提出。将体育强国作为我国体育事业发展的战略目标，分别集中体现在20世纪80年代初期以及2008年北京奥运会之后。虽然两次“体育强国”目标的提出具有不同的历史条件背景，但相同的是：伴随着我国体育事业的发展，尤其是竞技体育阶段性突出成就的取得而得以确立。

1. 20世纪80年代初期体育强国目标的提出

新中国成立以来，我国政府第一次提出“体育强国”目标是在20世纪80年代初期。这一时期我国正处于社会主义现代化建设和改革开放的初期，竞技体育尤其是我国体育健儿在国际大赛上取得的优异成绩，使得体育的社会整合功能得到了淋漓尽致的发挥，民族自豪感和民族凝聚力得以激发，极大地鼓舞了广大人民积极投入社会主义现代化建设和改革开放的热情，同时也促使了“体育强国”作为国家战略目标的提出。

国际奥委会执委会1979年通过的《名古屋决议》恢复了我国在国际奥委会的合法席位。从此，我国体育健儿开始全面进军国际体坛。1981年，在南斯拉夫举行的第36届世界乒乓球锦标赛中，我国乒乓球队囊括

了所有 7 个项目的冠军，堪称世界乒坛 55 年历史上的奇迹。1982 年，在印度新德里第 9 届亚运会上，中国体育代表团以 61 枚金牌打破了日本长期在亚洲体坛的霸主地位，成为亚洲体坛新的领跑者。1983 年，我国女子篮球队首次参加世界篮球锦标赛，就跻身于三强之列，使鲜艳的五星红旗第一次在世界篮坛上升起，点燃了我国大球运动的希望之光。1983 年至 1984 年间，朱建华连续 3 次打破男子跳高世界纪录，震惊了国际田坛。1981 年至 1984 年间，中国女排夺得了从世界杯到世锦赛再到奥运会的三项冠军，创造了三连冠的伟绩。从四届全运会到五届全运会的四年间，我国运动员在世界锦标赛、世界杯赛、世界运动会等世界性比赛的角逐中，共有 66 人和 13 个队在 43 个运动项目的比赛中夺得 71 个世界冠军，而前 30 年我国运动员总共才获得 41 个世界冠军①。20 世纪 80 年代初期，我国竞技体育获得了突破性发展，取得了世人瞩目的成就，引起了国家以及社会各界的广泛重视。1983 年 2 月 23 日至 3 月 4 日，全国体育工作会议在北京召开，会议肯定了我国体育事业近年来取得的巨大发展和重大突破，讨论并提出了 20 世纪末成为世界体育强国之一的奋斗目标。会后，国家体育总局向国务院报送了《关于进一步开创体育新局面的请示》。1983 年 10 月，国务院下发的《批转国家体委关于进一步开创体育新局面的请示的通知》，第一次提出了要在 20 世纪末把我国建设成为“世界体育强国”的目标②。

1984 年洛杉矶奥运会上，中国代表团一举夺得 15 枚金牌，吹响了中国体育健儿全面进军现代奥林匹克运动的号角，更加坚定了那一时期我国向体育强国迈进的信念。1984 年 10 月，中共中央发出《关于进一步发展体育运动的通知》，充分肯定了中华人民共和国成立以来特别是近几年来体育事业取得的巨大成绩，及其在振奋民族精神等方面发挥的突出作用，并向全国人民发出了号召：“我国已开始全面登上世界体育舞台，踏上了建设体育强国的新里程。中央相信，在体育战线全体同志和全党、

① 杨乃东，姚毓武. 1959—1985 我国运动员获得世界冠军资料统计 [J]. 天津体育学院学报，1988 (1)：91-94.

② 曹守和，赵玉梅. “体育大国”与“体育强国”提出的由来与涵义的演进 [J]. 中国体育科技，2010，46 (1)：15-18.

全国各族人民共同努力下，中华民族一定能跻身于世界体育强国之林。”①1984 年，国家体委成立了体育发展战略研究委员会，成立了以李梦华为首的研究班子，研究编写出了《2000 年中国的体育》，并将体育强国目标写入了《2000 年中国的体育》这一专题报告中。

为推动我国体育发展战略研究和体育科学理论建设，实现 2000 年建成体育强国的战略目标，国家体委于 1985 年 8 月 13 日至 19 日在青海省西宁市召开了全国体育发展战略讨论会。这次会议是新中国成立以来第一次大规模的体育发展战略学术性讨论会，在我国体育发展史上是一次创举。会上着重研讨了我国体育发展战略的指导思想，对建设世界体育强国问题进行可行性论证，并研究战略对策。在 1985 年第一次全国体育发展战略讨论会上，与会的体育部门领导和学界专家热烈讨论了“在 20 世纪末把我国建设成体育强国”这一战略目标的内涵及其实现的可行性问题。并对“2000 年的中国体育”中有关体育强国的八项主要指标，即人民体质、学校体育、社会体育、竞技体育、体育人才、体育科学技术、体育场地设施、体育精神产品进行了讨论②。在上述指标中，有关显性指标主要体现为：(1) 全国近 5 亿人参加体育锻炼；(2) 青少年一代身体形态、机能、素质有明显提高；(3) 在奥运会上名列前茅（第 3、4、5 名)③。虽然 20 世纪 80 年代初期，“体育强国”目标一经提出就引起了广泛的关注和探讨，但当时对体育强国确切含义的认识不尽一致，其内涵也无明确的表述，体育强国的指标体系和标准到底是什么也并不清楚。1985 年人民体育出版社出版的《体育理论》中认为：“所谓体育强国，是指在世界重大综合性比赛的运动竞赛中名列前茅的国家，即以竞技水平为最鲜明、最主要的标志。例如，在奥林匹克运动会中取得总体优势，名列前几名（一般指 3—6 名）的国家。”④可见，这一时期，奥运会上金牌总数名列前茅以及竞技体育水平，是判断体育强国的重要指标和内容。但此后，1988 年我国在韩国汉城奥运会以及其他赛事上的失利，使得

① 人民网资料. 1984 年 10 月 5 日中共中央发出《关于进一步发展体育运动的通知》[EB/OL].（1984-10-05)[2021-08-12]. http://cpc.people.com.cn/GB/64162/64165/70486/70491/4867558.html.

② 郑言. 全国体育发展战略讨论会综述 [J]. 体育科学，1986 (1)：14-18.

③ 肖焕禹，邵雪梅. 体育强国内涵的阐释 [J]. 体育科研，2009，30 (4)：2-5.

④ 编写组. 体育理论 [M]. 北京：人民体育出版社，1995.

"体育强国"目标逐渐淡出人们的视野。

2. 2008 年北京奥运会后"体育强国"目标的提出

21 世纪的中国，经济社会全面发展，国际影响力日益增强，大国的崛起令整个世界为之震惊。我国在政治、经济、科技、军事、民生等方面的飞速进步，以及体育事业的快速发展，为 2008 年北京奥运会后"体育强国"目标的提出提供了条件和基础。

在政治方面，政治体制改革持续推进，民主法制更加完善，基层民主不断发展。行政体制改革日益深化，司法体制和工作机制改革取得新进展，法律体系逐步形成，社会主义法治国家建设成绩显著，中国特色社会主义民主政治体制将进一步得以完善。诚如党的十八大报告指出："必须继续积极稳妥推进政治体制改革，发展更加广泛、更加充分、更加健全的人民民主。"要"加快建设社会主义法治国家，发展社会主义政治文明"。要"加快推进社会主义民主政治制度化、规范化、程序化，从各层次各领域扩大公民有序政治参与，实现国家各项工作法治化"①。

经济发展稳步向前。改革开放 30 多年来，我国成功实现了从高度集中的计划经济体制向充满活力的社会主义市场经济体制的转变，经济总量、人均收入在世界主要国家和地区中的位次大幅上升。1979—2008 年，我国经济快速增长，年平均增长率达到 9.8%，比同期世界经济平均发展水平高 6.8 个百分点。1978 年，我国 GDP 总量居世界第 11 位，2008 年超过德国，跃居世界第 3 位②。同时，我国经济结构、产业结构调整步伐加快，基础设施全面加强，城市化水平明显提高，城乡区域经济协调发展。即使面对 2008 年前后的国际金融危机，党中央、国务院亦能运筹帷幄，沉着应对，加强和改善宏观调控，果断决策，科学部署，有效应对了国际金融危机的巨大冲击，保持了经济平稳较快发展，使中国经济继续稳健前行。

军事科技发展迅速。21 世纪的中国，是全球公认的最大的、发展最

---

① 胡锦涛. 坚定不移沿着中国特色社会主义道路前进 为全面建成小康社会而奋斗——在中国共产党第十八次代表大会上的报告 [EB/OL]. (2012-11-08)[2021-08-12]. http://china.caixin.com/2012-11-08/100458021.html.

② 中国信息报. 国际地位明显提高，国际影响力显著增强 [EB/OL]. (2010-02-26)[2021-08-21]. http://www.zgxxb.com.cn/jjsp/201002263891.shtml.

快的发展中国家，中国特色军事变革取得重大成就，军队革命化现代化正规化建设协调推进、全面加强，军事斗争准备不断深化，履行新世界新阶段历史使命能力显著增强，出色完成一系列急难险重任务。科技方面更是日新月异，载人航天、探月工程、载人深潜、超级计算机、高速铁路等实现重大突破①。

民生方面，人民群众生活水平不断提高，城乡就业持续扩大，居民收入较快增长，家庭财产稳定增加，衣食住行用等条件明显改善，城乡最低生活保障标准和农村扶贫标准大幅提升，社会保障体系逐步健全，社会公共服务体系日益完善。城乡一体化进程加快，城乡经济社会协调发展程度提高，农村综合改革、医药卫生、教育财税、文化体制等改革取得新突破，发展活力不断显现。

体育事业方面的发展取得了辉煌成就，达到了新的历史高度。人民群众的体育意识增强，经常参加体育锻炼的人数显著增加，体育场地设施不断增多，群众体育科学化、组织化水平不断提高，全民健身活动蓬勃开展。体育产业快速发展，成为国民经济的新亮点。居民体育消费迅速增长，从业人员不断增加。体育政策法规体系进一步完善，体育人才队伍建设力度不断加大，体育科技、体育教育、体育宣传等事业取得长足发展，体育对外交往不断扩大和深化，我国在国际体育事务中的影响力日益提升。

在体育事业的发展中，竞技体育辉煌成就的取得，为体育强国目标的提出奠定了直接基础。2000 年悉尼奥运会，中国夺得 28 金、16 银和 15 铜，在金牌榜和奖牌榜上均排在第三位，中国首次进入奥运会金牌榜前三名，取得了历史性的突破。2004 年雅典奥运会，中国获得了 32 金、17 银、14 铜，排金牌榜第二、奖牌榜第三，在奥运格局中占据了举足轻重的地位，跃居奥运金牌第一集团军行列。上述成绩的取得，令世界对中国竞技体育持续的巨大进步颇感震惊，甚至被世界舆论看成是中国“和平崛起”的重要象征之一。2008 年北京奥运会，中国一举获得 51 金、21 银、28 铜，奖牌总数 100 枚，位列奥运会金牌榜第

① 胡锦涛. 坚定不移沿着中国特色社会主义道路前进 为全面建成小康社会而奋斗——在中国共产党第十八次代表大会上的报告［EB/OL］.（2012-11-08）［2021-08-12］. http://china.caixin.com/2012-11-08/100458021.html.

一，奖牌榜第二，取得了运动成绩和精神文明双丰收，创造了中国竞技体育新的辉煌，实现了出征前许下的为人生添彩、为奥运增辉、为民族争气、为祖国争光的豪迈誓言。中国体育代表团在奥运会上连续取得的辉煌战绩，拉开了中国向体育强国迈进的帷幕，促使了体育强国目标的提出。

实践发展证明，“国运盛、体育兴”。上述经济社会发展背景，尤其是中国竞技体育辉煌成绩的取得，要求并呼唤新的体育发展战略目标的产生。正值中国体育事业面临新的历史转折与关键时刻，胡锦涛同志发出了“从体育大国向体育强国迈进”的号召。2008 年 9 月 29 日，胡锦涛同志在北京奥运会和残奥会的总结表彰大会上，提出了“要进一步推动我国由体育大国向体育强国迈进”的号召，“体育强国”作为我国体育事业发展的宏伟目标，在新的历史时期再次被正式而庄重地提出。

新时代，“体育强国”作为国家体育战略目标提出，同样引起了学界以及社会的广泛关注。对于什么是体育强国，体育强国的标准内容等问题，也引起了社会各界的激烈讨论。至今，虽然学界对体育强国的有关讨论仍然没有统一的定论，但比较有代表性的观点是：“体育强国既是一个相对的概念，也是一个综合的概念，所谓相对概念是指体育强国很难用量化加以界定，它没有固定、量化的指标评价体系，它是通过与其他国家的体育发展总体实力比较中得出的定性化的评价。”①值得肯定的是，虽然目前对体育强国的认识还尚无定论，有待进一步深化研究，但是现时期人们对体育强国目标的认识，已经不再仅仅局限于竞技体育的成绩以及奥运会的金牌数量，而是一个综合性的、全面发展的体育强国目标。诚如 2010 年 1 月 26 日国家体育总局原局长刘鹏同志在全国体育局长会议上所言，建设体育强国既是新时代我国体育工作的奋斗目标，又是我国体育事业发展一个长期的艰巨过程，任重而道远。体育强国涉及体育事业和体育工作的方方面面，是一个全方位的要求，是一个综合体系，是一个全面发展的目标。体育强国表现为群众体育、竞技体育、体育产业、体育文化、国际交往、体育法制、体育科技和体育教育等领域均得到全

① 田雨普. 努力实现由体育大国向体育强国的迈进［J］. 体育科学，2009，29（3）：3-8.

面发展，并具有国际影响力，达到国际先进水平①。

（二）体育强国目标提出的意义

北京奥运会的成功举办及中国体育代表团辉煌战绩的取得，标志着中国体育一个历史时期的结束和一个新的历史时期的开始。胡锦涛同志在北京奥运会、残奥会表彰大会上的重要讲话，无疑是新时代我国体育事业发展的纲领性指引，吹响了中国体育踏上新征程的号角。在新的历史条件下，体育强国目标的提出，可谓是我国全面建成小康社会、构建社会主义和谐社会的时代要求，是促进中国社会发展的加速器，它不仅有助于推动体育事业的改革和发展，而且对我国政治、经济、文化和整个社会的发展均具有重大的现实意义和深远的历史意义。

第一，建设体育强国有助于我国整体强国战略的实现以及国际影响力的提升。国家体育总局原局长刘鹏同志曾指出，建设体育强国是我国整体强国战略的重要组成部分。体育事业的发展强大必须也必然与国家的强大相一致，与国家各项事业发展的步调一致，与国家整体发展的步调一致，只有各部分得到最完美的组合和协调发展，整体的功能才能得到最大的发挥，这是整体强国战略对体育发展的要求。体育事业是建设社会主义现代化强国不可或缺的重要力量，是实现我国整体强国战略目标的重要组成部分。体育事业的发展是我国综合国力和国际竞争力增强的重要表征，是我国社会发展和文明进步的重要标志。因此，建设体育强国对我国整体强国战略的实现以及国际影响力的提升具有重大的意义。

第二，建设体育强国有助于发挥体育的独特功能和综合价值，缓解我国社会主义初级阶段的基本矛盾。体育作为人民群众物质文化生活的重要组成部分，在当代社会集政治影响力、经济生产力、文化传播力、社会亲和力于一体，在增强人民体质，促进人的全面发展，丰富社会文化生活，维护社会稳定，增加经济新亮点和构建和谐社会等方面都有不可替代的作用。国家体育总局原局长刘鹏同志指出："在当前和今后相当长的一个时期内，人民群众日益增长的体育需求与社会所能提供的体育

① 刘鹏．刘鹏局长在2010年全国体育局长会议上的讲话［EB/OL］．（2010-01-26)［2021-08-12］．http://www.sport.org.cn/gasc/2010-01-26/289292.html.

资源相对不足的矛盾，仍然是最突出的矛盾。”特别是在群众体育领域，政府提供的体育公共服务不足，体育场地设施建设、组织体系建立、科学健身指导等诸多方面与广大人民群众的需求存在较大差距，已经成为我国在建设体育强国过程中的基础性薄弱环节。当前大力构建体育强国，就是要进一步发挥体育的政治影响力、经济生产力、文化传播力和社会亲和力，使体育事业成为广大人民群众的福祉，不断满足广大人民群众日益增长的美好生活需要，增强体育对人类社会的影响力、凝聚力和整合力，在促进社会进步、缓解社会主义新时代的矛盾过程中发挥更重要的作用。

第三，建设体育强国有助于推动我国体育事业又好又快地发展，是我国体育事业全面协调可持续发展的内在需求。2008 年北京奥运会取得的巨大成功和成就，使我们看到了中国成为体育强国的可能，增强了国人对我国由体育大国向体育强国迈进的信心和决心。然而，在中国体育进入了一个新的发展阶段和历史转折时期，我们必须更加清醒、理智地看到我国体育事业发展的问题和不足，认识到当前影响我国体育自身发展的主要矛盾和矛盾的主要方面。当前，从我国体育发展水平的内部结构来看，无论是群众体育、竞技体育、体育产业，还是体育文化、体育法制建设等的发展水平，都与体育强国的要求存在相当的差距，影响我国体育自身发展的若干矛盾还没有得到系统、长效的解决①。在新的历史条件下建设体育强国，就是要抓住北京奥运会后发展体育事业的有利时机，采取得力措施，有效地解决体育发展中的突出问题和主要矛盾，推进各项体育工作全面进步。体育事业的发展需要一个良好的环境，需要社会政治、经济、文化等各领域的支持和推动。建设体育强国无疑会为体育事业的发展聚集巨大的推动力，营造更加良好的发展环境，把我国体育事业的发展水平推上一个新的台阶，为中国体育事业的发展创造更加广阔的发展空间。同时，体育强国目标的提出，还将促进我国体育发展方式的转变，有助于体育发展战略的调整，使其不再一味坚持赶超战略，重新审视体育的社会价值及其意义，更加注重内涵式发展，最终实

① 刘鹏. 深入学习贯彻《全民健身条例》努力实现群众体育新的跨越——在 2010 年全国群体工作会上的讲话［EB/OL］.（2010-03-30）［2021-08-21］. http://www.sport.gov.cn/n16/n33193/n33208/n33418/n33598/1473533.html.

现全面协调可持续发展。

总之，后北京奥运时期体育强国目标的提出，可谓切中时代脉搏、与时俱进，符合我国经济社会发展的大背景和体育事业自身发展的需求。建设体育强国是建设中国特色社会主义事业的重要任务，是深入贯彻落实科学发展观的必然要求，是坚持以人为本的重要体现，是促进全民共享体育事业改革发展成果的重大举措，是全面建成小康社会、构建社会主义和谐社会的迫切需要。体育强国目标的提出，对我国政治、经济、文化以及体育自身的发展都具有重大的影响，具有重大的现实意义和深远的历史意义①。

二、体育强国构建的目标及任务

（一）体育强国构建的目标

国运盛则体育强。新时代体育强国目标的提出，是党中央、国务院，在北京奥运会取得圆满成功及历史性突破成绩之际，站在实现中华民族伟大复兴的战略高度，对体育事业未来发展所做出的战略部署。体育强国既是一个相对性概念，也是一个综合性概念。体育强国涉及体育事业和体育工作的方方面面，是一个全方位的要求，是一个综合体系，是一个不断发展的动态目标。

根据胡锦涛同志 2008 年北京奥运会、残奥会表彰大会讲话中就“推动体育大国向体育强国迈进”提到的两个协调发展，即“实现竞技体育和群众体育协调发展”“促进体育事业和体育产业协调发展”，以及此后国家体育总局原局长刘鹏同志的讲话和体育学界诸多专家学者关于体育强国的论述，本研究认为，体育强国构建的总体目标可概括为：增强人民体质、提高全民族身体素质和生活质量，增强体育综合实力，实现群众体育、学校体育和竞技体育协调发展，体育文化事业及体育产业蓬勃发展，在国际体育舞台上拥有主导性话语权和突出影响力。即体育强国的构建既要坚持办好体育事业为人民的根本宗旨，也要实现我国体育事业内部的全面协调可持续发展，还要与我国各项社会事业的发展相互协调与促进，最终实现我国体育综合实力的增强、国际影响力的提升以及

① 胡庆山，王健，刘蕾. 中国梦视野下的农村体育公共服务建设 [J]. 成都体育学院学报，2013，39（12）：26-29.

整体强国战略的达成。

（二）体育强国构建的任务

要实现体育强国的战略目标，必须通过完成体育强国的战略任务才能实现。国家体育总局原局长刘鹏同志在2010年全国体育局长会议上提出："体育强国表现为群众体育、竞技体育、体育产业、体育文化、国际交往、体育法制、体育科技和体育教育等领域的发展均达到国际先进水平。"① 本研究根据体育强国的目标以及国家体育总局原局长刘鹏同志提出的体育强国的主要表征，认为要实现体育强国目标，需要完成如下具体任务：

1. 群众体育

打造全民热爱体育、参与体育、共享体育的局面。要积极引导全体社会成员关注体育，积极参与体育，全面建成以人为本、融入国民的群众体育工作体系。要强化政府的体育公共服务职能，建立完善以体育设施建设、组织建设、活动开展、健身指导、体质监测、科学评估等为主要内容的全民健身体系，切实保障广大人民群众参加体育活动的权利。要进一步加强实现体育公共服务均等化，全面建成覆盖城乡、比较完善的体育公共服务体系，不断提高政府保障公民基本体育需求的能力。要加强对青少年健康素质以及老年人、残疾人等人群体育活动开展的组织与领导，促进大众体育全面普及。要使群众体育的政府投入、组织化、科学化、社会化水平，以及经常参加体育活动的人口比例、人均占有体育场地面积、社会体育指导员的数量和质量等指标达到或超过中等发达国家水平。

2. 竞技体育

打造优势突出、发展均衡的新格局。要坚持和完善竞技体育举国体制，继续实施奥运战略，保持中国在奥运会上金牌数和奖牌数排名前列，为国争光。要加强国家队建设与管理，优化竞技项目结构，实现竞技体育内部各门类均衡发展，使影响大的基础大项和集体球类项目具备较高水平。要完善运动竞赛体系和运动员保障体系，进一步拓展和夯实项目基础，建立可持续发展的人才梯队建设，完善运动员体教结合的培养路径，使竞技人才培养的质量和效益显著提高，竞技体育可持续发展基础加强。要探索形成中国特色、国际化的职业体育发展模式，具备国际一

① 刘鹏. 刘鹏局长在2010年全国体育局长会议上的讲话［EB/OL］.（2010-01-26）［2021-08-21］. http://www.sport.org.cn/gasc/2010-01-26/289292.html.

流的竞技体育赛事组织能力和水平，使我国竞技体育的综合实力和国际竞争力进一步提升。

3. 体育产业

打造门类齐全、结构合理、具有中国特色和国际竞争力的体育产业。要重点促进体育服务业的发展，要使体育服务业在体育产业中的比重明显提高，建立并完善多种所有制并存，各种经济成分竞相参与、共同兴办体育产业的格局。要充分发挥市场机制的作用，促进体育产业全面发展，建立与我国经济社会发展水平相适应、具有中国特色的体育产业体系，以满足广大人民群众日益增长的多层次、多元化、多样性的体育消费需求。

4. 体育文化

打造更加充满活力、备具张力、独具魅力的中华体育文化。要进一步弘扬以爱国主义为核心的中华体育精神，积极倡导奥林匹克精神，充分发挥体育在建设社会主义先进文化中的作用，全面推进体育文化建设，促进体育文化的大发展、大繁荣。做好中华民族传统体育文化遗产的挖掘、整理、保护和利用工作，努力扩大中华民族传统体育文化的影响力。增进中华体育文化的国际交流，提升中华体育文化的国际影响力。

5. 国际交往

打造全方位、多渠道、宽领域的国际体育交流与合作平台。坚持统筹国内国际两个大局，服从并服务于国家外交大局和建设体育强国的需要。积极参与国际体育事务，科学谋划和继续扩大国际体育交流与合作，使体育成为展示国家形象和软实力的窗口。继续巩固和加强与国际奥委会、亚奥理事会、国际单项体育组织等国际体育组织的友好合作关系，创设良好的国际环境和外部条件，增强我国在国际体育组织中的影响力和话语权，形成全方位、多渠道、宽领域的体育对外交往新格局。

6. 体育法制

建立中国特色的体育法制体系。加强组织领导，将体育事业发展全面纳入法治轨道，促进依法行政、依法治体，不断提高依法行政、依法治体的意识和能力。进一步加强和改进体育法律和制度建设，不断完善体育法规，提高体育行政执法水平，依法化解体育领域的矛盾和纠纷，提高运用法律手段解决体育实际问题的能力。深入开展体育法制宣传教育，营造体育法制建设的良好环境。

7. 体育科技

建立中国特色的体育科技创新体系。要加强对体育科技重点领域和体育哲学社会科学的研究，建立体育科技资源布局合理、配置优化，适应我国体育事业发展需要的体育科技管理体制和运行机制，全面提升体育科技创新能力和科学研究水平。打造体育科技示范园等特色平台①，研发具有自主知识产权的体育科技产品，推进体育科技成果的产业化。

8. 体育教育

建立完备的体育教育体系。要发挥学校体育教育在体育强国建设中的基础性、长远性、根本性作用，进一步加大对学校体育教育的建设力度，加强运动员文化教育和培训力度，促进青少年体质增强和运动员文化综合素质的提高。要关注青少年的体育需求和健康状况，广泛开展青少年健身活动、竞赛交流和体质监测等服务，营造全社会重视青少年体育的氛围，促进青少年终身体育意识的形成，加快发展校园足球，增进青少年身心健康。要探索体教结合的新机制，完善对竞技体育后备人才的培养，建立规模、布局、结构合理的竞技体育后备人才培养体系。要促进体育专业教育发展，建设世界一流的体育院校，全面提高体育教育水平。

值得指出的是，上述体育强国构建的任务，只是本研究根据体育强国的目标以及国家体育总局原局长刘鹏同志提出的体育强国的主要表征，所做出的初步探讨。显然，在体育强国构建的具体实践中，还需要根据具体实际情况进一步将其具体化、细化为具有可操作性的若干具体指标和措施。而且，体育强国的目标本身亦是动态发展的，其任务亦然，因此也要求在不同的时期、不同的阶段做出适当的调整和创新。

第二节　体育强国构建背景下农村体育公共服务建设的发展机遇②

一、强力政策倡导

2008 年，胡锦涛同志在北京奥运会、残奥会总结大会上的讲话，使

① 教育部政策法规司. 体育事业发展“十二五”规划 [EB/OL] (2011-04-01) [2021-08-12]. http://www.sport.gov.cn/n16/n1077/n1467/n1843577/1843747.html.

② 胡庆山，方千华，张铁明，等. 迈向体育强国的农村体育公共服务体系建设 [J]. 上海体育学院学报，2011，35 (5)：12-17.

得群众体育公共服务体系建设问题引起了社会的广泛关注。事实上，从21世纪以来，中央和政府文件业已多次强调要促进群众体育公共服务体系建设，尤其是有关农村体育公共服务的建设与发展问题。2002年7月22日，中共中央、国务院下发了《关于进一步加强和改进新时期体育工作的意见》，明确提出要努力构建群众性的多元化体育服务体系，保障广大人民群众享有基本的体育服务，注重区域体育、城乡体育共同发展，加大对中西部地区和农村体育事业发展的支持力度。这一文件可谓是引领新世纪我国群众体育工作的纲领性文件，也为新世纪我国农村体育事业的发展提供了政策支持。此外，从2004年至2020年，中央一号文件连续17年都锁定“三农”，这对促进我国农村经济社会发展和农村体育文化服务体系建设无疑具有重要的政策推动作用。尤其是“十一五”时期以来，在国家倡导建设社会主义新农村的时代背景下，农村的公共服务建设包括农村体育文化活动的开展更加得以重视。2006年，中央一号文件《中共中央国务院关于推进社会主义新农村建设的若干意见》指出，要繁荣农村文化事业，构建农村公共文化服务体系，推动实施农民体育健身工程。“农民体育健身工程”的实施，现今看来可以认为是国家开展农村体育公共服务的一项具体举措。此外，2007年中央一号文件《中共中央国务院关于积极发展现代农业扎实推进社会主义新农村建设的若干意见》，提出增加农村文化事业投入，加强农村公共文化服务体系建设，2008年中央一号文件《中共中央国务院关于切实加强农业基础建设进一步促进农业发展农民增收的若干意见》提出繁荣农村公共文化，广泛开展农村体育健身活动，2009年中央一号文件《中共中央国务院关于2009年促进农业稳定发展农民持续增收的若干意见》提出加快农村社会事业发展，尽快形成完备的农村公共文化服务体系，以及2010年中央一号文件《中共中央国务院关于加大统筹城乡发展力度进一步夯实农业农村发展基础的若干意见》提出要加快改善农村民生，缩小城乡公共事业发展差距，广泛开展农民健身活动，都为包括农村体育公共事业在内的农村公共文化服务体系建设创设了良好、积极的政策环境①。

① 张小林. 我国农村体育公共产品供给制度分析与创新［D］. 长沙：湖南农业大学，2010.

除中共中央国务院的强力倡导外，国家体育总局也对农村体育文化事业的发展给予了大力支持。例如，为了贯彻落实中共中央国务院的相关文件精神，在“十一五”期间“推动实施农民体育健身工程”，进一步加快新时期农村体育事业的发展，国家体育总局于2006年制定下发了《关于实施农民体育健身工程的意见》，并要求于2006年在全国范围内正式启动。尤其是2008年胡锦涛同志在北京奥运会、残奥会总结大会上的讲话后，结合体育强国的建设目标，农村体育公共服务问题更加突出地摆上了国家体育总局的议事日程。在2009年全国体育局长会议上，国家体育总局原局长刘鹏同志指出，要不断加强和改进政府对体育工作的领导，把向社会提供基本的体育公共服务作为政府的重要职责。加强对城市社区和农村乡镇体育设施建设的投入，继续推动把“农民体育健身工程”纳入政府新农村建设的总体规划，按照“因地制宜、分类指导”的原则加强统筹。农民体育是群体工作中的重要组成部分，要根据农村地区的实际情况，积极开展适合农民特点、受农民喜爱的体育健身活动。在2009年全国群体工作会上，刘鹏同志同样指出，要继续推动把“农民体育健身工程”纳入各级政府新农村建设的总体规划，争取更多的资金和政策支持；同时要对已经完成的“农民体育健身工程”进行认真检查和总结，及时发现和解决工程建设中存在的问题，切实按照“因地制宜、分类指导”的原则，农民喜欢什么、需要什么，我们就做什么，切实把好事做好、实事办实①。在2010年全国体育局长会议和全国群体工作会议上，刘鹏同志均强调，要建设体育强国，从群众体育方面来看，大力发展公共体育事业，全面建成覆盖城乡、惠及全民、比较完善的全民健身服务体系是核心任务。尤其是在2011年全国体育局长会议上，为了贯彻中共中央《关于制定国民经济和社会发展的第十二个五年规划的建议》精神，刘鹏同志多次强调了公共体育服务体系的建设问题，指出“十二五”时期要以构建公共体育服务体系为核心，以推动政府履行公共体育服务职能为抓手，大力发展公共体育事业，不断推动群众体育事业取得新突破。且针对农村体育公共服务建设的相关问题，从设施建

① 刘鹏．在2009年全国群体工作会议上的讲话［EB/OL］．（2009-03-10）［2021-08-12］．http://www.sport.gov.cn/n16/n33193/n33208/n33418/n33583/1060537.html.

设、经费投入、组织建设、政策支持等层面均提出了要求，如：体育基本建设经费主要用于建设城乡基层公共体育健身设施，并向农村地区倾斜。继续使用体育彩票公益金和多渠道筹集资金，重点在尚没有公共体育设施的农村乡镇、村和城市街道、社区建设公共体育设施，加大对欠发达地区建设城乡基层公共体育设施的资金扶持。继续实施“农民体育健身工程”等全民健身工程设施建设。要进一步建立健全群众体育组织体系建设，特别是向基层延伸，充分拓展乡镇文化站体育服务功能，完善城市社区体育服务。要加强政策引导，更加合理地配置体育资源，使体育资源向中西部、老少边穷地区、农村和基层倾斜，缩小地区差距①。

可见，无论是从中央文件精神，还是从国家体育总局的工作部署来看，农村体育公共文化的发展和农村体育公共服务及其体系的建设问题，均已引起了我国政府及其相关部门的高度重视。尤其是为了落实中央的整体规划要求，结合实现体育强国的目标，国家体育总局业已将基层农村体育公共服务及其体系的建设问题突出地摆上了议事日程。

二、有效制度保障

一般而言，制度保障通常以法律法规等形式得以体现②。20 世纪 90 年代以来，我国政府为了促进群众体育事业的发展和全民体质的增强，制定下发了一系列的法律法规和计划纲要，其中国家颁发的《体育法》《全民健身计划纲要》《全民健身条例》《全民健身计划（2011—2015 年)》等，无疑为现今我国农村体育公共服务体系的建设提供了重要的制度依据和保障。

1995 年由中华人民共和国第八届全国人民代表大会常务委员会第十五次会议通过的《中华人民共和国体育法》中规定：地方各级人民政府应当为公民参加社会体育活动创造必要的条件，支持、扶助群众性体育活动的开展；农村应当发挥村民委员会、基层文化体育组织的作用，开

① 刘鹏. 科学规划 改革创新 迈出建设体育强国新步伐——在 2011 年全国体育局长会议上的讲话［EB/OL］.（2011-01-12)［2021-08-12］http://www.sport.gov.cn/n16/n1077/n1392/n1765998/n1766013/1775716.html.

② 石宏伟. 小康社会与社会保障制度建设［J］. 江苏大学学报（社会科学版），2003，5（3）：17-21.

展适合农村特点的体育活动。虽然体育法的强制性不如宪法、刑法等其他法律，且条款的设置“弹性”也较大，如上述两处中均用到的是“应当”，而不是“必须”二字。但不可否认的是，体育法从很大程度上却为基层农村体育事业的发展提供了法律上的支持。而且，体育法从无到有本身就是一个进步，其完善也需要一个过程。1995 年由国务院颁发的《全民健身计划纲要》提出了到 2010 年的奋斗目标，即努力实现体育与国民经济和社会事业的协调发展，全面提高中华民族的体质与健康水平，基本建成具有中国特色的全民健身体系。并对农村体育事业的发展专门做出了如下要求：提高农民的体质与健康水平是农村社会发展的一项重要内容，充分发挥村民委员会和各级农民体育协会的作用，并与文化站协同配合，做好农村体育工作。继续开展评选全国体育先进县活动，推动农村体育的发展。

2008 年北京奥运会后，随着国家体育事业战略重心的转移，国家对包括农村地区和农民体育在内的全民健身事业更为重视。2009 年国务院第 77 次常务会议通过的《全民健身条例》第二条规定：县级以上地方人民政府应当将全民健身事业纳入本级国民经济和社会发展规划，有计划地建设公共体育设施，加大对农村地区和城市社区等基层公共体育设施建设的投入，促进全民健身事业均衡协调发展。并在第十四条中指出：县级人民政府体育主管部门应当在传统节日和农闲季节组织开展与农村生产劳动和文化生活相适应的全民健身活动。尤其是国务院在“十二五”的开局之年所下发的《全民健身计划（2011—2015 年)》，更是为农村体育公共服务体系的建设提供了直接的、明确的和颇具针对性的制度支持。该条例在工作措施部分指出，地方各级人民政府将发展农村体育纳入当地全面建设小康社会和社会主义新农村建设规划，统筹城乡全民健身事业发展，促进城乡体育资源和公共体育服务均衡配置，逐步建成城乡一体化的全民健身公共服务体系，增强农村基层体育公共服务能力。从上述文件中不难发现，从最初所提的相对较为笼统的“全民健身体系”，到现今所言的“城乡一体化的全民健身体系”，并突出强调了农村体育公共服务问题，这无疑反映了现今国家统筹城乡体育发展的思路，且其把握了此项工作的重点和难点所在——农村体育公共服务及其体系建设。

三、务实措施推动

为了纪念2008年北京奥运会的成功举办，推动我国从体育大国向体育强国迈进，发挥北京奥运会的辐射效应，满足广大人民群众日益增长的体育健身热情和需求，国务院批准决定，从2009年起，每年8月8日为“全民健身日”。“全民健身日”活动的开展，为我国群众体育活动的蓬勃发展发挥了重要的号召力和倡领力，也为现今农村体育公共服务体系的建设奠定了舆论与群众基础。根据本课题组的调研观察及各地相关新闻报道，从近几年农村“全民健身日”活动的开展情况来看，全国不同省市、不同地区积极广泛地响应着国家和各级体育部门的号召，在广大农村组织开展了“全民健身日”系列活动，活动中坚持以人为本、注重实效、因地制宜、群众受益的原则，突出了全民健身活动的健身性、科学性和趣味性，吸引了广大群众的广泛参与①②，为农村体育公共服务体系的建设奠定了良好的群众基础。例如，江苏省淮安市在“全民健身日”举办的“农民健身操比赛”活动、安徽省宣城市为庆祝“全民健身日”举办的农民篮球赛活动、山西省晋中市庆祝“全民健身日”举行了农民健身系列活动等，以上“全民健身日”活动的开展无疑为全民健身在农村地区的兴起发挥了宣传和示范作用，在一定程度上对后期农村体育公共服务体系建设具有良好的推动作用。此外，近年来，全国各地对“农民体育健身工程”的实施力度也逐渐加大，这亦是我国加强农村体育公共服务体系建设的前期举措。例如，湖北省利用中央投资1 173万元、地方配套391万元、省配套782万元，修建了2009—2010年第一批农民体育健身工程项目782个，涵盖了12个地市782个行政村。就“十一五”期间全国的建设情况来看，国家原计划“十一五”期间在10万个行政村建设农民健身体育场地，截至2008年年底，全国已经完成12万个行政村的体育场地建设，“十一五”期间的计划业已提前完成。“十一五”期间国家通过实施“农民体育健身工程”，共在全国农村地区新增了20多万个体育场地，新

---

① 傅振磊. 中国农村体育现代化研究［D］. 苏州：苏州大学，2011.

② 傅川. 农村春节体育活动开展现状的调查及对策研究［D］. 武汉：华中师范大学，2012.

增体育场地面积约2亿平方米[①]。“农民体育健身工程”的前期开展和后续推进，可谓是我国农村体育公共服务及其体系建设的一项务实举措。

第三节　体育强国的构建与农村体育公共服务建设的互动关系[②]

研究体育强国目标下农村体育公共服务的建设问题，诚然需要明晰体育强国的构建与农村体育公共服务建设的互动关系。

一方面，农村体育公共服务及其体系建设能推动体育强国目标的实现。体育强国的建设必须以人为本，该目标的实现要以加强体育公共服务体系建设为基础[③]。因此，建立覆盖城乡的、比较完善的体育公共服务体系也就成为体育强国构建的必然要求和重要抓手。现如今，体育公共服务建设对体育强国目标的实现显得已是十分迫切和必要。2011年《体育事业发展“十二五”规划》指出：“政府提供的公共体育服务不足，体育场地设施建设、组织体系建立、科学健身指导等诸多方面与广大人民群众的需求存在较大差距，已经成为我国在建设体育强国过程中的基础性薄弱环节。”如果说体育公共服务建设是体育强国建设中的薄弱环节，那么，农村体育公共服务建设无疑是这一薄弱环节上的症结和重难点问题。因此，可以毫不夸张地说，抓好了农村体育公共服务及其体系建设，对体育强国目标的实现具有关键性、决定性的作用。

另一方面，体育强国的构建亦能推动农村体育公共服务及其体系建设。体育强国目标的确立，必然会营造我国体育事业追求全面、协调发展的氛围，也将迫使人们不得不去反思我国体育事业发展中的薄弱点，不得不谋划我国体育事业全面、协调发展的新格局。正是如此，政府及学界当下可谓对体育公共服务及其体系建设问题给予了空前的重视。围

① 新华社北京2011年2月24日电. 体育总局解读《全民健身计划（2011—2015年）》[EB/OL].（2011-02-24）[2021-08-12]. http://www.gov.cn/jrzg/2011-02/24/content_1810038.htm.

② 胡庆山，王健，刘蕾. 中国梦视野下的农村体育公共服务建设［J］. 成都体育学院学报，2013，39（12）：26-29.

③ 李建国. 体育强国的基础：体育公共服务体系建设［J］. 体育科研，2009，30（4）：15-18.

于农村体育是我国群众体育发展中的一个瓶颈性短板，农村体育公共服务及其体系建设问题，难免将成为我国体育公共服务建设及体育强国构建中的一个“扶贫重点”，被给予更多的重视和发展机遇。因此，体育强国的构建亦将成为农村体育公共服务及其体系建设的有力推手。

一、体育强国构建：农村体育公共服务建设的推手

体育强国是一个宏伟的奋斗目标，也是一个综合的目标。体育强国构建涉及内容众多，它要求我国体育事业内部各要素均衡发展、优势互补、相得益彰、共同强大，表现出很强的综合实力。体育系统一般被认为是由竞技体育、群众体育和学校体育三个子系统构成的有机统一体，三者的和谐发展是和谐体育的天经地义，也是体育强国对我国体育事业内部协调发展的必然要求。就目前我国体育事业总体发展而言，其内部还有诸多不和谐因素，离和谐体育还有相当大的差距。首先，竞技体育与学校体育不和谐，表现为竞技体育与教育分离，竞技体育与学校体育的天然联系被割断；其次，竞技体育与群众体育不和谐，表现为对民族体质的增强、健康水平的提高与金牌冠军的关系认识不清，群众体育的基础地位未得到应有的巩固和加强；再次，学校体育与群众体育不和谐，表现为对学校—家庭—社区体育一体化趋势认识不足，未能充分发挥学校体育在体育社会化中的应有作用①；最后，竞技体育、群众体育与学校体育三者的不和谐集中表现为三者发展的不平衡。恰如全国政协委员邓亚萍曾言：竞技体育不是体育的全部，但与竞技体育相比，中国的大众体育（群众体育）和学校体育目前更加薄弱②。

毋庸置疑，在构建体育强国的过程中，国家必然要在保持体育事业各项“长板”和“优势”良好发展的前提下，加大加强对各项“短板”和“薄弱环节”的重视和投入，从而实现我国体育事业的全面协调发展。农村体育发展缓慢，无疑已成为我国体育事业发展中的“短板”，而现今农村体育公共服务及其建设，成为了我国体育公共服务建设整体性进程中的重难点问题，最终影响着体育强国目标实现的进程。根据木桶原理

---

① 郑海梅．农村学校服务新农村体育建设研究［D］．武汉：华中师范大学，2013.

② 胡庆山，郭敏，王健．论社会主义和谐体育的构建［J］．上海体育学院学报，2006，30（1）：44-48.

可知，木桶的最短板影响和决定着整个木桶的整体功能。农村体育公共服务及其体系建设，作为现今我国体育公共服务和体育强国构建中的“短板”，必然会引起人们的高度重视。国家在建设体育强国的过程中，要保证各项体育事业的均衡发展，则必然要对这一“短板”给予更多的关注和支持，为农村体育公共服务的发展提供良好的发展环境和保障，从而保障各项体育事业的均衡发展，以免影响整个体育强国建设的整体功能和效果。因此，要实现体育强国的目标，在当前我国大力建设服务型政府、全面发展公共服务事业、加强体育公共服务建设的背景下，农村体育公共服务及其体系建设，必然会被突出地予以重视，摆上政府的议事日程，这从前述农村体育公共服务建设的发展机遇中可见一斑。就此意义而言，体育强国目标的提出，俨然成为了直接推动农村体育公共服务及其体系建设的助力器。

此外，根据整体与部分的辩证关系原理，事物之间各部分相互联系、相互影响，整体决定部分，部分制约整体。体育强国与各项体育事业包括农村体育公共服务及其体系建设亦是相互联系、相互影响的关系。国家在建设体育强国的过程中，必然会促进我国各项体育事业的发展，而各项体育事业的发展，则必然促进和推动农村体育公共服务及其体系的建设和发展。而且，体育强国目标的实现，除了要求我国体育事业具有相对强的综合实力，还要求我国体育事业具有很强的国际影响力。我国体育事业的全面发展以及国际影响力的提升，都会为我国农村体育以及农村体育公共服务及其体系建设营造良好的内部以及外部发展环境，推动其良好发展。

总之，体育强国的构建有力地推动了我国农村体育公共服务及其体系的建设和发展，为我国农村体育公共服务及其体系建设提供了良好的发展环境和空间。而且，随着体育强国进程的推进，这种影响和推动作用势必会更加有力和明显。

二、农村体育公共服务建设：体育强国构建的抓手

在某种程度上而言，如果说体育公共服务体系的构建是建设体育强国的一项基础性工程，那么农村体育公共服务及其体系建设则是我国体育公共服务体系建设中的一个瓶颈性短板。随着我国经济社会的发展和国家惠农体育政策及举措的实施，农村体育在一定程度上得到了发展和提

高，但是整体上仍不容乐观，尤其是农村体育公共服务有待加强。否则，农村体育将继续成为影响我国群众体育事业整体提升的薄弱环节和症结所在。因此，农村体育公共服务及其体系建设诚然应成为体育强国进程中一件战略性、基础性、长远性的大事来抓，成为体育强国构建的抓手。

农村体育公共服务及其体系建设，作为体育强国构建的抓手，主要体现为：

一方面，农村体育公共服务及其体系建设，有利于为体育强国目标的实现奠定广泛的群众基础，为体育强国的实现构筑民生之本。

众所周知，中国是一个人口大国，更是一个以农业为根基的大国，即使随着城镇化战略的推进和产业结构的调整，导致不少农村人口向城市流动①，但是，这也难以割舍我国农业大国的根脉，且农村人口至今仍然占据我国人口总数相当大的比例。从我国社会发展的角度来看，我国社会主义各项事业建设的最终目的，无疑是为了让广大人民群众过上更好的幸福的生活。我国社会主义各项事业建设，同样离不开广大人民群众的参与，尤其是广大农村人民群众的参与和支持②。体育强国的构建亦然。体育强国的构建，首先得有坚实的群众基础，有浓厚的全民健身氛围和广泛的群众参与，否则，体育强国便无从谈起。对于体育强国构建而言，没有占我国人口多数的农村广大农民的参与，没有农村体育的发展和进步，没有广大农民健身活动的广泛开展和健身氛围的形成，体育强国目标的实现无疑是一句空话。在当前公平、正义、共享已成为新时代主流价值取向的背景下，推进基本公共服务均等化作为统筹城乡发展、完善政府职能的关键内容，已经成为保障国民共享发展成果和持续改善民生的基本着力点与核心内容。借此良机，当前我国农村体育公共服务也在着力向前推进。农村体育公共服务及其体系建设，既能让广大农民群众分享我国体育事业发展的成果，也将促进广大农民群众积极投身于体育强国的建设进程中，为体育强国的构建奠定广泛而坚实的民生基础。

另一方面，农村体育公共服务及其体系建设，有利于抓住群众体育乃至整个体育事业的关键和难点，为体育事业的全面协调发展创立突破

① 李浩. 农村体育事业发展难点与解决之道［N］. 光明日报，2013-02-02（8）.

② 齐立斌，李泽群，曹庆荣，等. 关于新农村公共体育服务体系几个理论问题的思考［J］. 体育科研，2009，30（6）：59-62.

口，为体育强国的实现构筑和谐之基。

如前所述，群众体育是我国体育事业发展中相对薄弱的环节，也是体育强国构建的重要内容之一。无须赘言，农村体育公共服务及其体系建设，无疑是当前群众体育事业发展的重难点环节。加强农村体育公共服务及其体系建设，为广大农民提供良好的体育公共产品和服务，增强广大农民的体育健身意识，促进广大农民开展体育健身活动，增加农村体育人口，提高广大农民的体质健康水平，满足广大农民的体育需求，促进农村体育文化的发展与繁荣，对我国体育强国的构建有着巨大的影响和作用。对我国群众体育发展而言，影响我国体育人口数量、人均体育场地设施面积、总体体质健康水平等指标的，无疑还是农村。农村体育公共服务的实施，包括体育设施建设、体质监测、体育活动组织、体育指导等体育服务的开展，将有力地推动农村体育的发展，解除农村体育长期掣肘我国群众体育全面快速发展这一桎梏。就此意义而言，抓好了农村体育公共服务及其体系建设，也就抓住了我国群众体育事业发展中的主要问题，也进而抓住了体育强国构建中的主要矛盾和矛盾的主要方面。

本章小结

体育强国的构建是当前及今后我国体育事业发展的主要目标。尽管中华人民共和国成立以来，在20世纪80年代初期及2008年北京奥运会后，我国两次提出体育强国的发展战略目标，但其提出的时代背景却不尽相同。20世纪80年代初期正值我国改革开放的伊始，体育强国目标的提出主要基于我国竞技体育阶段性成绩的取得，且目标倾向也主要集中在竞技体育的发展方面，囿于其与我国经济社会发展的阶段及综合国力不相适应，加之竞技体育成绩的起伏，导致该时期体育强国目标黯然退出了历史舞台。改革开放近30年来的积淀，使得我国政治经济社会全面发展，无论是综合国力，还是体育事业的国际影响力，与20世纪80年代初期相比，均发生了质的飞跃。伴随2008年北京奥运会我国竞技体育辉煌战绩的取得，基于我国国力的日益强盛以及我国体育事业现有成就，体育强国目标再次得以确立。现阶段体育强国目标的确立，符合我国整体强国战略的规划要求，也是促进我国体育事业全面、协调、可持续发展的需要，具有重大历史与现实意义。

对农村体育公共服务及其体系建设而言，体育强国的构建为农村体育公共服务及其体系建设提供了良好的发展机遇，是农村体育公共服务及其体系建设的有力推手。而作为体育强国构建的一项重要基础性工程，农村体育公共服务及其体系建设对体育强国目标的实现起着决定性的影响作用，是体育强国构建的主要抓手之一。农村体育公共服务及其体系建设对实现体育强国目标的战略意义主要体现为两个方面：一是有利于为体育强国目标的实现奠定广泛的群众基础，为体育强国的实现构筑民生之本；二是有利于抓住群众体育乃至整个体育事业的关键和难点，为体育事业的全面协调发展创立突破口，为体育强国的实现构筑和谐之基。

第二章　现状探微：农村体育公共服务的现状调查与分析

第一节　调研的基本情况简介

一、调查对象基本情况

（一）调查样本的分布情况

实际调查样本覆盖 9 个省、26 个县（市）、42 个乡（镇）、125 个村。

表 2-1　调研样本分布一览表

区域	省份	县（市）	乡（镇）	村
东部（600 人）	山东	德州市（平原县，夏津县）	张华镇	东升村，大龙村，岐山村
			腰站镇	孔庄，小辛庄，沙庄
			雷集镇	马辛庄，沟王庄，大姜庄
		临沂市（临沭县，沂南县）	青云镇	史岭村，后齐庄，前齐庄
			张庄镇	大洼村，宅子村，北官庄
			辛集镇	李家屯村，辛集村，刘家庄子村
	浙江	嘉善县	杨庙镇	新联村，光明村，四达村
			南汇镇	双联村，红联村，东一村
		桐乡市	南日镇	赵家村，新丰村，南京村
			濮院镇	周义村，永越村，凤桥村
	福建	福州市（闽侯县，闽清县）	白沙镇	白沙村，马坑村，溪头村
			南屿镇	龙泉村，九都村，村下村
			梅溪镇	上埔村，榕院村，榕星村
		泉州市（惠安县，石狮市）	东园镇	琅山村，阳光村，东园村
			崇武镇	霞西村，西华村，五香村
			鸿山镇	伍堡村，西墩村，莲厝村

续表

区域	省份	县（市）	乡（镇）	村
中部（656人）	湖北	荆门市（沙洋县，京山县）	沙洋镇	卷桥村，农胜村，青泥村
			官当镇	高桥村，双桥村，五星村
		松滋市	八宝镇	大兴桥村，大路口村，大桥村
		仙桃市	胡场镇	三步村，金鱼村，上麻村
		广水市	余店镇	徐店村，新岭村，檀树湾村
	湖南	株洲市（醴陵市，攸县）	泗汾镇	符田村，横岭村，棋田村
			桃水镇	睦田村，老君谭村，周家冲村
			东富镇	建新村，横烟村，荆潭村
		娄底新化县	曹家镇	十里铺，肖家坪，喻家洲
			吉庆镇	杨桥，正方冲，宋家岭
	河南	平顶山市（湛河区）	北渡镇	苗侯村，辉岗村，郭庄村
			曹镇	陶寨，前姚村，北小李村
		项城市	王明口镇	师庄村，王楼村，张庄村，牛滩村
			郑郭镇	小金营村，赵楼村
西部（608人）	四川	绵阳市（安县）	沸水镇	新华村，桥木村，胜利村
			晓坝镇	齐心村，两河村，黄洋村
		德阳市（罗江县）	金山镇	罗家湾村，百宝村，金山村
			白马关镇	松林口村，白马关村，新村
	陕西	咸阳市	周陵镇	西石村，东石村，崔家村
			沣东镇	黄家寨村，七里铺村，八家村
		宝鸡	周原镇	南王村，亚子村，五联村
			长青镇	石头坡村，长青村，团庄村
	贵州	凯里市	旁海镇	大普村，王银村
			湾水镇	翁囟村，长坡村，曲江村
		安顺市	岗乌镇	大寨村，坝湾，毛草坪
			鸡场坡乡	高坡村，纳支村，肖家村

（二）调查对象的基本情况

表 2-2 被调查农民的基本情况

变量	选项	人数	百分比（%）
性别	男	964	51.7
	女	900	48.3
年龄结构	18 岁以下	304	16.3
	18—35 岁	416	22.3
	36—45 岁	356	19.1
	46—60 岁	358	19.2
	60 岁以上	430	23.1
文化程度	小学以下文化	200	10.7
	小学文化	280	15.0
	初中文化	568	30.5
	高中或中专文化	562	30.2
	大专及大专以上文化	254	13.6
家庭人均年收入	1 000 元以下	124	6.7
	1 000 元—3 000 元	486	26.1
	3 001 元—5 000 元	370	19.8
	5 001 元—8 000 元	352	18.9
	8 000 元以上	532	28.5

考虑到农村现有人群以留守老人及儿童为主，本研究调研多集中在寒假予以开展①，这样可保证本课题调研对象在性别、年龄等变量上尽量分布均衡。

二、访谈对象基本情况

表 2-3 访谈对象基本情况

访谈对象	人数	访谈方式	访谈基本内容
农民	182	面谈	涉及农村体育公共服务建设现状等内容

① 刘蕾. 湖北省农村体育公共服务建设现状调查研究［D］. 武汉：华中师范大学，2013.

续表

访谈对象	人数	访谈方式	访谈基本内容
村干部	81	面谈	采用自制《村干部访谈提纲》访谈
县乡镇相关部门负责人	70	电话访谈、面谈	自制《县、乡镇部门负责人访谈提纲》访谈
农村问题专家学者	6	面谈、电话访谈、邮件	涉及内容包括农村的经济、政治、文化教育、医疗、社会保障等相关内容
群众体育领域专家学者	6	面谈、电话访谈、邮件	涉及内容包括农村体育、管理制度建设等

本研究的访谈对象有农民、村干部、县乡镇相关部门负责人、农村问题专家学者以及群众体育领域专家学者等。访谈总人数达 345 人，其中农民 182 人，村干部 81 人，县乡镇相关部门负责人 70 人，农村问题专家学者 6 人，群众体育领域专家学者 6 人。主要采用面谈、电话访谈、邮件等访谈方式。访谈内容不仅涉及农村体育以及农村体育公共服务建设相关问题，还涉及农村政治、经济、文化、教育、医疗等相关问题。

第二节　农民对农村体育公共服务建设的认知及意愿分析

一、农民对农村体育公共服务建设必要性的认知现状

认知行为理论认为，认知对人的行为具有重要影响。伴随着现代社会的发展进步和人民生活水平的提高，体育作为一种健康文明的生活方式，对农民也不再陌生。访谈中发现，尽管不少农民对农村体育公共服务建设的认识尚不全面和深刻，甚至是一种朦胧状态，但已经潜意识地认识到农村体育公共服务建设对自身文化生活和体质健康的意义。农民对农村体育公共服务建设必要性的认知情况，在很大程度上反映了农民对体育的价值追求和体育生活方式的态度，也在一定程度上影响着农民对农村体育公共服务建设的参与意愿和行为。

调查结果显示（图 2-1），我国农民对农村体育公共服务建设必要性的认知程度较高，说明农村体育公共服务建设是一项深得民心的民生工程，当前加强农村体育公共服务建设着实必要。同时，农民对农村体育公共服务建设必要性的认可，也从一定层面反映了当前我国农民对体育公共服务的需求程度，这理应成为我国政府加强农村体育公共服务建设的信心和动力。

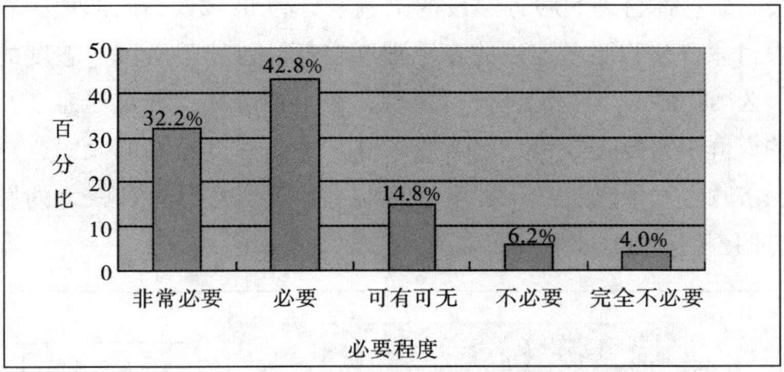

图 2-1　农民对农村体育公共服务建设必要性的认知情况

二、农民对投资农村体育公共服务建设的意愿情况

意愿调查法是典型的陈述偏好法，它可以通过问卷直接询问消费者对于某项非市场产品供应的支付意愿，也可以评估所有的非市场商品和服务的价值①。通过对农民投资农村体育公共服务意愿的调查，一方面可以了解农民对农村体育公共服务产品的支付意愿，另一方面也可以深层次地反映农村体育公共服务对当前农民来说是否是一种必需品，还是可有可无的奢侈品。

本研究对我国东、中、西部地区农民投资农村体育公共服务建设的意愿进行了调查。首先，从全国整体情况来看，我国农民投资农村体育公共服务建设意愿情况一般，其中选择“非常愿意”和“愿意”的累计比例为 57.3%，持中间态度“无所谓”的比例达 30.7%，选择“不愿意”及“完全不愿意”的比例合计达 12%，可见，部分农民对投资农村体育

① 张巨勇，韩洪云．非市场产品的价值评估［M］．北京：中国农业科学技术出版社，2004.

公共服务建设，业已具有了一定的意愿基础，但整体上意愿尚不是十分强烈。其次，从不同地区情况来看，我国东、中、西部地区农民对农村体育公共服务建设的投资意愿由东到西呈递减趋势。东部地区农民对投资农村体育公共服务建设的意愿程度较高，选择“非常愿意”及“愿意”投资农村体育公共服务建设的比例累计达到了67.8%，中部地区农民对投资农村体育公共服务建设的意愿程度次之，选择“非常愿意”及“愿意”投资农村体育公共服务建设的比例累计为62.2%，西部地区农民对投资农村体育公共服务建设的意愿程度较低，持“无所谓”态度的比例最大，为41.3%。另据比较分析发现，在上述选择“非常愿意”及“愿意”的人群中，多趋向为家庭年收入高、文化程度较高的农民，这说明农民经济收入水平以及文化程度的高低对其投资意愿存在较大的影响和制约。调查结果如图2-2所示。

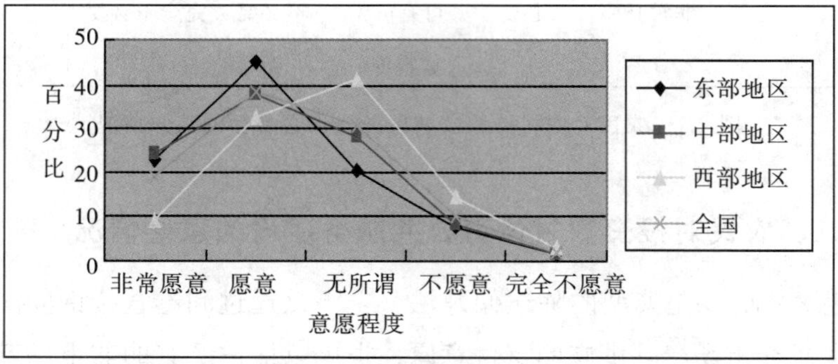

图2-2　农民对投资农村体育公共服务建设的意愿情况

总体而言，我国农民对投资农村体育公共服务建设具备了一定的意愿基础，但情况仍不容乐观。通过对农民的访谈，发现其主要原因是我国大部分地区的农民并不是十分富裕，其选择“无所谓”或者“不愿意”主要是由于体育服务对其日常生活来说还不是必需品，与日常农业生产、医疗保险、子女教育等的投入相比，对广大农民尤其是中、西部地区农民而言，对农村体育公共服务建设的投资尚且显得过于奢侈。尽管前述分析表明，农民对农村体育公共服务建设必要性的整体认知程度较好，但这并不能完全表示农民一定愿意参与农村体育公共服务建设，尤其是以实际行动投资农村体育公共服务建设。访谈中还发现，在投资农村体育公共服务建设上，农民往往处于一种“愿意但没钱”的尴尬境地。

第三节　农民对农村体育公共服务的需求现状分析

供给与需求是一对孪生体，是公共服务领域的核心问题，也是本研究必须予以探讨的基本问题。虽然在经济学界对于是供给决定需求，还是需求决定供给一直争论不休，难有定论，但是对于“公共服务产品的有效供给以需求为前提”却不容否认。农村体育公共服务的有效供给也必须以了解和掌握农民的真实需求为前提①②。“需求”一词，不同的学科有不同的解释③④⑤。调研结果证明，随着我国农民需求结构的改善和调整，农民的体育需求在不断增加，农民对农村体育公共服务已呈现较高的需求水平。

根据相关需求原理，人们对某种物品主观需求性的大小程度就是人们对这种物品的需要程度，或者称为物品满足人们需要的程度。主观需求性存在大小，其大小就是满足人们需要的程度⑥。无疑，农民对农村体育公共服务的主观需求性也存在大小，但是如何去度量呢？本研究根据李克特量表自制问卷就农民对农村体育公共服务的需求情况进行了调查，首先分析农民对农村体育公共服务的宏观需求状况，然后针对具体内容的需求状况予以分析，以期为农村体育公共服务产品的有效供给和决策提供参考依据。

一、农民对农村体育公共服务的宏观需求情况

结果显示（图 2-3），农民对体育公共服务业已显现出较高需求态势。其中，选择“非常需要”的人数所占比例为 29.6%，选择“很需要”的

---

① 孙翠清，林万龙．中国农村公共服务需求问题研究［M］．北京：经济科学出版社，2011.

② 杨希．江西省农村居民体育公共产品需求现状的调查分析［D］．武汉：华中师范大学，2013.

③ 杨庆云．经济学基础［M］．北京：中国轻工业出版社，2007.

④ 汪玉光．消费心理学［M］．北京：化学工业出版社，2008.

⑤ 保罗·萨缪尔森，威廉·诺德豪斯．经济学（第 16 版）［M］．北京：华夏出版社，2000.

⑥ 靳毅民．劳动价值论的新认识［M］．北京：经济科学出版社，2007.

人数所占比例为 34.1%，选择“需要”的人数所占比例为 30.9%，选择“不需要”及“完全不需要”的人数所占比例合计仅为 5.4%。上述结果表明，现阶段我国农民对体育公共服务的需求程度较高，这一结果与前述农民对农村体育公共服务建设必要性的认知情况较好相一致。上述调研结果无疑向国家发出了一个积极信号，随着我国农村经济、文化、生活方式等方面的不断发展和改善，对于现今农民而言，农村体育公共服务的提供已十分迫切和必要。

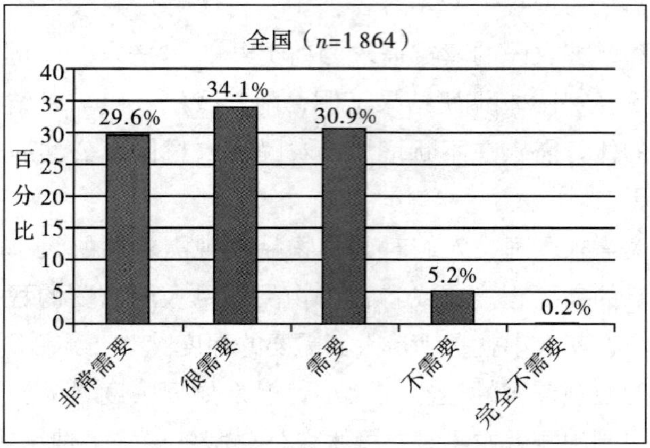

图 2-3　农民对体育公共服务的需求程度

二、农民对农村体育公共服务具体内容的需求情况

囿于农村对公共服务产品的巨大需求以及政府供给能力的相对有限性，这决定了农村公共服务产品的投入必须考虑其主次和顺序问题①②。对农村体育公共服务产品的供给亦然。因此，在前述了解农民对农村体育公共服务总体宏观需求的基础上，还有必要就农民对农村体育公共服务具体内容的需求情况开展进一步分析。

（一）农民对农村体育公共服务具体内容的需求情况

从调查结果来看（表 2-4），整体上我国农民对体育公共服务各项具体内容的需求程度均较高，其排序结果表明对体育场地器材设施的需求

① 周连弟. 农村公共产品政府投资优化配置［M］. 北京：中国经济出版社，2007.

② 刘蕾. 湖北省农村体育公共服务建设现状调查研究［D］. 武汉：华中师范大学，2013.

程度最高，可见，现阶段体育场地器材设施是农民对体育公共服务内容的首要需求。从全国来看，现阶段我国农民对体育公共服务各项内容需求程度的顺序由高到低为：体育场地器材设施＞体育活动＞体育组织＞体育指导＞体质监测＞体育信息咨询。但值得一提的是，随着经济社会、人们生活水平和生活方式，以及体育事业的发展，农民对体育公共服务各项内容需求的顺序也将发生改变，以上调查结果所显示的只是现阶段我国农民对农村体育公共服务具体内容需求的顺序，并不表示农民对体育公共服务各项内容的需求顺序不会发生变化。

表 2-4　农民对农村体育公共服务各项内容的需求情况（%）

服务项目内容	非常需要	很需要	需要	不需要	完全不需要	排序
体育场地器材设施	35.9	35.1	25.4	3.2	0.4	1
体育组织	29.5	29.7	32.1	8.2	0.5	3
体育指导	28.2	28.5	34.3	8.3	0.7	4
体质监测	35.2	24.2	27.6	11.2	1.8	5
体育活动	33.7	31.2	28.2	5.8	1.1	2
体育信息咨询	16.4	24.0	37.2	18.5	3.9	6

备注：上表排序按照选择“非常需要”“很需要”和“需要”的累计比例。

（二）不同地区、性别、年龄结构、文化程度以及家庭人均年收入的农民对农村体育公共服务具体内容的需求情况

1. 不同地区农民对农村体育公共服务具体内容的需求情况

通过调查，不同地区农民对农村体育公共服务各项内容的需求情况如表 2-5 所示。

表 2-5　不同地区农民对农村体育公共服务各项内容的需求情况（%）

地区	服务内容	非常需要	很需要	需要	不需要	完全不需要	排序
东部地区	体育场地器材设施	34.3	32.0	28.3	5.0	0.4	1
	体育组织	30.6	31.3	33.9	3.9	0.3	2
	体育指导	26.0	25.3	37.7	10.7	0.3	4
	体质监测	33.7	15.3	33.7	15.0	2.3	5
	体育活动	30.7	28.7	33.3	7.0	0.3	3
	体育信息咨询	14.0	16.3	39.0	27.3	3.4	6

续表

地区	服务内容	非常需要	很需要	需要	不需要	完全不需要	排序
中部地区	体育场地器材设施	37.8	37.5	23.7	1.0	0	1
	体育组织	25.7	26.3	38.7	9.3	0	3
	体育指导	33.6	31.3	28.8	5.6	0.7	4
	体质监测	43.4	28.9	19.1	7.9	0.7	5
	体育活动	34.5	33.2	25.7	5.3	1.3	2
	体育信息咨询	19.1	28.0	38.1	12.2	2.6	6
西部地区	体育场地器材设施	35.7	35.6	24.4	3.7	0.6	1
	体育组织	29.3	31.4	29.0	9.4	0.9	3
	体育指导	28.0	29.0	31.7	10.1	1.2	4
	体质监测	29.0	28.0	29.9	10.7	2.4	5
	体育活动	35.7	31.7	25.9	5.2	1.5	2
	体育信息咨询	16.2	27.4	34.7	16.2	5.5	6

备注：上表排序按照选择“非常需要”“很需要”和“需要”的累计比例。

从整体来看，东、中、西部地区农民对农村体育公共服务各项内容的需求程度都比较高。就选择“非常需要”“很需要”以及“需要”的累计比例来看，其中中部地区农民对体育公共服务各项内容的需求程度高于西部地区，西部地区高于东部地区，呈现出中部相对较高，东西部相对较低的现状。产生这一调查结果的原因可能是，一方面东部地区经济较为发达，农村公共服务产品的供给包括体育公共服务产品的供给相对较好（见本章第四节调研结果的分析），因此其需求相对中部地区而言要低，另一方面由于西部地区农村经济基础相对薄弱，农民对于上层建筑层面的体育服务享受的需要可能还不是太强烈，从前述关于投资农村体育公共服务建设意愿的调查结果可见一斑。

从各项服务内容需求情况的总体排序来看，体育场地器材设施是现阶段我国东、中、西部地区农民需求程度最高的内容，排序在三个地区均处于第一位。从东、中、西部地区比较来看，我国中部地区农民对体育场地器材设施的需求程度最高，选择“非常需要”“很需要”以及“需要”的累计比例达到了99%，其次是西部地区，累计比例为95.7%，最后是东部地区，为94.6%。诚然，体育场地器材设施是从事体育活动的物质基础，它直接影响着体育活动的开展和实施。尤其是在现今我国农村体育公共服务建设的初级阶段，体育场地器材设施已成为我国农民对政府提供农村体育公共服务内容的首要需求。此外，排序结果还显示，我国东、中、西部地区农民均对体育信息咨询服务的需求程度最低。其原因主要可能有两方面，一是由于“村村通公路工程”以及“广播电视村村通工程”等惠民政策的实施，我国农村地区信息闭塞的状况得到了一定程度的改善，部分农民可以通过广播电视以及其他渠道了解一些体育信息。二是由于我国农村地区经济水平和体育公共服务各项内容供给并不完善，体育信息咨询服务相对于其他服务内容而言，可能还没有引起农民的重视，大多农民可能认为此类咨询服务对自身进行体育锻炼产生的影响不大，因此，现阶段农民对体育信息咨询服务的需求程度尚且较低。但是，随着农民体育文化生活的日益丰富，其“体育品味”的提高，不排斥体育信息咨询服务将来成为其重要需求的可能。

我国东、中、西部地区农民对农村体育公共服务各项内容的需求存在一定的差异。从中、西部地区来看，中、西部地区农民对体育公共服务内容需求的先后顺序相同，均为：体育场地器材设施＞体育活动＞体育组织＞体育指导＞体质监测＞体育信息咨询，且该顺序与前面我国农民对体育公共服务各项内容需求程度的顺序一致。实地调查还发现，不仅我国中、西部地区体育场地器材设施缺乏程度要高于东部地区，而且农村体育活动开展情况也较差，尤其是西部地区，部分西部地区农村几乎全年没有开展过任何体育活动，更不用说体育组织建设以及其他各项体育公共服务的开展。没有体育活动的开展，就难以形成固定的体育组织，体育指导服务也就无从谈起。总体来看，我国中、西部地区农民对体育公共服务各项内容需求的顺序，反映了现阶段中、西部地区的实际情况。从东部地区来看，农民对体育公共服务各项内容需求的先后顺序为：体育场地器材设施＞体育组织＞体育活动＞体育指导＞体质监测＞体育信息咨询。不同于中、西部地区的是，我国东部地区农民对“体育组织”服务的需求要优先于“体育活动”。由于我国东部地区农村经济发展水平明显高于西部地区，东部地区农村体育公共服务建设的情况也要相对好于中、西部地区，体育活动的开展也相对较好。据调查，我国东部地区部分农村体育活动开展的频率较高，但就其体育活动开展的形式以及规模来说，多是村民个人进行的小型的无组织的体育活动，由各类体育组织发起并广泛开展的体育活动却相对较少。因此，现阶段体育组织服务业已成为我国东部地区农民对体育公共服务的突出需求。

2. 不同性别农民对农村体育公共服务具体内容的需求情况

不同性别农民对农村体育公共服务各项内容需求的方差分析结果显示（表2-6）：不同性别农民对体育组织、体育指导服务的需求无显著性差异（$P>0.05$）。不同性别农民对体育场地器材设施需求（$P=0.000<0.05$）、体质监测需求（$P=0.047<0.05$）、体育活动需求（$P=0.000<0.05$）以及体育信息咨询需求（$P=0.000<0.05$）存在显著性差异，男性对体育场地器材设施、体质监测、体育活动以及体育信息咨询服务的需求均高于女性。

表2-6 不同性别农民对农村体育公共服务各项内容需求情况方差分析结果

	平均值		*F* 值	Sig.
	男	女		
体育场地器材设施	4.13	3.92	14.125	0.000
体育组织	3.97	3.71	1.530	0.216
体育指导	3.83	3.76	1.275	0.259
体质监测	3.87	3.72	3.970	0.047
体育活动	4.04	3.77	17.892	0.000
体育信息咨询	3.43	3.17	13.759	0.000

3. 不同年龄结构农民对农村体育公共服务各项内容的需求情况

方差分析结果显示（表2-7），我国不同年龄结构的农民对体育组织服务需求（$P=0.055>0.05$）、体育指导服务需求（$P=0.087>0.05$）以及体育信息咨询服务需求（$P=0.168>0.05$）均无显著性差异。但对体育场地器材设施服务需求（$P=0.000<0.05$）、体质监测服务需求（$P=0.000<0.05$）以及体育活动服务需求（$P=0.004<0.05$）存在显著性差异。

表2-7 不同年龄结构农民对农村体育公共服务各项内容需求情况方差分析结果

	平均值					*F* 值	Sig.
	18岁以下	18—35岁	36—45岁	46—60岁	60岁以上		
体育场地器材设施	3.75	3.78	3.57	3.75	4.07	6.920	0.000
体育组织	3.82	3.83	3.58	3.69	3.83	2.448	0.055

续表

	平均值					F 值	Sig.
	18 岁以下	18—35 岁	36—45 岁	46—60 岁	60 岁以上		
体育指导	4.09	4.06	3.91	3.96	4.13	2.040	0.087
体质监测	3.49	3.69	3.75	3.68	4.26	14.218	0.000
体育活动	4.04	3.94	3.73	3.78	4.03	3.932	0.004
体育信息咨询	3.36	3.39	3.28	3.14	3.35	1.615	0.168

从体育场地器材设施服务需求方面看，18 岁以下与 60 岁以上农民对体育场地器材设施服务的需求存在显著差异（$P=0.002<0.05$），18—35 岁与 36—45 岁以及 60 岁以上农民对体育场地器材设施服务需求存在显著性差异（$P=0.028<0.05$，$P=0.003<0.05$），36—45 岁与 60 岁以上农民对体育场地器材设施服务需求存在显著差异（$P=0.000<0.05$），46—60 岁与 60 岁以上农民对体育场地器材设施服务需求存在显著差异（$P=0.001<0.05$）。其中，60 岁以上者对体育场地器材设施服务需求程度最高。出现 60 岁以上者对体育场地器材设施服务需求程度最高这一结果的原因可能是：由于 60 岁以上农民相对年老体弱，较宜选择适合老年人的身体锻炼行为和方式，但现阶段我国农村地区所建设的大多是篮球场、乒乓球等场地器材设施，难以满足 60 岁以上农民群体对体育场地器材设施服务的需求，因此其对体育场地器材设施服务的需求程度相对要高。考虑到现今农村留守儿童和老年人数量居多的现状，上述结果对以篮球场和乒乓球台为主要内容标准的“农民体育健身工程”的后续实施而言，无疑具有重要的启示意义。

从体质监测服务需求方面看，60 岁以上农民对体质监测服务的需求与 18 岁以下、18—35 岁、36—45 岁、46—60 岁农民都存在显著差异（P 值均为 $0.000<0.05$），60 岁以上者对体质监测服务的需求程度最高，18 岁以下农民对体质监测服务的需求程度最低，这与其年龄和体质健康状况不无关系。

从体育活动服务需求方面看，18 岁以下者与 36—45 岁、46—60 岁农民对体育活动服务的需求存在显著差异（$P=0.004<0.05$，$P=0.001\,6<0.05$），18—35 岁与 36—45 岁农民对体育活动服务需求存在显著差异（$P=0.035<0.05$），36—45 岁与 60 岁以上农民对体育活动服务

需求存在显著差异（$P=0.002<0.05$），46—60岁与60岁以上农民对体育活动服务需求存在显著差异（$P=0.010<0.05$），18岁以下农民对体育活动的需求程度最高，其次分别是60岁以上、18—35岁、46—60岁及36—45岁。

调查访谈中发现，农村老年人的体育需求与日俱增，其需求不仅体现在体育场地器材设施等硬件服务上，对体质监测、体育信息以及体育指导服务等“技术性服务”的需求也在逐渐加大，被访谈的诸多农村老年人表示在体育健身过程中希望有专业人士给予科学健身指导。

4. 不同文化程度农民对农村体育公共服务各项内容的需求情况

不同文化程度农民对农村体育公共服务各项内容需求的方差分析结果显示（表2-8）：不同文化程度农民对农村体育公共服务各项内容的需求均存显著性差异（$P<0.05$）。

表2-8 不同文化程度农民对农村体育公共服务各项内容需求的方差分析结果

	平均值					F值	Sig.
	小学以下文化	小学文化	初中文化	高中或中专文化	大专及大专以上文化		
体育场地器材设施	3.91	4.07	3.97	4.10	4.28	4.348	0.002
体育组织	3.76	3.69	3.66	3.73	4.08	4.421	0.002
体育指导	3.83	3.95	3.71	3.84	4.09	5.259	0.000
体质监测	3.94	3.77	3.63	3.82	4.04	3.724	0.005
体育活动	3.54	3.76	3.79	4.09	4.24	12.320	0.000
体育信息咨询	3.14	3.43	3.14	3.32	3.63	5.733	0.000

从体育场地器材设施服务需求来看，大专及大专以上文化程度农民相较小学文化以下、小学文化、初中文化、高中或中专文化农民对体育场地器材设施需求存在显著性差异（$P=0.007<0.05$，$P=0.012<0.05$，$P=0.000<0.05$，$P=0.023<0.05$），初中文化相较高中或中专文化农民对体育场地器材设施需求存在显著差异（$P=0.027<0.05$）。总体来看，大专及大专以上文化程度农民对体育场地器材设施需求程度最高，其次分别是高中或中专文化、初中文化、小学文化以及小学文化以下。可见，文化程度越高的农民对体育场地器材设施的需求程度越高。

从体育组织服务需求来看，大专及大专以上文化程度农民相较小学文化以下、小学文化、初中文化、高中或中专文化农民对体育组织服务需求存在显著性差异（$P=0.014<0.05$，$P=0.001<0.05$，$P=0.000<0.05$，$P=0.001<0.05$），小学文化以下、小学文化、初中文化、高中或中专文化程度农民对体育组织服务需求无显著性差异。大专及大专以上文化程度农民对体育组织服务的需求程度相对最高。

从体育指导服务需求方面看，大专及大专以上文化程度农民相较小学文化以下、小学文化、初中文化、高中或中专文化程度农民对体育指导服务需求存在显著性差异（$P=0.047<0.05$，$P=0.000<0.05$，$P=0.000<0.05$，$P=0.017<0.05$），大专及大专以上文化程度农民对体育指导服务的需求程度最高。

从体质监测服务需求方面看，小学文化以下与初中文化程度农民对体质监测需求存在显著差异（$P=0.045<0.05$），初中文化与高中或中专文化以及大专或大专以上文化程度农民，对体育指导服务的需求存在显著性差异（$P=0.037<0.05$，$P=0.000<0.05$），大专及大专以上文化程度农民对体质监测服务的需求程度最高。

从体育活动服务需求方面看，小学文化以下相较小学文化、初中文化、高中或中专文化、大专或大专以上文化程度农民，对体育活动服务的需求均存显著性差异（$P=0.042<0.05$，$P=0.042<0.05$，$P=0.000<0.05$，$P=0.000<0.05$），小学文化相较高中或中专文化、大专或大专以上文化程度农民，对体育活动服务的需求均存显著性差异（$P=0.003<0.05$，$P=0.000<0.05$），初中文化相较高中或中专文化、大专或大专以上文化程度农民对体育活动服务的需求存显著性差异（$P=0.000<0.05$，$P=0.000<0.05$），大专或大专以上文化程度农民对体育活动服务的需求程度最高，其次分别是高中或中专文化、初中文化、小学文化，小学文化以下农民对体育活动服务的需求程度最低。可见，文化程度越高的农民对体育活动服务的需求程度越高。

从体育信息咨询服务需求方面看，小学文化以下与大专或大专以上文化程度农民，对体育信息咨询服务的需求存在显著性差异（$P=0.001<0.05$），小学文化与初中文化程度农民对体育信息咨询服务的需求存在显著性差异（$P=0.009<0.05$），初中文化相较高中或中专文化、大专或大专以上文化程度农民，对体育信息咨询服务的需求存在显著性差异（$P=$

0.044<0.05，P=0.000<0.05)，高中或中专文化与大专或大专以上文化程度农民，对体育信息咨询服务的需求存在显著性差异（P=0.007<0.05)，大专或大专以上文化程度农民对体育信息咨询服务的需求程度最高，初中文化与小学文化以下程度农民对体育信息咨询服务的需求程度最低。

5. 不同家庭人均年收入农民对农村体育公共服务各项内容的需求情况

不同家庭人均年收入农民对农村体育公共服务各项内容需求的方差分析结果表明（表 2-9)：不同家庭人均年收入农民对体育场地器材设施服务的需求（P=0.002<0.05)、体育活动服务的需求（P=0.018<0.05）以及体育信息咨询服务的需求（P=0.002<0.05）存在显著性差异。

表 2-9　不同家庭人均年收入农民对农村体育公共服务各项内容需求的方差分析结果

	平均值					F 值	Sig.
	1 000 元以下	1 000 元至 3 000 元	3 000 元以上至 5 000 元	5 000 元以上至 8 000 元	8 000 元以上		
体育场地器材设施	3.87	4.01	4.02	4.10	4.18	4.282	0.002
体育组织	3.68	3.71	3.77	3.76	3.80	0.368	0.831
体育指导	3.87	3.70	3.82	3.74	3.89	1.468	0.210
体质监测	3.89	3.62	3.83	3.89	3.86	2.348	0.053
体育活动	3.80	3.83	3.81	3.92	4.07	3.003	0.018
体育信息咨询	3.21	3.13	3.22	3.47	3.45	4.313	0.002

从体育场地器材设施服务需求方面来看，家庭人均年收入在 1 000 元至 3 000 元与 8 000 元以上农民对体育场地器材设施需求存在显著性差异（P=0.000<0.05)，家庭人均年收入在 5 000 元以上至 8 000 元与 8 000 元以上农民对体育场地器材设施需求存在显著性差异（P=0.042<0.05)，家庭人均年收入在 8 000 元以上农民对体育场地器材设施需求程度最高，其次分别是 5 000 元以上至 8 000 元、3 000 元以上至 5 000 元、1 000 元至 3 000 元，家庭人均年收入在 1 000 元以下农民对体育场地器材设施需求程度最低。可见，家庭收入的高低与体育场地器材设施需求存在正比关系。

从体育活动需求方面来看，家庭人均年收入在1 000元至3 000元与8 000元以上农民对体育活动需求存在显著性差异（$P=0.005<0.05$），家庭人均年收入在5 000元以上至8 000元与8 000元以上农民对体育活动需求存在显著性差异（$P=0.000<0.05$），家庭人均年收入在8 000元以上农民对体育活动服务的需求程度最高，其次分别是5 000元以上至8 000元、1 000元至3 000元、3 000元以上至5 000元，家庭人均年收入在1 000元以下农民对体育活动需求程度最低。

第四节　农村体育公共服务供给现状分析

一、农村体育公共服务总体供给现状

调查结果显示（图2-4），我国农村体育公共服务总体供给情况不尽如人意，在所调查的农民中，选择“不充足”和“完全没有”的人数比例合计高达71.7%。其中，45.3%的农民选择了“不充足”，26.4%的农民认为“完全没有”，23.6%的农民认为“一般”，只有3.2%的农民认为农村体育公共服务供给“充足”，选择“非常充足”的人数比例仅为1.5%。可见，目前农村体育公共服务的供给严重不足，这无疑与前述农民对体育公共服务较高的需求状况形成了鲜明对比，这一供需反差理应引起相关部门的高度重视，并采取一定的措施进行改善。

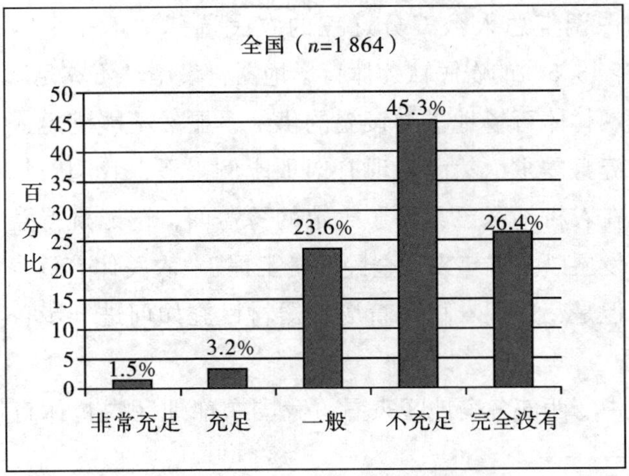

图2-4　农村体育公共服务总体供给现状

二、农村体育公共服务具体内容的供给现状

（一）农村体育场地器材设施供给现状

一个国家的体育发展水平如何，与体育场地器材设施的发展状况有着密切的联系。体育场地器材设施对国家体育事业的发展具有重要的基础性作用，在很大程度上直接影响着体育活动的开展以及参与者的积极性。我国为举办大型赛事兴建的大型体育场馆，在比赛后的使用率普遍较低，造成极大的浪费。与此同时，我国又面临着全民健身场地器材设施相对不足的问题，尤其是我国农村地区，体育设施、器材配备严重不足①。本研究表明，现阶段我国农村不仅面临着体育场地器材设施严重缺乏的问题，而且现有的农村体育场地器材设施还面临着布局设置、维护以及管理等问题。

1. 农村体育场地器材设施供给的充裕程度

农村体育场地器材设施是保证农村体育活动正常开展必不可少的物质条件，是发展农村体育、建立农村体育公共服务体系的基础条件。因此，应成为政府在农村体育公共服务体系建设中着力供给的重要内容。近年来，在国家各项惠农体育政策的支持下，我国农村体育场地器材设施条件得到了一定改善。但不可否认的是，我国农村地区体育场地器材设施的供给仍然存在相对不足的突出问题。

调查结果显示（表 2-10），我国农村体育场地器材设施的供给情况不容乐观，约占调查总人数五分之三的农民选择“不充足”和“完全没有”，其中有 43.5%的农民认为体育场地器材设施“不充足”。总体来说，现阶段我国农村体育场地器材设施的供给，显然不能满足广大农村地区农民的体育健身需求。然而就现有选项比例来看，我国农村地区体育场地器材设施在农村地区已具备了一定的覆盖面，这无疑得益于我国经济社会的全面发展以及近年来“全民健身工程”“农民体育健身工程”等措施的推进。但是，后期农村体育场地器材设施如何进一步普及和提高仍是一个难题。

从东、中、西部各个地区来看，我国东部地区农村体育场地器材设

① 王关怀. 湖南省农村公共体育服务供给现状及对策［D］. 长沙：湖南师范大学，2014.

施的供给情况较中、西部地区充足，越往西部，体育场地器材设施供给情况越差。我国东、中、西部地区农民选择“不充足”选项的人数比例均比较高，东部地区有 39.7%的农民选择“不充足”，中部地区为 40.5%，而西部地区则上升到了 50.3%，由东到西呈不断递增趋势。在部分省市的调研中发现，由于涉及安全性、私人所有等多种原因和因素，我国大部分农村企业、组织协会、学校体育场地器材设施一般不对村民开放，这也是导致我国部分农村体育场地器材设施颇为缺乏的原因之一。

表 2-10　农村体育场地器材设施供给情况（%）

地区	非常充足	充足	一般	不充足	完全没有
东部地区（n=600）	0.3	10.3	38.7	39.7	11.0
中部地区（n=656）	0.6	5.2	32.1	40.5	21.6
西部地区（n=608）	0.3	1.0	26.0	50.3	22.4
全国（n=1 864）	0.4	5.5	32.1	43.5	18.5

2. 不同类型体育健身器材的供给情况

调查结果显示（表 2-11），从不同类型体育健身器材的整体供给情况来看，近 40%的农民认为“没有任何体育健身器材”，其中，东部地区体育健身器材的供给明显较中、西部地区充足，我国东部地区农民选择“没有任何体育健身器材”的比例为 17.6%，中部地区为 48.5%，西部地区为 51.1%，东部地区与中、西部地区差异显著。实地调研中发现，我国东部农村地区经济较为发达，体育健身器材的供给主体较多，经费来源相对充足，除国家和各级政府财政的供给外，还包括部分企业的捐赠、体育组织团体以及村民个人的投资等，而我国中、西部地区体育健身器材的供给主体相对单一，主要是以国家和各级政府财政配套供给为主。

从体育健身器材的具体供给类型来看，我国东、中、西部地区均以中青年为主要对象的体育健身器材的供给为主，其次是以老年人为主的辅助健身器材，以儿童少年为主的娱乐健身器材的供给均较低，所占比例甚少。以上结果对我国后期农村体育健身器材设施的规划投入不无启示意义。考虑到现今我国农村地区多以留守儿童和中老年人为主，后续国家对农村体育健身器材的投入诚然也应适当向以中老年人和少年儿童为主要对象群体倾斜。当前，以篮球场和乒乓球台为主要内容标准的“农民体育健身工程”的实施，无疑也应考虑其内容标准的适恰性及其调整的必要性。

表 2-11　我国农村不同类型体育健身器材的供给情况（%）

器材类型	东部地区（n=600）	中部地区（n=656）	西部地区（n=608）	全国（n=1 864）
以老年人为主的辅助健身器材（双辊式摩背器、双人肩部活动器等）	24.7	12.5	15.9	17.6
以中青年为主的体育健身器材（羽毛球柱、乒乓球桌、篮球架等）	47.7	24.2	16.2	28.9
以儿童少年为主的娱乐健身器材（跷跷板、秋千、摇马等）	6.0	4.3	5.8	5.4
其他	4.0	10.5	11.0	8.6
没有任何体育健身器材	17.6	48.5	51.1	39.5

3. 农村体育场地器材设施的收费情况

从表 2-12 可知，农村体育场地器材设施总体以免费的为主，收费的比例相对非常低，这无疑符合农村地区经济社会发展水平的实际。

表 2-12　农村体育场地器材设施的收费情况（%）

选项	东部地区（n=600）	中部地区（n=656）	西部地区（n=608）	全国（n=1 864）
收费，并且很高	2.0	1.8	0.3	1.4
收费，可以接受	2.7	1.8	1.1	1.5
收费，比较低	9.3	5.5	3.9	6.2
不收费	70.7	39.3	30.1	48.4
不清楚或者没有体育场地器材设施	15.3	51.6	64.6	42.5

从“收费”选项的情况来看，累计比例总体不高，全国为 9.1%，东部地区为 14.0%，中部地区为 9.1%，西部地区为 5.3%，由东到西呈递减趋势。而且，就收费的程度来看，多数选择的是“比较低”和“可以接受”。

从“不收费”的已知选项比例情况来看，农村体育场地器材设施不收费所占比例为 48.4%，东部地区农民选择“不收费”的比例最高，为 70.7%，中、西、部地区农民选择“不收费”的比例相对较低，分别为 39.3%和 30.1%。然而，中、西部地区农民选择“不清楚或者没有体育场地器材设施”的比例却分别高达 51.6%和 64.6%。结合表 2-12 的结果来看，中、西部地区选择“没有体育场地器材设施”的人数比例分别为 21.6%和 22.4%，除去这部分人群，表明中、西部地区农民不清楚是否收费的比例分别达到了 30.0%和 42.2%。这说明东部地区农民对体育场地器材设施平时的开放情况比较了解，对收费与否有所关注，也反映出东部地区农民可能参与体育健身活动较多，而中、西部地区有相当比例的农民平时不关心体育场地器材设施的情况，对其收费与否不了解，也反映中、西部地区部分农民根本就未曾或很少参与体育健身活动。访谈结果也证明，中、西部地区部分农民一般只在节假日或者村里举行体育活动或者比赛时偶尔参加一下体育活动，而对平时体育场地器材设施是否收费并不清楚。

4. **农村体育场地器材设施布局设置情况**

农村体育场地器材设施布局设置合理与否，关系到农村体育场地器材设施使用率的高低。农村体育场地器材设施布局不仅要考虑到农村土地面积的大小、人口的多少、居住集中程度，而且还要考虑到不同农民群体对不同体育项目的喜好情况等方面。由于我国农村地区幅员辽阔，人口布局复杂，居住较为分散，体育场地器材设施布局往往成为我国政府在农村体育场地器材设施供给中的难题。其中，农村体育场地器材设施设置与居民居住地的距离远近，无疑是衡量农村体育场地器材设施设置是否合理的一个重要指标。本研究就农村体育场地器材设施设置与居民居住地的距离范围进行了调查，如图 2-5 所示。

我国农村公共体育场地器材设施距农民居住地方的距离在 1 000 米以下的，全国累计所占比例为 32.5%，其中东部地区累计比例最高，为 45.3%，其次是西部地区，累计为 26.8%，中部地区累计比例最低，为 26.0%。我国农村公共体育场地器材设施距农民居住地方的距离在 1 000 米以上的，全国已知所占比例为 18.9%，其中东部地区所占比例为 23.0%，中部地区为 22.0%，西部地区为 12.2%。这说明农村部分居民距公共体育健身场所及器材设施的距离相对较远。总体看来，我国农村体育场地器材设施的布局情况并不理想，尤其是中、西部地区，距离在 1 000 米以内的比例相对太少，均不超过 30.0%，距农民居住距离在 500 米以内的累计比例均未超过 20%。

我国东、中、西部地区农民选择“不清楚或者没有体育场地器材设

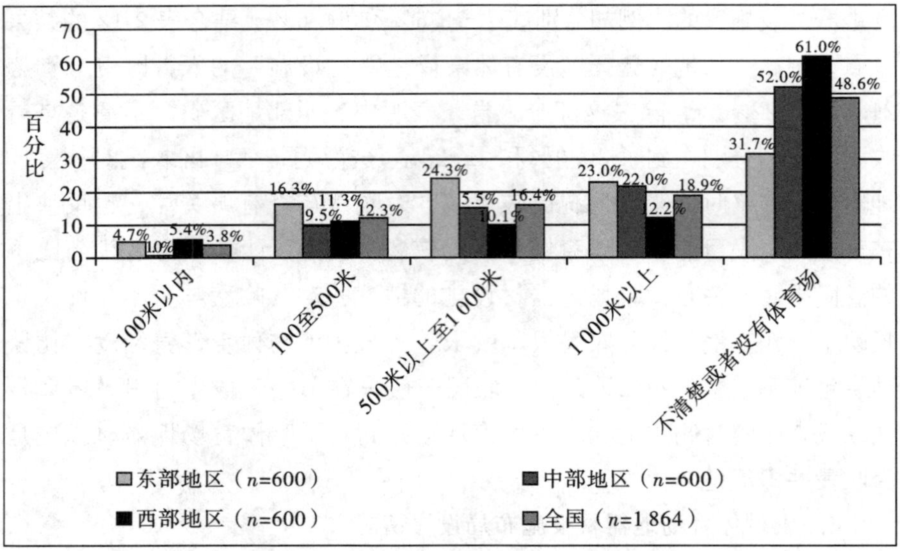

图 2-5　农村体育场地器材设施距农民居住地的距离分布情况

施”的比例都比较高，其中东部地区为 31.7%，中部地区为 52.0%，西部地区为 61.0%。同时，结合前表 2-12 的结果来看，东、中、西部地区选择“没有体育场地器材设施”的人数比例分别为 11%、21.6% 和 22.4%，除去这部分人群，说明东、中、西部地区农民不清楚其居住地与附近体育场地器材设施距离的人数尚不在少数。这进一步说明：一是我国农村地区部分农民没有使用过该村的体育场地器材设施，二是可能由于体育场地器材设施距离农民居住地太远而导致其选择“不清楚”。由于我国农民居住的乡村村落大多为半集中半分散型①，部分农户之间彼此居住相距甚远，各地村落规模及农民人数差距也较大，因此，国家在农村体育场地器材设施布局方面必然会存在诸多困难，而农民居住地距离公共体育场地器材设施所在地较远的现状，在现阶段我国农村自给能力不足而国家财力又相对有限的情况下，诚然难以在短期内得到显著改善。农村体育场地器材设施的供给与布局问题，无疑是我国农村体育公共服务体系建设中的一个重大难题。

① 贺雪峰. 论中国农村的区域差异：村庄社会结构的视角［EB/OL］.（2012-11-13）［2021-08-12］. http://www.sociologyol.org/yanjiubankuai/tuijianyuedu/tuijianyueduliebiao/2012-11-13/15408.html.

5. **农村体育场地器材设施管理情况**

加强对农村体育场地器材设施的管理，一方面可以通过保护来延长场地器材设施的使用时间和年限，另一方面可以使场地器材设施得到合理有效的利用。由于我国农村经济基础水平相对较差，在农村地区体育场地器材设施相对不足的情况下，如果不重视对已建体育场地器材设施的管理维护，那么一旦遭到人为或自然因素的破坏，其维修或重建无疑相当困难。因此，重视并加强对农村体育场地器材设施的管理工作就显得尤为重要和迫切。为此，课题组对现阶段我国农村体育场地器材设施的管理情况进行了调查，其结果如表 2-13 所示。

表 2-13　农村体育场地器材设施的管理情况（%）

地区	长期有人看管	偶尔有人看管	完全没有人看管	不清楚或者没有体育场地器材设施
东部地区（n=600）	7.3	14.7	39.0	39.0
中部地区（n=656）	2.7	11.9	11.9	73.5
西部地区（n=608）	2.3	11.5	18.8	67.4
全国（n=1 864）	4.1	12.7	22.8	60.4

从全国的总体情况来看，我国农民选择“不清楚或者没有体育场地器材设施”的比例最高，达 60.4%，这一结果一方面再次证实我国农村体育场地器材设施的缺乏，另一方面说明我国大部分农民对体育场地器材设施是否有人管理的情况并不了解。

从选择“完全没有人看管”的情况来看，全国有 22.8%的农民选择了“完全没有人看管”。从东、中、西部不同地区来看，东部地区农民选择“完全没有人看管”所占比例最高，为 39.0%，这说明农村体育场地器材设施供给情况相对较好的东部地区，其体育场地器材设施却严重缺乏管理。中西部地区选择“完全没有人看管”的比例也相对较高，分别达到了 11.9%和 18.8%，这说明我国中、西部地区农村现有的体育场地器材设施也相对缺乏管理。

从选择“偶尔有人看管”以及“长期有人看管”的累计比例来看，东部地区为 22.0%，中、西部地区均未超过 15.0%。以上调查结果说明，我国农村现有的体育场地器材设施绝大部分处于无人看管的状况。而通过实地调查访谈进一步了解到，即使部分长期有人看管的体育场地器材设施，其看管人员并非专业的管理人员，多为村干部代管，其管理水平和经验均相对较差，实地调研中也发现相当部分的农村体育场地器材设施被人为破坏或自然锈蚀，很多场地器材设施常年失修，无人问津。因此，在国家继续加大对农村体育场地器材设施建设投入的同时，无疑也应该将农村体育场地器材设施的后期使用及管理问题摆上议事日程。

6. 农村体育场地器材设施建设经费来源情况

据对基层政府部门的调查访谈，我国农村体育场地器材设施建设的经费来源主要有三个渠道：(1) 国家财政专项资金投入，资金来源主要是体育彩票公益金、国家财政补贴等；(2) 地方各级政府的配套投入，例如“全民健身工程”“农民体育健身工程”以及“雪炭工程”等国家惠农体育工程的实施，地方政府予以相应配套经费建设，如 2011 年湖北省援建“农民体育健身工程”中，仙桃市胡场镇投入资金 20 万元，荆州市松滋市八宝镇投入资金 10 万元①。2011 年陕西省实施“村级农民体育健身工程”在 437 个行政村投入资金 3 万元用于体育器材建设②；(3) 少数部分乡镇企业、社会团体和个人的捐赠。值得明确的是，现今农村体育场地器材设施的经费来源，主要以各级政府部门的投入为主。究其原因，我们认为，就当前我国农村公共服务产品的供给主体而言，囿于农村经济基础的长期薄弱，其自给能力相对自然低下，而农村公共服务投入的非回报性和弱影响力使得社会组织和企业等不愿提供无偿的公共服务，导致农村公共服务的供给主体往往仅是各级政府部门，且供给的内容主要局限于农村的水利基础设施、劳作设施、医疗保障等事关农民生产生活“头等需求”的大事上。对于当前农村体育公共服务的供给来说，社会组织和企业等则更加不愿参与提供不能带来直接经济效益的农村体育公共服务产品，而农村体育公共服务的巨大需求缺口使得其社会效益也难以迅速彰显。农民自身往往是在考虑对“衣食住行”等基本需求投入的基础上，才会考虑对体育健身需求的投入。因此，农村体育场地器材

---

① 湖北省体育局. 关于援建 2011 年湖北省乡镇农民体育健身工程建设项目的通知［EB/OL］.（2010-10-22）［2021-08-12］. http://www.hbsport.gov.cn/Html/Mass/92704.html.

② 陕西省体育局. 关于实施陕西省 2011 年第三期“村级农民体育健身工程”的通知［EB/OL］.（2011-02-25）［2021-08-12］. http://www.sxty.gov.cn/structure/qzty/qzthd.htm.

设施等公共服务产品投入的重担往往多由政府来承担①。

（二）农村体育活动服务开展现状

体育活动是体育发挥其功能和魅力的关键所在，体育活动服务的开展亦是体育公共服务体系建设的核心内容。没有体育活动，体育公共服务体系中的其他任何要素将失去发挥作用的载体②③。现阶段，农村体育活动服务的组织开展情况如何，无疑是很有必要予以研究的一个主题。

调查结果显示（表 2-14），针对“您所在村组织过体育活动吗”这一问题，从全国来看，调查中有 70.2%的农民认为其所在村“从来不组织”体育活动，认为一年中组织过 1 次体育活动的比例为 17.5%，平均每月开展 1 次体育活动及平均每周开展 1 次体育活动的比例，仅分别为 3.3%和 2.9%。另从不同地区农村体育活动组织开展的频率来看，东部地区的开展情况较中部地区好，中部地区较西部地区好。我国西部地区农村体育活动的组织频率最低，高达 82.6%的农民选择了“从来不组织”。以上结果表明，村级体育活动服务的组织开展情况不容乐观。

表 2-14　农村体育活动的组织频率（%）

组织频率	东部地区（n=600）	中部地区（n=656）	西部地区（n=608）	全国（n=1 864）
平均每年 1 次	26.3	17.7	9.2	17.5
平均每年 2—6 次	5.6	8.3	4.6	6.1
平均每月 1 次	4.6	3.7	1.8	3.3
平均每周 1 次	5.6	1.3	1.8	2.9
从来不组织	57.9	69.0	82.6	70.2

① 胡庆山，方千华，张铁明，等. 迈向体育强国的农村体育公共服务体系建设[J]. 上海体育学院学报，2011，35（5）：12-17.

② 王海宏，杨建国，王剑，等. 农村公共体育服务的现状调查与对策研究[J]. 武汉体育学院学报，2008，42（11）：73-77.

③ 戴健，韩冬，梁晓洁，等. 新农村建设中长三角地区农民体育活动现状及对策[J]. 体育科学，2009，29（1）：8-13.

调查访谈中发现，现阶段我国大部分农民参与体育活动的方式主要以自发组织以及家庭形式为主，参加体育活动的场所多选择在自家庭院以及距家较近的空地，可见现今我国农村体育活动的开展主要是以村民个人为主要组织主体。一般而言，基层农村体育活动服务的组织主体包括乡镇政府（文体站/干部)、村组织（村委会/干部)、村民（社团/个人）以及其他社会体育组织或团体。发挥乡镇政府、村组织及社会团体在农村体育活动服务中的组织领导作用，无疑对推动农村体育活动的蓬勃发展及农村健身氛围的形成具有重要意义。如何发挥多元主体的作用，是现今农村体育公共服务体系建设中应该着力思考的问题。

另实地调研访谈发现，我国农村地区组织体育活动的资金主要来源于两个方面：一方面来源于乡镇政府体育事业经费投入或自筹经费，以及村级集资筹集的经费；另一方面来源于企业团体和社会组织以及村民个人投入，以东部地区较为多见。目前，我国农村开展体育活动所需资金投入严重缺乏。在课题组所调查访谈的多个乡镇中，大多乡镇相关工作人员表示该乡镇农村人均体育事业经费约 0.5 元，不足 1 元的居多，该经费很大比例还要用于乡镇文体站工作人员的财政工资补贴，因此用于组织体育活动的经费乃捉襟见肘，乡镇政府大多是传递上级政府相关体育事业发展的文件精神，鼓励村民自行投入组织开展体育活动，除“农民体育健身工程”等专项资金用于修建体育场地器材设施外，对农村体育活动的开展基本上很难给予经费投入。可见，如何筹集农村体育活动经费，加大对农村体育活动服务的经费投入，也是现今农村体育公共服务体系建设中的一个突出问题。

（三）农村体育组织服务建设现状

体育组织具有凝聚和调节等功能，能更好地促进人们参与体育活动[①②]。诚然，要更好地发挥农村体育组织的作用，加强农村体育公共服务体系建设中农村体育组织服务建设，首先必须对农村体育组织服务的状况给予一定把握，本研究对此开展了实地调查访谈，调查结果如表 2-15 所示。

---

① 李万来．体育公共关系概论［M］．北京：人民体育出版社，2005.

② 李金龙，刘坚．体育社会学［M］．桂林：广西师范大学出版社，2006.

表 2-15 农村体育组织建设状况一览表（%）

选项	东部地区（n=600）	中部地区（n=656）	西部地区（n=608）	全国（n=1 864）
乡镇政府体育组织	15.1	9.1	18.7	14.2
村民委员会体育组织	26.0	7.9	15.0	16.1
自发性的村民体育组织	30.9	10.1	12.7	17.7
乡镇或村里企业团体体育组织	18.8	8.2	10.0	12.2
其他类型体育组织	12.2	16.2	8.3	12.0
没有任何体育组织	37.8	61.3	45.7	48.6

从全国来看，48.6%的农民认为其身边“没有任何体育组织”，可见从数量上来看我国农村体育组织建设状况尚不是十分理想，从其存在的类型来看，主要以“自发性的村民体育组织”为主。从不同地区农村体育组织建设的情况来看，我国东部地区农民选择“没有任何体育组织”所占比例为37.8%，中西部地区分别为61.3%和45.7%。可见，从农村体育组织现有数量而言，东部地区农村体育组织建设情况较西部地区好，而西部地区较中部地区情况好。其中我国东部地区体育组织类型主要以“自发性的村民体育组织”为主，所选人次比例为30.9%，高于其他类型体育组织的人次比例，这说明我国东部地区农村体育组织多为农民自行建立和组织管理。我国西部地区农村现有体育组织主要以“乡镇政府体育组织”为主，所选人次比例为18.7%，较其他类型体育组织所选人次比例高，其次是“村民委员会体育组织”，所选人次比例为15.0%。究其原因在于我国西部地区少数民族较为集中，具有民族传统特色的体育项目较多，由于现今国家大力提倡和鼓励民族传统文化的发展，具有传统特色的体育活动项目得到了大力开发，带动我国西部地区农村体育组织不断增多，基层乡镇政府和村委会为贯彻国家相关政策和文件精神，在农村体育组织的建设中发挥了一定作用。

尽管我国农村体育组织具有了一定的数量并呈现出多样化的发展态势，然而农村体育组织服务的问题却令人担忧。调查访谈发现，我国现有的村民自发性体育组织，大多处于发展的初级阶段，不仅存在组织管理人员少、管理水平低的问题，而且还存在组织不规范、约束力低、运行经费缺乏等一系列的问题。调查中了解到，农村自发性体育组织中，很大部分是以营利为主要目的，一旦没有营利，其体育组织就面临着解散的问题。以调查访谈中的湖北省随州广水市蔡河镇的徐店村为例，该村近年来建立了两个以营利为主要目的的体育组织：秧歌腰鼓队和舞龙舞狮队，秧歌腰鼓队主要是在该村以及临近村落农家“红白事”时进行表演，获取一定的报酬（报酬相对较低）。而舞龙舞狮队则主要是在农历正月十三至十五这三天集中进行表演，获取一定的报酬。在徐店村，舞龙舞狮队的报酬相对较高，故近年来该体育组织发展情况较好。而在我们调查的其他农村地区，以前亦有舞龙舞狮队，但由于报酬较低，加上技术动作的失传等原因，部分农村的舞龙舞狮队早已解散多年。综上所述，我国农村体育组织服务的问题主要体现为，一是具有政府作用色彩的农村体育组织多为有名无实，未发挥其实质性的组织服务作用；二是占有相对较大比例的农村自发性体育组织，以营利为目的的组织较多，且一些体育组织面临着资金运行短缺等生存问题，公益性的自发性体育组织较少，大规模的公益性自发性农村体育组织更是罕见。

（四）农村体育指导服务开展现状

社会体育指导员在全民健身事业的发展中具有重要作用。诚如国家体育总局原局长刘鹏同志讲话指出，“社会体育指导员在推动全民健身事业发展、提高体育公共服务水平、构建全民健身服务体系、解决制约体育强国建设的基础性薄弱环节和‘短板’中具有重要的地位和作用。体育指导员是全民健身的宣传者、科学健身的指导者、群众活动的组织者、体育场地的维护者、健康生活方式的引领者”①。

据相关研究，目前全国注册的公益性社会体育指导员超过 90 万人，然而由于我国人口基数太大，导致大约平均 1 500 人才拥有一名指导员，且 90%的社会体育指导员分布在城镇，在农村的仅占 10%②。因此，农

① 秦椿林. 当代中国群众体育管理［M］. 北京：人民体育出版社，2006. 蔡景台，樊炳有，王继帅. 城市体育公共服务居民满意度调查分析：以河南省 10 各城市为例［J］. 北京体育大学学报，2009，32（6）：31-34. 国家体育总局. 刘鹏局长在全国体育局长会议上的讲话［EB/OL］.（2013-12-25）［2021-08-12］. http://www.sport.gov.cn/n16/n1077/n1467/n3670964/n3671192/3708811.html.

② 李相如. 我国社会体育指导员的现状调查与研究［J］. 体育科学，2002，22（4）：27-30.

村理应是社会体育指导员工作的重点①。然而，调查发现，现阶段农村社会体育指导员却相当匮乏。

1．我国农民进行健身活动获得体育指导情况

调查结果表明（表2-16）：(1) 总体来看，大多农民在进行体育健身时处于无人指导的状态，健身指导非常缺乏。在回答“您参与体育活动时，获得体育健身指导的情况”这一问题时，61.0%的农民选择了“从未有人指导”。(2) 从我国东、中、西部地区农民获得体育健身指导的情况来看，东部地区要较中、西部地区好，但我国东部地区也仍有51.3%的农民选择了“从未有人指导”。而在有人指导的选项中，东部地区选择“偶尔有人指导”的比例最高，为22.0%，中、西部地区选择“很少有人指导”的比例最高，分别为22.6%和15.3%。可见，即使是经济发展较好的东部地区，现阶段其农民在进行体育健身活动时也只有部分偶尔得到指导。总体而言，我国农民开展体育健身活动时获得体育健身指导服务的状况较差，现有状况远远不能满足农民对体育健身指导的需求。

表2-16　农民进行健身活动获得体育指导情况（%）

选项	东部地区 (n=600)	中部地区 (n=656)	西部地区 (n=608)	全国 (n=1 864)
总有人指导	2.3	1.5	1.3	1.7
一般有人指导	11.5	4.3	5.0	6.9
偶尔有人指导	22.0	12.2	5.7	13.3
很少有人指导	12.9	22.6	15.3	17.1
从未有人指导	51.3	59.4	72.7	61.0

2．农村体育活动提供指导人员组成情况

调查结果显示（表2-17）：(1) 从我国农村体育活动提供指导人员的组成情况来看，全国有占63.1%的农民表示没有人为其提供指导，其中东部地区“没有人提供”的选项比例为51.9%，中部地区为63.7%，西部地区为73.3%，表明我国农民体育健身活动指导的提供情况极不乐观。(2) 在农村体育活动提供指导人员的组成中，专业性的“社会体育指导员”所占比例较小，且各地区分布不均，东部地区相对较高。可见，我

① 田雨普. 农民体育发展战略研究［M］. 南京：南京师范大学出版社，2009.

国农村地区社会体育指导员数量极少，而且分布不均衡，现有的为数不多的农村社会体育指导员几乎都集中在经济社会较为发达的东部地区。(3) 在农村体育活动提供指导人员的组成中，从全国情况来看“村民个人”所占选项比例相对较大，这进一步反映出我国农村体育活动指导的效果和质量无疑令人担忧。(4) 在农村体育活动提供指导人员的组成中，“乡村体育教师”“体育志愿者”以及“其他人员”均具有一定比例。尤其是乡村体育教师，除西部地区外，东中部地区均占有相对较高比例，这可能与西部地区农村体育教师相对缺乏有关。从全国情况来看，认为由“体育志愿者”提供指导的选项比例最低，虽然近年来国家大力加强和鼓励体育志愿者服务，农村体育志愿者的人数也随之增多，但相对于农村人口基数大、需求大的实际来看，目前农村体育志愿者服务工作还有待进一步加强。

表 2-17　农村体育活动提供指导人员组成情况（%）

地区	社会体育指导员	乡村体育教师	体育志愿者	村民个人	其他人员	没有人提供
东部地区（n=600）	6.3	10.5	2.6	21.1	7.6	51.9
中部地区（n=656）	0.3	10.1	2.4	13.7	9.8	63.7
西部地区（n=608）	2.4	3.4	3.1	8.4	9.4	73.3
全国（n=1 864）	2.9	8.0	2.7	14.4	8.9	63.1

（五）农村体质监测服务开展现状

国民体质的健康状况和水平是社会生产力的构成要素，是综合国力的具体体现，也是社会文明和进步的重要标志①。国民体质监测作为现今体育公共服务的一项重要内容，对促进国家经济建设和社会发展具有重要的意义。有资料显示，我国农民因病致贫和返贫占贫困原因的 40.9%，列第一位②，可见，提升广大农民的体质健康并时常开展监测服务，在当下已显得非常必要。本研究所指的农村体质监测服务，是指为了掌握和

① 国家体育总局群体司. 国民体质监测工作规定［EB/OL］.（2003-09-18）［2021-08-21］. http://www.sport.gov.cn/n16/n1092/n16879/n17321/328826.html.

② 国家体育总局，国家发展和改革委员会，财政部. 关于下发《“十一五”农民体育健身工程建设规划》的通知［EB/OL］（2007-05-19）［2021-08-21］. http://www.sport.gov.cn/n16/n1092/n16879/n17321/1440785.html.

了解农民体质状况，对农民进行体质测试和对监测数据进行分析、研究、建档等一系列活动。农村体质监测活动现今主要由国家及其相关行政部门在全国范围内统一组织实施，如各级体育部门组织体质监测人员携带仪器走进农村开展的体质监测活动，国家“新农保”以及“新农合”政策实施过程中开展的体质监测活动等。此外，还有一些科研单位或个人为了研究工作的需要，赴农村开展的一些小型的体质监测活动。农村体质监测服务作为农村体育公共服务的重要内容，对了解和改善现阶段我国农民体质健康状况具有重要作用。

调查结果表明（表 2-18）：从全国来看，“没有开展过”的选项比例高达 71.8%，充分说明农村体质监测服务的开展状况不如人意。从各地区情况来看，东部地区农村体质监测活动开展的整体情况相对要好，西部地区最差。由此可见，目前我国农村体质监测的覆盖面、涉及的人群数量等还颇为有限，尤其是西部地区，体质监测服务的开展最为缺乏。因此，今后我国在进一步扩大农村农民体质监测覆盖面的同时，还应该加强对西部地区农村体质监测服务的倾斜。

表 2-18　农村体质监测活动开展情况（%）

地区	平均每年1次	平均2年1次	平均3—4年1次	平均5年1次	没有开展过
东部地区（n=600）	24.1	5.7	1.7	2.0	66.5
中部地区（n=656）	14.1	8.2	2.6	11.2	63.9
西部地区（n=608）	3.0	7.0	2.1	4.0	83.9
全国（n=1 864）	13.4	7.0	2.1	5.7	71.8

此外，访谈发现，部分地区农村体质监测服务的开展，主要归功于“新农保”“新农合”等政策近年来的实施，新农村合作医疗、保险等措施的施行，有力地促进了基层政府和群众对体质健康状况的重视。现阶段我国农村地区的体质监测主要是以部分体质监测“服务车”的形式流动开展（访谈中发现多数“服务车”由于交通不便等原因很少深入到行政村），体质监测效果较差，循环周期长，也没有对基层农民体质监测进行档案管理，缺乏科学性①。因此，国家应尽快建立并完善专门针对农村

① 刘蕾. 湖北省农村体育公共服务建设现状调查研究［D］. 武汉：华中师范大学，2013.

的国民体质监测服务机构及其规范，而不是仅仅用农民体质监测“服务车”的形式去对农民进行体质监测，与此同时，还要对体质监测的仪器设备进行补充和更新。

（六）农村体育信息咨询服务现状

为广大农村群众提供体育信息咨询类服务是我国基层政府开展体育公共服务的重要内容之一。农民要进行体育锻炼，就必然需要获得一定的体育健身知识，而要获得这些健身知识，体育信息咨询服务就不可或缺。尤其是在我国信息交通发展较为落后的村落，农民不仅缺乏体育健身意识，而且体育健身知识的缺乏也严重影响着村落农民参与体育活动。因此，开展体育信息咨询服务无疑显得颇为重要。本研究对农村体育信息咨询服务的提供方式进行了调查，以初步掌握农村体育信息咨询服务的建设状况。

调查结果显示（见表2-19）：从全国来看，体育信息咨询服务在我国农村地区的开展已经具有了一定的基础，但从供给的方式来看，主要是“通过标语、墙报、体育信息宣传窗等提供”，其中，东部地区选择此项的比例高达69.5%，中部地区为44.1%，西部地区为40.0%。

表2-19　农村体育信息咨询服务提供情况（%）

	东部地区（n=600）	中部地区（n=656）	西部地区（n=608）	全国（n=1 864）
通过广播、电视提供	6.1	13.3	13.0	11.4
通过标语、墙报、体育信息宣传窗等提供	69.5	44.1	40.0	50.7
通过开展体育与健康知识培训提供	1.8	3.2	3.3	3.0
通过体育与健康知识讲座提供	3.0	1.1	1.7	1.9
其他方式	11.9	11.8	8.7	10.9
从未提供过	7.7	26.5	33.3	22.1

不难发现，我国农村基层体育信息咨询服务主要以物化媒介的方式提供，而通过专业人员开展的直接面对面的咨询服务尚且不多。虽然通过广播电视、标语等媒介进行体育健身信息的宣传有利于扩大服务的覆盖面，但是仅仅依靠“物化”形式的服务，却无法听取来自农民对体育信息需求的声音，无法满足农民真正体育健身信息的需求，也即提供的体育健身信息和服务内容不一定是农民感兴趣的、所切实需要的。

第五节 农民对农村体育公共服务的满意度现状分析

有关满意度的研究始于顾客满意度[①]。但是，对满意度的运用却不仅仅局限于企业领域。20世纪后期，新公共管理理论逐渐取代传统行政管理理论，政府绩效评估的热潮也随之兴起。作为政府绩效评估的重要内涵之一，以吸纳公民参与和建立有效的公共管理反馈机制的公共服务满意度也从理论和实践两个方面得到不断发展。公共服务满意度研究以顾客满意度研究为先导性经验，并顺应新公共服务理论而不断改进，以适应公共服务的特点[②]。有研究认为，公共服务满意度是公众接受政府所提供公共产品和公共服务的实际感受与其期望值比较的程度[③④]。

根据上述概念界定以及导论部分对相关概念的论述，本研究认为农村体育公共服务满意度，是满意度的一种，也是公共服务满意度的一种，是指农民对政府及相关体育主管部门、体育企业、体育社会组织和团体等提供的体育公共产品和公共服务所产生的感受与他们的期望值比较所产生的一种心理体验程度。对农村体育公共服务满意度调查的最终目的就是通过了解农民的意见，测评农民对体育公共服务部门所提供服务的期望与其实际感受的差距，帮助政府准确把握农民对体育公共服务的需求和愿望，为政府制定农村体育公共服务政策提供参考依据。

一、农民对农村体育公共服务的总体满意度情况

调查结果显示（图2-6）：(1) 从全国来看，我国农民对农村体育公共服务的满意度较低，有54.8%的农民选择了“不满意”，30.2%的农民

① 张鸿. 营销策划学［M］. 广州：中山大学出版社，2009：172.

② 岑国斌. 城市体育公共服务满意度及其改进研究［D］. 广州：暨南大学，2011.

③ 王文举，丁立宏. 2006年北京市城镇居民社会生活指数［M］. 北京：首都经贸大学出版社，2008：120.

④ DAVIA OSBORNE, TED GAEBLRE. Reinventing Government-how the entrepreneurial spirit is transforming the Public sec-tor［M］. MA：Addison-Wesley Publishing Company，1992.

选择了“非常不满意”。(2) 从不同地区来看，我国东、中、西部地区农民对农村体育公共服务的满意度均比较低，从“不满意”和“非常满意”的累计比例来看，我国西部地区农民对农村体育公共服务的满意度最低，累计比例为 92.1%，其次是中部地区，选择“不满意”和“非常满意”的累计比例为 85.4%，再次是东部地区，累计比例为 77.3%。我国农民之所以对农村体育公共服务的满意度低，主要是由于现阶段农民日益增长的体育需求与当前供给相对不足的矛盾所致，农民的体育需求得不到满足，对体育公共服务的满意度必然较低。以上统计数据无疑表明，当前农村体育公共服务亟待加强。这可能正是激发大多农民对开展农村体育公共服务体系建设感到必要的一个主要原因。

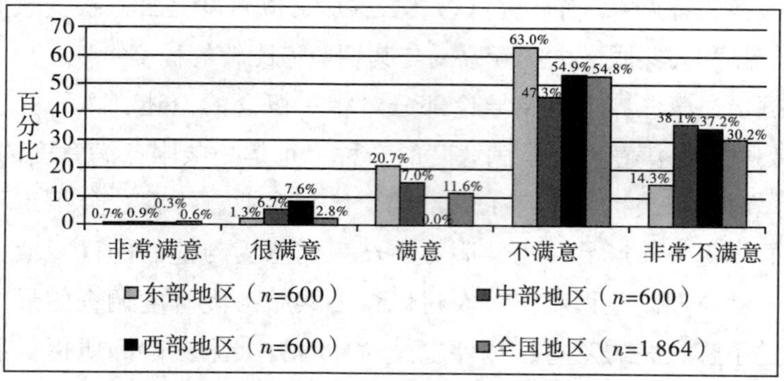

图 2-6　农民对农村体育公共服务的总体满意度

二、农民对农村体育公共服务具体内容的满意度现状

（一）农民对农村体育公共服务具体内容的满意度情况

总体来看（表 2-20），我国农民对农村体育公共服务各项内容的满意度都较为低下，从选择“不满意”和“非常不满意”的累计比例来看，“体育场地器材设施”内容选项为 81.0%，“体育组织”为 80.8%，“体育指导”为 83.4%，“体质监测”为 82.0%，“体育活动”为 77.3%，“体育信息咨询”为 85.6%。可见，无论是前述农民对农村体育公共服务的总体满意度，还是对具体内容的满意度，其满意程度均非常低。这一结果与前述农民对体育公共服务较高的需求及农村体育公共服务供给严重不足的调研结果相吻合，可以认为是农民对农村体育公共服务较高的需求与农村体育公共服务供给相对不足这一矛盾导致的必然结果。

表 2-20 农民对农村体育公共服务具体内容的满意度情况（%）

服务内容	非常满意	很满意	满意	不满意	非常不满意
体育场地器材设施	0.4	3.3	15.3	48.4	32.6
体育组织	1.0	1.8	16.4	47.5	33.3
体育指导	0.4	2.4	13.8	44.5	38.9
体质监测	0.2	2.3	15.5	42.9	39.1
体育活动	0.8	2.7	19.2	46.0	31.3
体育信息咨询	0.8	1.5	12.1	47.2	38.4

（二）不同地区、性别、年龄结构、家庭人均年收入以及文化程度的农民对农村体育公共服务具体内容的满意度情况

1. 不同地区农民对农村体育公共服务具体内容的满意度情况

农民对农村体育公共服务各项内容的满意度调查结果如表 2-21 所示。

表 2-21 不同地区农民对农村体育公共服务具体内容的满意度情况（%）

地区	服务内容	非常满意	很满意	满意	不满意	非常不满意
东部地区（$n=600$）	体育场地器材设施	0.3	6.2	20.6	55.6	17.3
	体育组织	1.7	2.3	16.3	59.0	20.7
	体育指导	0.3	3.7	16.0	55.0	25.0
	体质监测	0.3	2.3	17.0	58.7	21.7
	体育活动	1.3	3.3	22.1	58.3	15.0
	体育信息咨询	0.7	1.3	15.6	62.7	19.7
中部地区（$n=656$）	体育场地器材设施	0.9	3.4	12.2	38.7	44.8
	体育组织	0.9	1.8	10.1	44.2	43.0
	体育指导	0.6	2.4	8.3	39.3	49.4
	体质监测	0	2.7	9.2	36.3	51.8
	体育活动	0.6	3.4	11.3	39.3	45.4
	体育信息咨询	1.2	2.1	7.4	36.3	53.0
西部地区（$n=608$）	体育场地器材设施	0	0.7	13.2	51.6	34.5
	体育组织	0.3	1.3	18.4	46.8	33.2
	体育指导	0.3	1.0	17.5	39.8	41.4
	体质监测	0.3	1.6	21.2	34.5	42.4
	体育活动	0.3	1.3	15.1	51.1	32.2
	体育信息咨询	0.3	1.0	13.8	43.8	41.1

从东、中、西部地区农民选择“不满意”和“非常不满意”的累计比例来看，东部地区最低，中部地区最高。也即我国东部地区农村居民对农村体育公共服务具体内容的总体满意度要高于中、西部地区，西部地区高于中部地区。这一调研结果相较于前述各地区农民对农村体育公共服务各项内容的需求程度来看，即相较于前述中部地区农民对农村体育公共服务各项内容的需求程度高于西部地区，西部地区高于东部地区这一结果而言，体现出需求程度高的满意度低，需求程度低的满意度相对较高这一现状特点。

从东部地区来看，东部地区农民对农村体育公共服务具体内容的满意度，选择“非常满意”“很满意”以及“满意”的累计比例，体育场地器材设施服务的累计比例最高，为 27.1%，其次是体育活动，累计比例为 26.7%，体育组织、体育指导服务以及体质监测服务的累计比例分别为 20.3%、20.0%和 19.6%。其中累计比例最低的是体育信息咨询服务，仅为 17.6%。相对来说，东部地区农民对体育场地器材设施服务以及体育活动服务的满意度要较其他服务内容的满意度高，对体育信息咨询服务的满意度最低。

从中部地区来看，中部地区农民对农村体育公共服务具体内容的满意度，选择“非常满意”“很满意”以及“满意”的各项累计比例均低于东部地区，但其排序与东部地区相似。中部地区农民对体育场地器材设施服务“非常满意”“很满意”以及“满意”的累计比例也是最高，为 16.5%，其次是体育活动，累计比例为 15.3%，体育组织、体育指导服务以及体质监测服务的累计比例分别为 12.8%、11.3%和 11.9%。其中累计比例最低的也是体育信息咨询服务，仅为 10.7%。相对来说，中部地区农民对体育场地器材设施服务以及体育活动服务的满意度要较其他服务内容的满意度高，对体育信息咨询服务的满意度也是最低。

从西部地区来看，我国西部地区农民对农村体育公共服务具体内容的满意度，选择“非常满意”“很满意”和“满意”的总体累计比例高于中部地区，但低于东部地区。其中，就选择“非常满意”“很满意”以及“满意”的各项累计比例来看，体质监测比例最高，为 23.1%，其次是体育组织，累计比例为 20.0%，再次为体育指导服务，累计比例为 18.8%，选择体育活动、体育信息咨询的累计比例分别为 16.7%和 15.1%，选择体育场地器材设施服务的累计比例最低，仅为13.9%。相对来说，西部地区农民对体育场地器材设施服务的满意度最低。

2. 不同性别农民对农村体育公共服务具体内容的满意度情况

调查结果表明（表2-22），从不同性别农民对农村体育公共服务满意度方差分析的结果可知，不同性别农民对农村体育公共服务各项服务内容的满意度不存在显著性差异，P 值均大于0.05。

表 2-22　不同性别农民对农村体育公共服务内容满意度方差分析结果

	平均值		F 值	Sig.
	男	女		
体育场地器材设施	1.93	1.88	1.222	0.269
体育组织	1.92	1.87	0.901	0.343
体育指导	1.83	1.79	0.506	0.477
体质监测	1.82	1.81	0.014	0.905
体育活动	1.98	1.92	1.192	0.275
体育信息咨询	1.80	1.78	0.210	0.647

3. 不同年龄结构农民对农村体育公共服务具体内容的满意度情况

调查结果表明（表2-23），我国不同年龄结构农民对农村体育场地器材设施服务、体育组织服务、体质监测服务、体育信息咨询服务的满意度不存在显著性差异（$P>0.05$）。而不同年龄结构农民对体育指导服务（$P=0.011<0.05$）、体育活动服务（$P=0.005<0.05$）的满意度存在显著性差异。

表 2-23　不同年龄结构农民对农村体育公共服务内容满意度方差分析结果

	平均值					F 值	Sig.
	18岁以下	18—35岁	36—45岁	46—60岁	60岁以上		
体育场地器材设施	1.82	2.00	1.90	1.84	1.94	1.481	0.206
体育组织	1.82	2.01	1.91	1.83	1.88	1.769	0.133
体育指导	1.93	1.73	1.90	1.71	1.75	3.260	0.011
体质监测	1.72	1.89	1.92	1.75	1.78	2.345	0.053
体育活动	2.04	1.78	2.01	1.85	2.04	3.731	0.005
体育信息咨询	1.71	1.85	1.90	1.75	1.73	1.996	0.093

进一步多重比较后结果表明，从不同年龄结构农民对体育指导服务的满意度情况来看，18—35岁与18岁以下以及36—45岁农民在体育指导服务满意度上存在显著性差异（$P=0.019<0.05$，$P=0.045<0.05$），18岁以下与46—60岁农民在体育指导服务满意度上存在显著差异（$P=0.007<0.05$），36—45岁与46—60岁农民在体育指导服务满意度上存在显著差异（$P=0.019<0.05$）。其中18岁以下农民对体育指导服务的满意度要高于其他年龄阶段的农民，46—60岁农民对体育指导服务的满意度最低。此外，从不同年龄结构农民对体育活动服务的满意度情况来看，18岁以下以及60岁以上的农民对体育活动服务的满意度最高，18—35岁农民对体育活动服务的满意度最低。这可能与18岁以下以及60岁以上的农民业余时间相对充足有一定关系。

4. 不同家庭人均年收入农民对农村体育公共服务具体内容的满意度情况

调查结果显示（表2-24），不同家庭人均年收入的农民对体育指导服务及体育信息咨询服务的满意度不存在显著性差异，对体育场地器材设施服务、体育组织服务、体质监测服务以及体育活动服务的满意度存在显著性差异。

表2-24 不同家庭人均年收入农民对农村体育公共服务满意度方差分析结果

	平均值					F值	Sig.
	1 000元以下	1 000元至3 000元	3 001元以上至5 000元	5 001元以上至8 000元	8 000元以上		
体育场地器材设施	1.66	1.93	1.83	1.84	2.03	3.842	0.004
体育组织	1.65	1.93	1.80	1.94	1.96	2.904	0.021
体育指导	1.56	1.79	1.77	1.90	1.85	2.378	0.052
体质监测	1.52	1.81	1.78	1.93	1.84	3.306	0.011
体育活动	1.65	1.95	1.88	1.99	2.07	3.994	0.003
体育信息咨询	1.55	1.79	1.76	1.82	1.84	1.996	0.093

从对体育场地器材设施服务的满意度来看，家庭人均年收入在1 000元以下与1 000元至3 000元以及8 000元以上农民在体育场地器材设施服务的满意度上存在显著性差异（$P=0.016<0.05$，$P=0.001<$

0.05），家庭人均年收入3 000以上至5 000元与8 000元以上农民在体育场地器材设施服务的满意度上存在显著性差异（$P=0.010<0.05$），家庭人均年收入在5 000元以上至8 000元与8 000元以上农民在体育场地器材设施服务的满意度上存在显著性差异（$P=0.015<0.05$），家庭人均年收入在8 000元以上的农民对体育场地器材设施服务的满意度最高，其次分别是1 000元至3 000元、5 000元以上至8 000元、3 000元以上至5 000元以及1 000元以下者。

从对体育组织服务的满意度来看，家庭人均年收入在1 000元以下与1 000元至3 000元以及5 000元以上至8 000元农民在体育组织服务的满意度上存在显著性差异（$P=0.013<0.05$，$P=0.012<0.05$），家庭人均年收入3 000元至5 000元与8 000元以上农民在体育组织服务的满意度上存在显著性差异（$P=0.034<0.05$），家庭人均年收入在8 000元以上的农民对体育组织服务的满意度最高，其次分别是5 000元以上至8 000元、1 000元至3 000元、3 000元以上至5 000元以及1 000元以下者。

从对体质监测服务的满意度来看，家庭人均年收入在1 000元以下与1 000元至3 000元、3 000元以上至5 000元、5 000元以上至8 000元以及8 000元以上农民对体育监测服务的满意度存在显著性差异（$P=0.008<0.05$，$P=0.023<0.05$，$P=0.000<0.05$，$P=0.003<0.05$），家庭人均年收入在5 000元以上至8 000元农民对体质监测服务的满意度最高，其次分别是8 000元以上、1 000元至3 000元、3 000元以上至5 000元，1 000元以下者对体质监测服务的满意度最低。

从对体育活动服务的满意度来看，家庭人均年收入在1 000元以下与1 000元至3 000元、5 000元以上至8 000元以及8 000元以上农民对体育活动服务的满意度存在显著性差异（$P=0.010<0.05$，$P=0.005<0.05$，$P=0.000<0.05$），家庭人均年收入3 000元以上至5 000元与8 000元以上农民在体育活动服务的满意度上存在显著性差异（$P=0.014<0.05$），家庭人均年收入8 000元以上农民对体育活动服务的满意度最高，其次分别是5 000元以上至8 000元、1 000元至3 000元、3 000元以上至5 000元以及1 000元以下者。

5. 不同文化程度农民对农村体育公共服务具体内容的满意度情况

调查结果显示（表2-25），不同文化程度农民对体育场地器材设施服务、体育组织服务、体育指导服务、体质监测服务的满意度不存在显著性差异（$P>0.05$），对体育活动服务（$P=0.003<0.05$）、体育信息咨询服务（$P=0.026<0.05$）的满意度存在显著性差异。

对不同文化程度农民对体育活动服务以及体育信息咨询服务满意度进行多重比较显示：(1) 小学文化程度以下与大专及大专以上文化程度的农民对体育活动服务的满意度存在显著性差异（$P=0.013<0.05$），小学文化程度与初中文化程度农民对体育活动服务的满意度存在显著性差异（$P=0.002<0.05$），高中或中专文化程度与大专及大专以上文化程度农民对体育活动服务的满意度存在显著性差异（$P=0.024<0.05$）。其中小学文化程度农民对体育活动服务的满意度最高，其次分别是小学文化程度以下、初中文化、高中或中专文化，大专及大专以上文化程度农民对体育活动服务的满意度最低。(2) 小学文化程度相较高中或中专文化程度、大专及大专以上文化程度农民对体育信息咨询服务的满意度存在显著性差异（$P=0.009<0.05$，$P=0.021<0.05$），小学文化程度农民对体育信息咨询服务的满意度最高，其次分别是初中文化程度、高中或中专文化程度、小学文化程度以下，大专及大专以上文化程度农民对体育信息咨询服务的满意度最低。

表 2-25　不同文化程度农民对农村体育公共服务满意度方差分析结果

	平均值					F 值	Sig.
	小学文化以下	小学文化	初中文化	高中或中专文化	大专及大专文化以上		
体育场地器材设施	1.98	2.01	1.91	1.86	1.77	1.890	0.110
体育组织	2.00	1.92	1.90	1.88	1.76	1.323	0.260
体育指导	1.76	1.88	1.82	1.85	1.62	2.093	0.080
体质监测	1.65	1.89	1.85	1.83	1.76	1.711	0.145
体育活动	2.06	2.13	1.97	1.86	1.79	4.013	0.003
体育信息咨询	1.75	1.96	1.80	1.76	1.66	2.768	0.026

总体而言，从表 2-25 中不同文化程度农民对农村体育公共服务各项内容满意度的均值结果比较发现，文化程度越高的农民对农村体育公共服务各项内容的满意度相对较低，随着学历的提高，总体满意度呈现降低的趋势。这可能是因为文化程度高的农民对体育公共服务的要求更高，

对体育公共服务各项内容的需求也更高（如前文相关调研结果所析）。这一点，在大专及大专以上文化程度农民身上得到了集中体现。

第六节　农村体育公共服务现状问题审视

从上述现状调查结果不难发现，目前我国农村体育公共服务总体上处于一种需求相对较高而实际供给相对不足的状态。尽管当前农民对农村体育公共服务建设必要性的认知情况较好，对农村体育公共服务的需求程度也较高，体现了一定的群众认知及民生需求基础，但是现实中农村体育公共服务的供给却并不充足，调查中选择“完全没有”的人数比例相对较高，这无疑与农民较高的需求状况反差明显，也决定了当前农民对其满意度低的必然事实。

诚然，把握上述农村体育公共服务的现状对现今农村体育公共服务及其体系建设不无意义，但更为关键的恐怕还是要通过现象挖掘本质，深入透析上述现状背后的深层次问题，这乃本研究的重要价值诉求之一。从实质来看，农村体育公共服务建设，即是供给主体提供农村体育公共产品和服务，以此满足农民体育需求的一个过程。上述调研结果所反映出来的一些现状，即是当前我国农村体育公共服务建设过程的表征呈现。在一定意义上而言，前述调研结果呈现的农民对农村体育公共服务的需求程度较高、满意度较低等现状，实际上是目前处于主导地位的农村体育公共服务供给相对不足的一个反映。因为，相对于目前农民对农村生产服务、教育服务、医疗保障服务等更为迫切的现实需求而言，当前农民对体育服务的需求无疑还显得相对次要，这也决定了农村体育公共服务目前更多的是依靠“供给”而非“自给”的现状和事实。鉴于此，就农村体育公共服务建设的实质，并结合当前我国农村体育公共服务由“供给主导”的实际，课题组将根据上述我国农村体育公共服务现状，以及调研访谈中了解到的农村体育公共服务建设的现实困难，欲从农村体育公共服务供给主体、供给内容、供给方式以及供给保障等四个方面，来审视我国农村体育公共服务建设中存在的主要问题①。

---

① 胡庆山，方千华，张铁明，等．迈向体育强国的农村体育公共服务体系建设[J]．上海体育学院学报，2011，35（5）：12-17．

一、农村体育公共服务供给主体单一、现有主体间权责不清

一方面，目前农村体育公共服务供给主体单一。就当前我国农村公共服务产品的供给主体而言，正如前文在分析农村体育场地器材设施经费来源问题时所指出，囿于农村经济基础长期薄弱，其自给能力相对自然低下，而农村公共服务投入的非回报性和弱影响力使得社会组织和企业等不愿提供无偿的公共服务，导致农村公共服务的供给主体往往仅是各级政府部门，且供给的内容主要局限于农村的水利基础设施、劳作设施、医疗保障等事关农民生产生活"头等需求"的大事上。对于当前农村体育公共服务的供给来说，社会组织和企业等一般不愿参与提供不能带来直接经济效益的农村体育公共服务产品，而农村体育公共服务的巨大需求缺口使得其社会效益也难以迅速彰显。农民自身往往是在考虑对衣食住行等基本需求投入的基础上，才会考虑对体育健身需求的投入，这无疑是"经济基础决定上层建筑"规律之使然。且根据课题组调研访谈了解到，农民在对修建公共体育健身设施等的投入上，往往限于一种"愿意投入但没钱"的尴尬境地。因此，对于农村体育公共服务的投入一直也只能是由政府来承担。这不仅从前述调研结果的分析中得以显现，而且从近年来国家实施"农民体育健身工程"所采用的"国家财政拨款＋地方政府配套"的投入模式上可见一斑。

无须讳言，在农村体育公共服务产品的投入上，目前我国这种政府单一供给模式只能是权宜之计，从长远来看应该得以改革，这与公共服务的社会化相悖，不符合形成多元主体供给模式的应然要求。这是因为，从当代世界范围内国家行政管理改革的实践趋向来看，政府的行政管理职能逐渐得以弱化，由"管理"转向了"服务"，注重政府的服务功能已经成为全球尤其是西方发达国家政府行政改革的主题曲。而从世界各国公共服务改革的过程来看，公共服务社会化则是一个较有共性的发展趋势。所谓公共服务社会化，就是根据不同公共服务项目的性质和特点，以社会需求为导向，鼓励各种非营利组织和社会公众参与兴办公益事业和社会服务，形成以政府为主导，各种社会主体共同参与的公共服务供给格局①。也即政府不再是公共服务的唯一提供者。就我国政府职能的转

① 孙晓莉. 公共服务社会化［EB/OL］（2008-01-02）［2021-12-21］. http://www.china.com.cn/xxsb/txt/2008-01/02/content_9469570.htm.

变过程来看，计划经济时期我国政府的行政管理职能无疑颇为明显，而随着市场经济体制改革的进行，我国政府职能也相应发生了转变，这从21世纪以来我国政府多次强调要强化政府公共服务职能、构建服务型政府中可见一斑。众所周知，长期以来我国社会公共事业的投入主要是由我国政府承担，政府几乎是公共服务的唯一提供主体，这无疑是计划经济体制下高度集权管理模式的必然化产物，而且就我国国情而言，自然不乏其一定程度上的合理性。然而，市场经济体制下社会资源的配置方式已由政府配置为主逐渐转向以市场配置为主，资源配置方式的转变使得社会事务的分类标准发生了巨大变化，从而导致包括政府在内的社会组织功能的分化和重组，这对长期以来社会事务处理中的政府“大包干”模式提出了严峻的挑战。此外，从政府提供公共服务的能力来看，政府能力的有限性和公共事务的广泛性使得政府没有必要、也没有能力来独自承担并供给全部的公共服务产品，即使可行，无疑也颇为低效。现今所呈现出来的公众对公共服务产品需求的不断增大与政府供给相对不足之间的矛盾日益突出即是有力的证明。因此，建立一种由政府主导、社会和公众广泛参与的多元供给主体格局，已成为现今服务型政府建设进程中的必然诉求。而农村体育公共服务供给主体的多元化也是突破现有政府单一供给主体困境的必然与必须之路。

另一方面，农村体育公共服务供给主体间权责关系不清。如前文所分析，目前我国农村体育公共服务的供给主体主要是各级政府。而现实中，就我国而言，现今农村体育公共管理和公共服务主要是国家依托县（市）及其所属乡镇政府组织和体育事业单位来实现的。也即，农村体育公共服务当前的直接提供主体是县（市）及其所属乡镇政府体育机构和组织。从县、镇两级政府在管理地方体育事业所承担的财权、事权关系来看，其存在运作机制上的矛盾。依据《中华人民共和国宪法》的规定，中国地方行政建制大致分为三级，即省（自治区、直辖市）、县（自治县、市）、乡（民族乡、镇）。我国现行省级以下政府在行政管理体制改革中出现了行政事权与财权脱节的矛盾。有研究指出，近年来省以下政府的财权划分模式与事权划分模式出现了两相背离的格局，省以下政府层层向上集中资金，基本事权却有所下移，特别是县、乡两级政府，履行事权所需财力与其可用财力高度不对称，出现“财权在上、事权在下”

的局面[①]。这一状况在县、镇二级政府在管理地方体育事业所承担的财权、事权关系上也得以体现。《中华人民共和国体育法》第四条规定："县级以上地方人民政府体育行政部门主管本行政区域内的体育工作。"另外，《中华人民共和国体育法》《全民健身计划纲要》《2001—2010年体育改革与发展纲要》等重要文件都规定，县级以上人民政府应当把体育事业经费、基本建设资金列入本级财政预算和基本建设投资计划，并随着国民经济的发展逐步增加对体育事业的投入。可见，县级政府既有管理农村体育的事权，也有财权，是农村体育事业经费投入的主体。而乡、镇一级政府在此方面的职能划分却不一样。根据2004年10月27日第十届全国人民代表大会常务委员会第十二次会议重新修订的《中华人民共和国地方各级人民代表大会和地方各级人民政府组织法》第六十一条规定，乡、民族乡、镇的人民政府有执行本行政区域内的经济和社会发展计划、预算，管理本行政区域内的经济、教育、科学、文化、卫生、体育事业和财政、民政、公安、司法行政、计划生育等行政工作的职权。即从法律上明确了乡镇政府具有承担农村体育发展的职责，赋予了乡镇政府管理农村体育的事权。但是，现有相关法律和法规却未赋予其财权。从上述分析中不难发现，县、乡两级政府管理地方体育事业所承担的财权、事权尚未厘清，乡镇政府承担农村体育发展的财权与事权不统一，处于有事权而无财权的被动境地，这无疑会影响其开展基层农村体育公共服务工作。

二、农村体育公共服务供给数量不足、内容单调、区域间不平衡

第一，农村体育公共服务产品供给数量严重不足。诚如前述调研结果所反映，我国农村体育公共服务的总体供给情况令人担忧，被调查的农民选择"不充足"和"完全没有"的人数比例合计高达71.7%，其中45.3%的农民选择了"不充足"，26.4%的农民认为"完全没有"。在农村体育公共服务产品的投入上，无论是体育场地器材设施，还是体育指导、体育组织、体育活动、体质监测、体育信息咨询等方面，其供给的

① 徐瑞娥. 完善县乡财政体制的观点综述 [J]. 经济研究参考，2004 (63)：40-45.

充裕程度均严重不足，与前述农民对农村体育公共服务的需求意愿形成了鲜明反差。从当前农村体育公共服务供给存在巨大缺口的表象来看，与其联系最直接的无非是“财力不足”的问题，或者说在目前农村体育公共服务投入主要以国家和政府为主的现实状况下，当前国家的有限财力是导致农村体育公共服务产品供给数量不足的直接原因。诚然，这一现状及原因的背后无疑具有更为深刻的历史及社会成因。如我国农村经济基础长期薄弱、农村人口众多、农村地域辽阔，以及当前农村对医疗、教育、社保等头等民生服务的迫切需求等，必然会导致国家在农村体育公共服务产品的投入上呈现出“财力相对不足”的状况。然而，在此之外，国民的体育意识及政府相关部门的政绩观不乏是另一重要原因。一方面，如果全民的体育意识增强了，人们真正把体育作为其不可或缺的生活方式得以确立，那么我国体育公共服务的供给就不会再以“政府供给”为主的方式存在，更多的会呈现出“他给”“自给”等多元化的状态，这也必然能缓解体育公共服务产品供给不足的困境。另一方面，正如众多媒体曾呼吁和披露，我国对竞技体育的投入远远超过对大众体育的投入，要加大对群众体育和全民健身事业的投入力度①。在这里没有必要深究我国对竞技体育的投入是否超过对大众体育的投入这一问题，但在这一问题的背后，呈现的却是我国政府相关部门的政绩观，即是追求看得见、摸得着的政绩工程和金牌效应，还是致力于凸显民生本位但施政绩效却难以迅速彰显的群众体育。而对于需求缺口巨大、投入力度和难度更大、政绩效应更难凸显的农村体育公共服务的投入而言，其考验无疑更为严峻。

第二，农村体育公共服务产品供给内容单调。从近年来我国对农村地区所开展的具体服务内容来看，现阶段我国农村体育公共服务主要是以农村体育基础设施建设为抓手进行开展，而对其他方面如宣传动员服务、健身指导服务和体质监测服务等内容重视程度不够。不可否认，随着“雪炭工程”“农民体育建设工程”等务实举措的施行，我国偏远地区和基层农村体育基础设施建设的状况得到了很大改善，取得了令人欣喜的成绩。但是，仅仅开展农村体育基础设施服务诚然不能解决根本问题。

① 光明日报. 全民健身和竞技体育齐步走［EB/OL］.（2011-01-11）［2021-08-21］. http://theory.gmw.cn/2011-01/11/content_1534997.htm.

因为这种有形的农村体育公共服务虽然容易被人们所察觉并带来显著的政绩效应①，但是其只能在一定程度上改变过去农村体育基础设施建设相对落后或根本没有体育设施的状况②，而无法从根本上促进广大农民体育生活方式的形成和农村体育的蓬勃发展。这是因为，农村体育的现实发展状况低迷并不是由农村体育基础设施发展程度差直接造成的，或者说农村体育基础设施建设落后并不是造成当前农村体育发展相对滞后的最根本原因。课题组在前期相关实践调研中发现，有些经济基础较薄弱且根本没有现代体育设施的村落，其民族民间体育活动和大众健身活动的开展却有声有色，而有些经济基础相对较好且建有一些篮球场等体育设施的村落，其参与体育健身活动的人数却并不多，不少体育设施成了摆设甚至遭到了人为破坏或发生了自然锈蚀。此外，在一些建有体育场地设施的村落，即使是在非农忙季节，广大农民尤其是中青年农民去打纸牌和搓麻将的人数多，而利用这些健身设施来锻炼的人数却寥寥无几。因此，解决农民的体育意识和健身意识问题也许比目前加大对农村体育基础设施建设的投入还要显得紧迫和重要。尽管前述调研结果显示，当前农民对体育场地器材设施的需求最为迫切，排在第一位，但是随着“农民体育健身工程”等措施的大力推进，农村体育公共场地器材设施的相继建立和完善，体育组织、体育健身指导、体育活动等问题可能在日后会变得更为突出，这无疑值得相关决策者在农村体育公共服务及其体系建设的规划设计中提前予以考虑并做出预期安排。

第三，农村体育公共服务产品供给区域间不平衡。根据前面对不同地区农村体育公共服务供给的现状分析结果可知，我国农村体育公共服务产品的供给呈现出明显的区域差异，经济相对发达的东部地区在体育场地器材设施服务、体育活动服务、体育指导服务、体质监测服务、体育信息咨询服务等内容的供给上均要明显好于中、西部地区。事实上，我国东、中、西部地区农村体育公共服务供给呈现出来的不平衡现象，也即是对我国东、中、西部地区经济社会发展不平衡现状的一种折射。

① 胡庆山，王健. 农村体育公共服务供给的价值审思与现实困境 [J]. 上海体育学院学报，2014，38 (4)：20-24.

② 胡庆山，王健. 新农村建设中发展“新农村体育”的必要性、制约因素及对策 [J]. 体育科学，2006，26 (10)：21-26.

因为，现阶段国家实施的一系列惠农体育工程，如“农民体育健身工程”，其实施往往采取的是“中央＋地方”配套的方式得以开展，而地方的资金投入则主要来自地方体育彩票公益金和地方政府的自筹资金。可见，农村体育公共服务产品中有很大一部分为地方性体育公共服务产品，多由地方政府供给，地方农村体育公共服务的发展状况也就与地方经济社会的发展水平高度相关。因此，就造成我国农村体育公共服务产品供给呈现出严重的区域不平衡，经济较为发达的东部地区农村体育公共服务产品的供给状况以及供给范围要明显优于中、西部地区。从某种程度而言，发展不平衡可以说是人类社会发展史上一个较为普遍的客观现象，无论是古即今，是中或西，发展不平衡始终在全球人类社会的发展过程中广泛存在。因此，必须客观辩证地、历史地、全面地来看待我国区域间的发展不平衡，包括农村体育公共服务供给区域发展不平衡的问题。自改革开放以来，东部沿海地区利用其特殊的地理及资源优势，在国家相关政策的支持下积极参与国际社会分工与合作，其区域经济得到了飞速发展，经济社会发展的现代化程度也日益高于中、西部地区。但是，随着国家西部大开发、中部崛起等一系列战略决策的进一步施行，东、中、西部区域间经济社会发展的差距也必然将逐步缩小，而且，追求区域平衡发展也是党的十八大以来中国梦的重要组成部分。因此，现今我国农村体育公共服务供给所呈现的区域发展不平衡现象也是一种必然，其问题的解决还必须随着我国经济社会平衡发展的步伐逐步得以实现。

三、农村体育公共服务供给方式单一、制度内外供给失衡

由于农村体育公共服务投入的非直接回报性，在其投入后经济和社会效益难以彰显的背景下，农村体育公共服务市场化和社会化改革的条件目前也难以形成，现今我国农村体育公共服务基本采用的是“自上而下”的政府直接供给方式。该方式的特点即是行政色彩浓厚，农村体育公共服务产品主要依赖于政府生产、政府提供。在现有政绩考核制度下，“自上而下”的供给方式，往往容易使各级政府热衷于有形的、能够留下政绩痕迹的、有考核指标依据的体育场地器材设施的供给，而忽视对其他可能需要投入更多时间、精力、物力、财力，但其效果和影响可能更难以呈现的服务内容的供给，这也许是造成前述农村体育公共服务产品供给内容单调的一个重要原因。

诚如一个问题的两个方面，农村体育公共服务“自上而下”的单一供给方式可谓是制度内外供给失衡的必然产物。根据相关研究①，农村公共物品的制度内供给是指在现行财政管理体制下的预算财政和预算财政外的政府财政供给，供给的主体是政府，供给成本的分摊方式是通过政府预算收入进行，该供给方式具有强制性。而农村公共物品的制度外供给则是指制度内财政方式之外的其他供给方式，主要包括公共物品的制度外财政供给（如乡镇企业上缴利润、管理费、乡镇统筹、各种集资和捐款、各种罚款收入等非预算性融资，具有指令性）和民间供给（如民间捐款、集资、摊派等非政府性融资，具有自愿性）。一方面，由于基层农村公共事务繁多，如农村水利设施、公共卫生、医疗、教育、道路交通等，这些事关农民生计的大事目前尚未能很好解决，那么对体育公共服务的投入则自然被边缘化了。而且，随着近年来农村税费改革的施行，农民被免征农业税之后，基层政府的财力收入相对于其需要投入的农村公共服务事业而言，则更加显得捉襟见肘。因此，如果说基层政府能够通过乡镇统筹、收取乡镇企业利润等获取一定的制度外财政收入的话，那么在其对农村公共事务的投入上，必然会规划再三，把有限的财力用于农民急需解决的如医疗、教育、道路交通等头等农民急需的民生大事上。另一方面，诚如前文所指出，囿于农村体育公共服务投入的非直接回报性和其经济社会效益难以彰显等因素，民间资本也不愿投入，而作为农民自身来说，在其当前经济生活条件尚不富足的情况下，也不愿或者根本没有能力投入农村体育公共服务建设（如调查访谈中所了解，即使表达愿意投入的农民，也多处于一种愿意但没钱的尴尬境地）。因此，鉴于上述两个方面，当前农村体育公共服务的供给则只能是或者说主要是依赖于制度内供给。而作为农村体育公共服务制度内供给的主体——基层农村政府而言，其显然只能是“有多少钱，办多少事”，根据上级财政拨款量体裁衣，把有限的财力投入到能够带来社会效益、政绩效益的，且符合国家文件精神要求的农村体育场地器材设施的建设上去。因此，在农村体育公共服务制度内供给与制度外供给严重失衡的情况下，基层农村体育公共服务的供给显然还达不到“按需分配”的程度，注定其必

---

① 田永芳．我国农村公共物品的制度外供给分析与政策创新［D］．西安：西北大学，2006．

然选择“自上而下”的供给方式。

四、农村体育公共服务建设资金不足、体制机制不完善、法律法规欠缺

第一，农村体育公共服务建设资金不足。诚如前文在分析农村体育公共服务活动经费投入时所指出，在课题组所调查访谈的多个乡镇中，大多乡镇人均体育事业经费只有0.5元左右，该经费很大比例还要用于乡镇文体站工作人员的财政工资补贴，最终用于组织体育活动的经费相当有限，除“农民体育健身工程”等专项资金用于修建有限的体育场地器材设施外，对农村体育公共服务其他活动内容的开展基本上很难给予经费支持。农村体育公共服务建设经费不足的原因是多方面的，如农民由于自身经济条件所限造成的自身投入不足、各级政府由于有限的财力和公共事务的多面性造成对农村体育公共服务投入不足、农村体育公共服务投入的非直接回报性导致的制度外投入条件不具备等。现阶段农村体育公共服务的资金来源主要是体育彩票公益金和上级政府拨款，也即在很大程度上主要依赖于上文所分析的制度内供给。农村体育公共服务资金来源主体单一，这也促使了基层农村体育公共服务建设对国家和上级政府投入的严重依赖性。当然，正如前文所分析，在制度外供给条件尚不成熟的条件下，这一现状也是客观的。同时，这也决定了要解决我国农村体育公共服务建设资金的筹集问题，无疑将是一个长期而艰巨的任务。

第二，农村体育公共服务体制机制不完善。农村体育体制一般由农村体育机构和规范构成，其中体育机构是载体，规范是核心。农村体育公共服务即是现有体制下政府职能的一种体现。从现有机构设置来看，农村体育工作机构不健全，目前县以下的行政机构中管理体育的部门甚少。就地方农村体育管理体制而言，伴随着21世纪以来我国基层政府改革的浪潮，基层农村体育管理机构的改革力度虽然较大，但是其服务职能却似乎并未得以凸显和加强。从现行地方政府体育管理机构设置来看，前一时期为了贯彻国家精简机构的政策要求，达到国家规定的硬指标，不少县（市）和乡（镇）撤销了原有的专门体委部门，而将其置于文化部门、教育部门或卫生部门等，例如地方政府体育管理部门的名称大多变为了县一级的文体局、教体局、乡（镇）一级的文体站或广播文化体

育服务中心等，其实际工作往往是“文多体少”。为何县（市）、乡（镇）二级政府部门要减少体育管理部门的设置呢？主要是为了贯彻国家精简机构的政策，达到国家规定的硬指标，其最好的方式就是把当前未引起人们重视的文化部门、体育部门等机构合并重组，对经济管理部门重点支持，因为这样更容易抓好经济建设，取得政绩，得到上级的认可，实际上无形中陷入了“以政绩为本”的“经济锦标”的误区①。这种农村体育不受重视的现状是农村体育的一大难题，即有些学者所言的“由政府特别是基层政府重视程度不够所导致的投入和扶持力度不足的难题”②。在基层农村体育现有机构设置尚不健全的情况下，就更不用说其规范的建立了。

作为当前基层负责开展我国农村体育工作的县（市）、乡（镇）二级政府，县（市）一级的政府管理部门主要是县（市）体育局或文体局，乡（镇）一级主要是设置的文体站或工作站。调研中发现，乡（镇）文体站的设置率一般较为普遍（并不代表其经费和人员充足，更多的是一种挂牌现象），但到行政村一级，只有少数部分村落建有初级的体育组织，且其发挥的组织管理作用也非常有限。我国绝大多数行政村都未建立专门的村落体育管理机构，也没有专职负责体育工作的人员，有些村落其体育方面的管理工作大都由村长或其他村干部临时兼任，而少数设置村级体育管理机构的村落，其管理组织工作也未常规化开展，形同虚设。

除了体制上不健全之外，农村体育公共服务的运作机制也存在严重问题。农村体育公共服务的运作机制是农村体育公共服务体系中各要素之间的相互关系及其作用方式③。农村体育公共服务的运行离不开良好的运作机制。从当前我国农村体育公共服务的运作机制来看，存在着较为严重的运作机制不畅和不全的问题。例如前文在分析农村体育公共服务供给主体权责不清的问题时，所论析的农村体育公共服务各级管理机构

---

① 王健，胡庆山．以人为本：农村体育“科学发展”的新理念［J］．北京体育大学学报，2005，28（12）：1602-1609.

② 吕树庭，王铮，张宏，等．流动人口：社会体育的新课题［J］．广州体育学院学报，2003，23（1）：1-4.

③ 胡庆山，方千华，张铁明，等．迈向体育强国的农村体育公共服务体系建设［J］．上海体育学院学报，2011，35（5）：12-17.

和主体间财权、事权划分不清的现象，及其所折射出的各主体间关系不顺和运行机制不畅的弊端。

此外，农村体育公共服务的需求表达、监督和绩效评价机制也尚未建立。经前期研究及实地考察，发现目前存在的问题主要有：首先，没有基于基层农民的体育需求“自下而上”地提供服务。各级政府及其职能部门自上而下地决策，其供给的总量、结构和程序由上级组织按照政策规定的形式下达，带有很强的指令性，而上级部门考虑更多的是供给主体的利益和社会效益，较少考虑作为服务对象的农民的实际需求。其次，上级体育管理部门和基层村级管理部门的联系和沟通不足。主要表现在以下几个方面：（1）村级部门的意见和建议基本上没有被上级主管部门采纳，大部分村级干部都认为相关体育主管部门没有理会自己提出的意见；（2）上级主管部门对基层村落体育事业的发展情况了解不够，不能针对基层村落发展的具体情况实施管理。再次，村级管理部门与农民的互动不足。主要原因有：（1）农民的体育健身观念和参与体育锻炼的意识等还未真正地改变和提高，绝大多数农民只是被动地接受服务，没有意识到自己可以主动地向村委会或上级体育主管部门表达自己的意见，也即农民没有意识到维护自己的体育权益。（2）相关部门也没有主动地与农民沟通，更没有为农民提供表达平台，从而导致基层农村体育公共服务的供给完全取决于上级部门的价值偏好，而不能以农民真正的体育需求为导向。最后，缺乏监督机制和绩效评价机制。处于转轨时期的我国农村体育公共服务，由于行政体制改革滞后和法制建设的不完善，导致其缺乏有效监督。而囿于基层农村体育发展对于农村经济发展尚无直接和显著的促进作用，导致其难以引起基层政府和相关管理者的足够重视，在地方社会发展的绩效评价中将其视为一个可有可无的指标，最终造成我国基层农村体育发展绩效评估机制的缺失。

第三，农村体育公共服务法律法规保障有待加强。在我国，公民均有享受体育活动的权利和义务，依法享有平等的体育运动权利。然而要更好地和真正地实现广大人民群众能平等地分享我国公共体育事业建设的果实，尤其是保证包括基层农民群众也能分享成果，则需要制定相关的法律法规给予保障。目前我国相关体育法律保障还比较缺乏，虽然近几年体育法制建设也取得了一定的进步，间接促进了农村体育公共服务建设，但体育公共服务的法制化程度仍然较低，各种制度建设仍不够健全，体育法制建设相对滞后已成为不容争辩的事实。我国现行的专门性体育法律只有一部《中华人民共和国体育法》，而且其条款设置的弹性较大，约束力也较弱，其中对农村开展体育活动作了简单要求和说明，但是未曾对广大基层农民的体育健身给予说明和规定。再从《全民健身计划纲要》以及 2009 年 10 月 1 日起施行的《全民健身条例》来看，虽然二者均有关于农村、农民体育的相关规定和要求，但大多是一些原则性的规定，都没有涉及农民体育发展的具体内容，也没有指出违反规定和条例的相应措施。此外，通过调查访谈还发现，我国市、县、乡镇，关于农村体育及其公共服务建设方面的配套法规、文件、制度非常欠缺，到村一级，关于农村体育及其公共服务建设方面的配套规定、文件、制度等几乎为零。不可否认，我国农村体育政策法律法规体系建设明显滞后的现状，必然会影响我国农村体育事业的发展和农村体育公共服务体系的建设。因此，现阶段我国要尽快建立和健全农村体育发展的相关法律法规体系，尤其是对基层农村体育的组织管理、体育经费投入及体育骨干的培训与管理等出台具体条款和细则，并制定相应的措施，从而保证基层农村体育工作有章可循、有法可依。

本章小结

通过前述现状调研结果不难发现，虽然目前我国农村体育公共服务建设在农民群体中具备了一定的认知和意愿基础，农民对农村体育公共服务的需求程度也较高，但是现实中农村体育公共服务的供给却并不充足，农民对农村体育公共服务的满意度也较低。从某种程度上来看，在当前我国农村体育公共服务由“供给主导”的实际境况下，农民对农村体育公共服务的需求程度较高、满意度较低等现状，实则是目前处于主导地位的农村体育公共服务的供给相对不足的一个反映，而前述现状背后折射出的也正是农村体育公共服务在供给主体、供给内容、供给方式以及供给保障等方面所存在的深层问题。

诚然，由于受我国农村人口众多、基础薄弱、国家和政府财力相对有限等历史及现实条件的制约，导致农村公共服务实践在我国起步较晚，而农村体育公共服务从某种程度上来说则尚属于新生事物，新生事物的产生和发展过程必然是艰难曲折的[1]，因而，现阶段我国农村体育公共服务发展过程中呈现的前述问题也是必然的、客观的。

经济基础决定上层建筑。农村体育公共服务建设说到底乃是人财物的投入问题[2]，这无疑是农村体育公共服务建设的“实体”要素。而当前农村体育公共服务体制与机制不健全，无疑则是影响人财物供给及其运行的关键性问题，恰似农村体育公共服务建设的“两翼”。因此，要深入研究农村体育公共服务问题，构建农村体育公共服务体系，在把握农村体育公共服务上述现状的基础上，无疑有必要对农村体育公共服务建设的“一体两翼”（上述所言“实体”人财物及体制与机制这“两翼”）做出进一步的深入探究。

① 田雨普. 农民体育发展战略研究［M］. 南京：南京师范大学出版社，2009.

② 该观点得益于北京体育大学任海教授、靳英华教授、肖淑红教授等专家在笔者博士后出站答辩中给予本人的启示，在此表示感谢。

第三章　人财物：农村体育公共服务建设的实体

人财物是农村体育公共服务建设最直接的根本性保障，是其核心和实质性问题，也是本研究不容回避的一个问题。从某种程度上而言，人财物可谓是农村体育公共服务建设的“实体”要素，其中人力是根本、财力是保证、物力是基础，三者缺一不可。

一是人力。人力是农村体育公共服务建设的主体性资源。农村体育公共服务建设最终是为了人，也离不开人。本研究所言的人力，并非完全指个体意义上的人，同时也是农村体育公共服务建设的主体。结合我国农村体育公共服务建设的实际以及农村体育公共服务建设主体的未来发展趋势，这里的人力乃指农村体育公共服务建设的多元主体，主要包括政府、市场、非营利组织和志愿组织以及农民。这些多元主体既是农村体育公共服务建设的人力资源，也是农村体育公共服务的供给主体，是开展农村体育公共服务建设的根本。这是因为：第一，无论农村体育公共服务建设对人力、物力以及财力需求的比例如何不同，人力要素均为不可或缺，否则农村体育公共服务建设将失去其建设的主体；第二，从生产力的结构要素来看，人力可谓是具有生产技能的劳动者运用劳动工具来作用于劳动对象，劳动者是主导方面，而劳动工具从简单的石器到现代的精密仪器，都是人所创造的物力要素，并为人所驾驭使用，这也说明人力是根本性的要素；第三，人力是一种居于主体地位的能动性资源，通过对人的管理，使得“人与事配合，事得其人，人尽其才”，从而实现社会效益的最大化[①]。可以认为，人力是农村体育公共服务建设的主体性资源，也是根本性资源、最重要的资源。

① 王效昭，赵良庆．现代企业管理学［M］．合肥：安徽人民出版社，2008．

二是财力。财力是农村体育公共服务建设的资金保证。财力是国民经济活动中各种货币资金的统称，主要包括财政资金和银行信贷资金两个方面。资金是生产的要素，在物质生产中需要投入资金、设备、原材料、劳动力和技术等各种生产要素。其中，资金在诸要素中起着特殊的作用①。农村体育公共服务建设的财力来源，不仅包括各级政府的资金投入以及社会组织和企事业单位、个人等的捐赠，还包括行政村的资金投入以及农民自筹资金等。无须讳言，农村体育公共服务建设，必须要有一定数量的资金支持，然后用资金来筹备其他生产要素，如体育场地器材设施、体育活动、体育指导、体质监测等，并把这些要素按一定比例和一定方式结合起来，满足农民对体育公共服务的需求。财力在农村体育公共服务建设中具有重大的影响和作用，不仅资金短缺会对农村体育公共服务建设造成严重的影响，而且资金投入的多少对农村体育公共服务建设的规模及效益等方面亦起着决定性作用。

三是物力。物力是农村体育公共服务建设中物质和技术类的实体性要素，是农村体育公共服务建设的基础。农村体育公共服务建设中的物力，狭义而言，仅局限于农村体育公共服务产品供给中的实物性资源，如体育场地器材、体质监测车等；广义来看，则主要体现为农村体育公共服务的各类实体性服务产品，如援建的体育场地器材设施、举办的各类体育活动、建立的各种体育组织、开展的体质监测、提供的健身指导和体育信息咨询等各类实体性的产品和服务。本研究所言的物力主要倾向于广义上的物力。农村体育公共服务建设中的物力投入，直接关系到农村体育公共服务的质量和效果，也决定着农民最终享受到哪些、享受什么样的农村体育公共服务。诚然，农村体育公共服务物力投入充足与否，与前述人力、财力的投入有着密切的关系。

第一节　农村体育公共服务建设中的人力要素分析

农村体育公共服务建设的人力要素，一般而言，理应包括政府、市场、非营利组织和志愿组织以及农民。其中，政府代表着公共权力，拥有农村体育公共服务建设中“最庞大”的人力资源，也是现阶段我国农

① 任定方，张存禄. 国民经济管理教程［M］. 西安：西北大学出版社，1989.

村体育公共服务最主要的供给主体；市场是农村体育公共服务建设中“最自由”的人力资源，是除政府以外的辅助供给主体；非营利组织、志愿组织是农村体育公共服务建设“最无私”的人力资源，是农村体育公共服务建设的自愿供给主体；农民是农村体育公共服务的需求主体和享用主体，是农村体育公共服务建设中“最广泛”的人力资源，也是现阶段农村体育公共服务建设的补充供给主体。正如前一章在分析农村体育公共服务供给主体单一这一问题时业已指出，在现今农村体育公共服务建设中，主要以政府为主导性力量予以开展，而以市场、非营利组织和志愿组织以及农民等主体为补充。然而，随着我国城乡社会一体化进程的推进以及农村公共服务社会化程度的提高，后三者的主体力量在未来农村体育公共服务建设中的作用亦不容忽视。

一、农村体育公共服务建设的人力要素之一——政府

政府一般指中央和地方的各级行政机关[①]。在我国，人民政府顾名思义即是代表纳税人的利益并为广大人民服务的公仆。因此，政府对现今公共事业及公共服务体系建设承担着不可推卸的责任和义务[②]。而且，以上特点也决定了政府具有依靠公共权力处理公共事务的先决条件和优势。

体育事业是我国社会主义事业的重要组成部分，政府诚然应该在公共体育事业建设中发挥应有的作用[③]。在目前我国大力加强服务型政府建设、努力构建公共服务体系的背景下，政府体育职能应该由过去的行政管理转向公共服务，其职能应更多地体现为体育公共服务产品的提供者和管理者[④]。尤其是就农村体育公共服务建设而言，对于这类目前尚不具备市场供给条件且农民自身供给又相对不足的基层的、基本的体育公共服务，政府应该处于绝对的主体地位。因此，目前政府有责任、有义务来承担重任并提供农村体育基本公共服务。

---

① 汪玉凯．公共管理［M］．北京：中共中央党校出版社，2003．

② 李学香．我国农村公共服务体制创新研究［D］．曲阜：曲阜师范大学，2013．

③ 时震雨．我国农村体育管理体制研究［J］．体育成人教育学刊，2012，28（5）：1-4．

④ 白晋湘．从全能政府到有限政府：市场经济条件下政府体育职能转变的思考［J］．体育科学，2006，26（5）：7-11．

值得指出的是，任何政府的能力都是相对的、有限的，因此世界上任何国家的政府都可谓是有限政府。政府的有限性决定了其公共服务供给的层次和范围，作为一个历史性的农业大国，目前我国对农村公共服务的供给主要体现在基本公共服务层面。在农村体育公共服务领域，我国政府目前也只能是提供基本的体育公共服务。而在当前我国农村体育公共服务基础薄弱、需求缺口巨大的现实背景下①，政府应该提供什么类型的体育公共服务产品呢？根据相关研究，就体育公共服务特征来看，可以将体育公共服务划分为纯体育公共服务和准体育公共服务。纯体育公共服务是指具有非竞争性和非排他性的体育公共服务，如体育法律法规、方针政策的制定、体育公共设施的建设、体育外交和体育行政管理等。政府组织是纯体育公共服务的主要供给主体，动用公共财政，消耗公共资源。准体育公共服务是指不同时或不完全具有非竞争性和非排他性的体育公共服务，如职业体育的经营管理、休闲健身俱乐部的经营管理、一般体育设施的建设、体育经纪人和社会体育指导员的培训等。政府组织、企业组织、非营利组织和社区组织共同构成准体育公共服务的供给主体，导入竞争机制，充分利用社会和市场的资源②。据此可见，在目前我国农村体育公共服务领域市场机制引入条件暂不具备的情况下，政府及其相关组织以承担纯体育公共服务的责任为主，如政府有关农村体育公共服务建设的立法、制度供给、政策供给，农村体育场地器材设施建设、体质监测、体育活动组织、体育信息咨询服务等，一并通过政府凭借公共权力和公共资源、采取强制的方式予以供给。总体而言，在整个农村体育基本公共服务领域，政府目前都是绝对的主体，占据着不可或缺的主导地位。

根据农村体育公共服务的受益范围，可以将农村体育公共服务划分为全国性的农村体育公共服务和地方性的农村体育公共服务。因此，如果受益范围是全国性的、惠及全国农村地区和广大农民的，乃属于全国性的农村体育公共服务；如果受益范围主要惠及一定区域内的农村和农民，则属于地方性的农村体育公共服务。全国性的农村体育公共服务一

① 李爱国. 农村体育公共服务体系构建研究 [D]. 重庆：西南大学，2013.

② 周爱光. 从体育公共服务的概念审视政府的地位和作用 [J]. 体育科学，2012，32 (5)：64-70.

般由中央政府及相关部门行使公共服务职能，地方性的农村体育公共服务则一般由地方各级人民政府及其相关部门行使公共服务职能，或由地方政府提供为主。中央政府和地方政府所负责的公共支出范围不同，在农村体育公共服务建设过程中所承担的义务责任也有差异。

第一，中央政府。覆盖全国范围的、公益性强的、公共性程度高的农村体育公共服务，中央政府常常承担、也便于承担其主体责任。这里所言的中央政府，包括了中央的相关组织机构、国务院及其相关部委。中央政府对于全国性农村体育公共服务的提供主要体现为两个方面，一是制度层面的支持，如制定相关的体育法律法规、方针政策等；二是物质层面的供给，如拨付农村体育发展专项资金、援建体育场地器材设施等。改革开放以来，我国中央政府对农村体育事业的发展及农村体育公共服务的提供上，发挥了重要的作用。如 1995 年 6 月国务院颁布的《全民健身计划纲要》，1995 年 8 月全国人民代表大会常务委员会第十五次会议通过的《中华人民共和国体育法》，2000 年 12 月国家体育总局颁发的《2001—2010 年体育改革与发展纲要》，2002 年 7 月中共中央、国务院下发的《关于进一步加强和改进新时期体育工作的意见》，2006 年 3 月国家体育总局下发的《关于实施农民体育健身工程的意见》，2009 年 8 月国务院第 77 次常务会议通过的《全民健身条例》，2011 年 2 月国务院印发的《全民健身计划（2011—2015 年）》等都对发展农村和农民体育做出了一定的规定和要求。此外，中央政府还通过中央财政拨款、体育彩票公益金等方式筹集资金实施“农民体育健身工程”“雪炭工程”等来援建农村体育场地器材设施，推动农村体育健身活动的开展。

值得指出的是，由中央政府来供给覆盖全国范围的、公益性强的、公共性程度高的农村体育公共服务，有利于发挥制度优势并体现社会的公平公正。农村体育公共产品公共性程度的高低应该作为划分不同层级政府供给责任的依据，公共性越高，越应由高层级的政府来供给。例如，现已在全国范围内实施的“农民体育健身工程”“雪炭工程”“全民健身计划”等，一般由中央政府直接管理实施。

第二，地方政府。各级地方政府为辖区内农村地区提供体育公共服务，是其义不容辞的义务和责任。国家相关文件和法规对地方政府的农村体育公共服务职能做出了相关规定和要求。如《中华人民共和国体育法》第四条规定：“县级以上地方人民政府体育行政部门主管本行政区域内的体育工作”[①]，再如 2009 年 8 月国务院下发的《全民健身条例》第二条规定：“县级以上地方人民政府应当将全民健身事业纳入本级国民经济和社会发展规划”，第十四条规定：“县级人民政府体育主管部门应当在传统节日和农闲季节组织开展与农村生产劳动和文化生活相适应的全民健身活动。”[②] 可见，各级地方政府对其管辖区域内农村体育公共服务的提供具有不可推卸的责任[③]。

其一，省（市）级政府。省级政府应在中央政府的领导下，根据中央政府制定的各项政策法规措施和文件精神，结合本省农村体育公共服务建设的具体情况，制定符合本省农村体育公共服务建设发展实际需求的具体规划，并开展实施服务活动。

其二，地市级政府。根据上级政府的发展规划和相关文件精神，制定符合本地区农村体育公共服务发展的规划，策划组织本地区农村体育公共服务活动的开展等。

其三，县级政府。2003 年国家体育总局下发的《农村体育工作暂行规定》，专门就县级及其以下政府组织的农村体育工作职能给予了相关规定和建议。其中指出：“县级体育主管部门应当加强本行政区域农村体育工作，建立与当地农村体育发展相适应的工作机构，配备工作人员，会同有关部门共同推进农村体育事业的发展。”[④]从某种程度上来看，我国农村体育公共服务相关政策、实际举措等最终都是下移到了县级政府来予以落实。县级政府及其体育公共服务职能的发挥，在我国整个体育工作中起着承上启下的作用，对基层农村体育公共服务建设具有直接的、重大的影响和作用。县级政府涉及的农村体育公共服务内容主要有：根据上级政府的相关文件精神和要求，结合本县域内的具体情况作出合理的制度安排，统筹基层乡镇和行政村的体育工作，规划开展农村体育公共

① 国家体育总局网站. 中华人民共和国体育法 [EB/OL]. (2022-06-25)[2022-07-20]. http://www.sport.gov.cn/n16/n1092/n16819/312031.html.

② 中华人民共和国国务院令（第 560 号）. 全民健身条例 [EB/OL]. (2009-09-06)[2022-08-12]. http://www.gov.cn/flfg/2009-09/06/content_1410716.htm.

③ 徐小青. 中国农村公共服务 [M]. 北京：中国发展出版社，2002.

④ 国家体育总局体群字〔2003〕53 号. 农村体育工作暂行规定 [EB/OL]. (2009-05-22)[2021-08-12]. http://www.sport.gov.cn/n16/n1092/n16879/n17321/328875.html.

服务并将其延伸到基层乡镇和行政村。

其四，乡（镇）级政府。乡级政府是最低层级政府，法律上明确了乡镇政府具有承担农村体育公共服务的职责，赋予了乡镇政府管理农村体育的事权。但是，现有相关法律和法规却未赋予其财权。而且，2003年下发的《农村体育工作暂行规定》中，对乡镇一级政府的农村体育职能做出了较多的要求。诚然，目前乡镇一级政府所承担的农村体育事权范围与乡镇政府实际的供给能力无法相匹配。乡镇政府作为连接县级政府和行政村的纽带，既要向上反映广大基层农村的体育公共服务实际情况和农民对体育公共服务的需求，也要向下传达和贯彻落实上级政府的相关政策，并代表广大基层农村和农民的利益，开展实施具体的体育公共服务实践活动。就目前乡镇一级政府事权相对较大而财权相对有限的实际情况来看，只有其事权与财权得到均衡，才能使得基层农村体育公共服务工作取得实效①。

二、农村体育公共服务建设的人力要素之二——市场

市场是社会分工的产物，是商品交换的场所，是买卖关系的总和，是商品流通的综合反映，是人类社会一定历史阶段的产物②。市场是农村体育公共服务建设中“最自由”的人力资源，是现阶段我国政府的“辅助”供给主体。然而，囿于当前基层农村体育基本公共服务需求缺口巨大，而现有的农村体育公共服务基础薄弱，在投入后其社会效益难以彰显，而其经济效益更是尚付阙如的情况下，市场的趋利性决定了其尚不具备投入农村体育公共服务的条件，至少在当前以提高纯农村体育公共服务产品为主要战略任务的背景下，市场的作用和身影还难以普遍显现。

诚如前一章在分析农村体育公共服务供给主体单一这一问题时所指出，公共服务社会化的发展趋势是世界各国公共服务改革过程的一个较有共性的发展方向，而目前我国政府在农村体育基本公共服务中所发挥的单一供给主体地位，其所呈现的政府单一供给的模式，在当前乃权宜

① 胡庆山，方千华，张铁明，等．迈向体育强国的农村体育公共服务体系建设［J］．上海体育学院学报，2011，35（5）：12-17．

② 吴长顺．营销学教程［M］．北京：清华大学出版社，2011．

之计，从长远来看应该得以改革并向着公共服务的社会化方向迈进。那么，市场作为未来农村体育公共服务的潜在供给主体，其作用必然不可忽视。而对于其作用的发挥，也有必要根据现有的相关研究予以预期并给予一定程度的分析。

根据现有的对市场在公共服务领域发挥作用的相关研究来看，较为普遍的观点是：市场供给最大的优势是在公共服务领域形成竞争性的市场，避免垄断所带来的低效益或者高收费，能有效地弥补“政府失灵”①。随着农村经济社会的发展和农民体育文化生活方式的逐步确立，农村体育公共服务产品的提供诚然不能仅限于纯体育公共服务产品，而多元化的农村体育公共服务产品的供给必然要求市场这一自由主体的介入，通过其社会化程度的提升来弥补政府供给的有限性。在农村体育公共服务产品的供给由基本型走向高层次、由单一趋向多元的情况下，市场的介入导致其社会化程度的提高将是一种必然。

在未来多元化、多层级农村体育公共服务产品的供给中，市场所担任的角色就是弥补政府部门的供给不足，满足另一部分群体的超量和特殊需求。但这并非是完全否定政府在农村体育公共服务产品供给中的作用，并非是让政府完全退出对农村体育公共服务的提供。那么如何来发挥市场的作用，扩大农村体育公共产品的市场供给规模呢？具体而言，主要有以下三种可参考的措施。一是合同承包。政府可以通过与私人企业签订承包合同实现农村体育公共物品供给的市场化，如农村体育公共服务建设中体育场地器材供给，政府可以选择私人厂商公开招标，借助投标者的竞争把价格压到经济合理的价位。农村体育公共产品是否可以采用合同承包方式需要满足以下几个条件：（1）该物品的供给是否能吸引多个潜在的竞争者；（2）是否存在或可以创造并维持一种竞争气氛；（3）政府是否能够检测承包商提供的物品和服务的质量。二是补贴。为了鼓励农民对体育公共服务及产品的利用，政府可以通过补贴的方式提供，主要有以下两种形式：（1）政府给予私人补贴，补贴的形式可以是税收优惠、低息或者无息贷款、贷款担保等形式，补贴降低了特定的体育公共产品和服务对符合补贴资格的消费者的价格，在这种情况下，由农民和政府共同向私人生产者支付费用，如政府补贴非营利组织在农村

① 张创新. 公共管理学概论［M］. 北京：清华大学出版社，2010.

组织开展体育活动，补贴农村私人建设的带有营利性质的体育俱乐部等。(2) 向特定农民群体进行补贴，使农民在市场上自由选择服务和物品的生产者。如果将补贴给予生产者，农民就失去了自由选择权，对农民进行直接补贴，让农民自由选择体育公共产品进行消费，相比对生产者的补贴来说更为经济。三是采用低税率。政府对农村公益性体育公共服务产品的经营给予直接的低税率优惠，或者提高农村体育公益事业投资税前扣除比例，从而提高经营收益，减少投资风险。

值得指出的是，以上只是根据公共服务社会化的世界发展趋向，对未来农村体育公共服务主体的拓展及市场这一主体的介入进行的一种预期性分析，而在将来农村体育公共服务由基本型走向高层次、由单一的纯农村体育公共服务产品供给向多元化农村体育公共服务产品供给转型的过程中，必然会有诸多实际问题，尚待予以具体分析和研究。

三、农村体育公共服务建设的人力要素之三——非营利组织、志愿组织

有研究表明，非营利组织既不是企业，也不是政府机关，而是向社会提供服务的部门①。志愿组织是带有公益福利性、示范作用和社会化作用的，自愿、无偿为教育、卫生、体育、科技、环保、扶贫等领域提供支持性服务的公益组织②。可见，非营利性、公益性是其主要特征。因此，就此意义来看，非营利组织、志愿组织是农村体育公共服务建设“最无私”的人力资源，是农村体育公共服务建设的“自愿”供给主体。它们作为社会公共组织的一部分，既可以直接促进我国公共体育事业的发展，又可对政府在体育公共事务中的有效运作起积极作用，发挥其特定的职能优势。由于政府及市场在提供体育公共服务的过程中囿于各种原因，如“政府失灵”“市场失灵”等问题的存在，从而导致了非营利组织和志愿组织产生的必要。而由于非营利组织、志愿组织与其他社会组织一样，具有非营利性、沟通性、民间性和低成本等组织特征，这又决定了其在体育公共服务的供给中不可替代和缺少的优势地位。

---

① 彼得·F. 德鲁克. 非营利组织经营［M］. 东京：日本经济评论社，1997.

② 郑功成. 当代中国慈善事业［M］. 北京：人民出版社，2010.

非营利组织在公共服务的供给中常常代表弱势群体发声[①]，其服务多带有社会援助的特色，因此，颇为适合在群众体育的薄弱环节——农村体育领域发挥其一定的功能作用。非营利组织，作为一种非政府组织，具有良好的自适应性，没有市场、企业那样的盈利目标，把公益性目标放在首位，所以可以在农村体育公共服务供给过程中起到政府和市场均无法达到的良好效果，在节约农村体育公共服务供给成本的同时，又可以提升公益性效益。此外，作为非政府组织，非营利组织往往是处于弱势地位农民群众的代言人，其发展壮大减少了基层农村体育公共服务领域缺少代言人的弊端。因此，农村体育公共服务建设中，非常有必要树立无边界合作的服务观，鼓励非营利组织的发展和壮大，促进其社会公益作用的发挥和最大化。

志愿组织提供公共服务是以志愿机制来供给公共物品，性质类似于非营利组织，但没有明确的组织形式，具有更大的自适应性。志愿服务不仅涉及一般公共事务领域，还涉及体育领域，尤其是大型体育赛事中的志愿者服务，如北京奥运会、广州亚运会等志愿者服务对大型体育赛事的成功举办发挥了举足轻重的作用[②]。

当前，志愿服务在我国全民健身事业的发展中得以大力提倡和推广[③]，其对农村体育及农村体育公共服务建设将起到较大的促进作用。在农村体育公共服务志愿服务开展中，公民可以以个人或者团体的形式为农村体育公共服务建设提供帮助，这种服务模式的优点在于可以合理利用资源，加强服务的针对性，大多数志愿者所提供的服务和帮助常常为当地最为缺少和最需要的服务，针对性更强，效率更高。对农民来说，志愿者的行为在一定程度上，可以改善和改变农民传统的体育价值观，带动更多的农民参与体育锻炼和体育志愿者队伍行列。对农村体育管理者来说，志愿者的行

① 陈晓珍. 公共服务供给中的非营利组织参与研究［D］. 厦门：厦门大学，2009.

② 赵丽，马月红. 志愿者队伍成公共服务生力军 尚存分布不平衡管理不规范难题 完善志愿服务体系期待法律出力［EB/OL］.（2011-10-20）［2021-08-11］. http://www.legaldaily.com.cn/bm/content/2011-10/20/content_3051612.htm? node=20732.

③ 中国文明网. 广东省体育局：广泛开展全民健身志愿服务 为建设幸福广东做贡献［EB/OL］.（2012-10-17）［2021-08-12］. http://www.wenming.cn/zyfw_298/zyjsyzh/gdld/gd_3502/201210/t20121017_891050.shtml.

为使相关管理人员的行为有了具体的参考对象，对提升相关管理人员的服务意识有良好的示范和促进作用。值得指出的是，尽管志愿服务在全民健身和农村体育公共服务实践中业已有了一定程度的体现，但是就志愿组织而言，目前志愿组织参与农村体育公共服务建设，可能还大多带有一定的政府行为色彩，多由政府部门召集动员相关志愿者临时或短期投入农村体育公共服务建设中，而由志愿者自由结合并组织起来自发地开展公共服务尚未形成氛围，因此，农村体育公共服务建设中要高度重视对志愿组织的培育。

正如政府和市场都有可能"失灵"一样，非营利组织与志愿组织也有其内在的局限性，比如经费不足、组织的业余性、服务的非制度化等，与政府组织的职能优势相比，在一定程度上也往往会影响其组织的权威性和工作效率。但是，非营利组织、志愿组织却具有政府和市场不可替代的作用，有助于解决市场和政府双重失灵中的一些问题，在向农民提供体育公共产品和服务方面具有独特的优势，可在一定程度上弥补政府农村体育公共服务的不足，开展一些支持性、配合性工作。

四、农村体育公共服务建设的人力要素之四——农民

我国自古就是一个农业大国，农民问题从古至今都是社会发展中的一个突出问题。农村幅员辽阔、人口众多的特点难免会给现今农村体育公共服务建设增加很大难度，但是，为数众多的农民也是农村体育公共服务建设不可忽视的主体力量之一。如前一章中对农民投资农村体育公共服务建设的意愿分析来看，现今农民对投资农村体育公共服务建设业已具备了一定的意愿基础，尽管当前其往往处于一种"愿意但没钱"的尴尬境地，但是在未来农村体育公共服务社会化发展的过程中，其潜在的人力资源优势不可忽视。从农民的人口数量而言，其无疑是农村体育公共服务建设中最广泛的人力资源，在当前以政府为主要供给主体的背景下，可以成为农村体育公共服务建设的"补充"供给主体。

目前农民对农村体育公共服务建设的投入，施行的是自觉自愿的原则。农民对农村体育公共服务产品的供给，也主要采用的是自愿供给的方式①。目前，农民及非营利组织、志愿组织都是农村体育公共服务

---

① 樊丽明. 中国公共品市场与自愿供给分析［M］. 上海：上海人民出版社，2005.

产品的自愿供给主体，但相对而言，农民却可以成为我国农村体育公共服务产品最广泛的自愿供给主体。首先，农民是农村体育公共服务的需求主体，在政府和市场不能满足农民多元化、多层次的体育需求时，农民可以根据自身条件在一定程度上予以自我满足；其次，由于农民人口数量多，地域分布范围广，而非营利组织以及志愿组织的供给范围却相对有限，广大农民自身则更易成为自给自足的自愿供给主体。

必须承认的是，农民作为农村体育公共服务产品的自愿供给主体，当前及以后很长一段时期内只能是政府供给和市场供给的一种补充，而不能取而代之。首先，农民自愿供给的稳定性差，经济、文化、风俗习惯等都会对农民的体育需求以及其自愿供给行为产生影响；其次，基本的、普及性的农村体育公共产品和服务，目前对于广大农民而言尚且属于非紧迫性、非生存必需的“上层建筑”类文化生活需求，暂且不论其供给能力，其自愿供给的动机还不强，更多地期待政府的供给，部分农民的自愿供给多为满足政府无法提供的、特殊的体育服务需求。不可否认的是，农民对农村体育公共服务的自愿供给，具有丰富农村体育公共服务产品供给类型和缓解地方政府财政压力的双重作用，在目前主要以政府为供给主体的基础上适当引导并增加农民自愿供给，不失为解决我国农村体育公共服务供给不足的一个有效途径①。

五、现阶段农村体育公共服务建设人力要素问题小结

一般而言，农村体育公共服务建设的人力要素主要有政府、市场、非营利组织和志愿组织以及农民。从理论上来看，虽然均为农村体育公共服务建设的多元人力要素，但是在农村体育公共服务的供给实践中，供给主体却仍然十分单一。如之前分析所指，市场的趋利性决定了其目前尚不具备投入农村体育公共服务的条件，非营利组织、志愿组织服务在目前农村体育公共服务建设中尚未形成氛围，而农民自身的自愿供给又相对有限，因此目前农村体育公共服务建设的绝对主导和主要力量，

① 胡庆山，王健. 农村体育公共服务供给的价值审思与现实困境［J］. 上海体育学院学报，2014，38（4）：22-24.

实际上仍是各级政府及村委会。在此意义上可以认为，目前实际人力要素单一、实然与应然的巨大反差，是农村体育公共服务建设人力要素中的突出问题。

另从政府在农村体育公共服务建设中人力要素的作用发挥情况来看，县级及乡镇政府实际上是农村体育公共服务相关政策、实际举措方面的最终落实者，而作为基层群众性自治组织的村委会（非政府机关），是相关政策和实际举措最终的协助执行者。如之前分析所指，县、乡二级政府在农村体育公共服务建设中的财权和事权分配不合理，乡镇政府处于事权无限大、财权无限小的尴尬境地，是制约基层农村体育公共服务建设的一个根本性问题，这也是导致前期相关研究所揭露的不少乡镇一级政府没有全民健身体育领导机构、没有乡镇干部分管体育工作、没有农民体协及其他农民体育组织的根本原因[①]。此外，作为协助乡镇政府工作的基层农村自治性群众组织——村委会，更是没有财权和行政事权的群众性自治组织，在乡镇一级政府农村体育公共服务职能难以有效发挥的实际情况下，村委会的作用也就不言而喻了。因此，当前亟须在国家及省市级政府的主导和协调下，理顺县、乡二级政府的财权与事权关系，使乡镇一级政府财权、事权平衡，才能从根本上推进基层政府更好地在农村体育公共服务建设中发挥作用。

第二节　农村体育公共服务建设中的财力要素分析

农村体育公共服务建设的财力来源，主要有中央、省（市）、县（市）、乡（镇）各级政府的资金投入，企业、社会和个人的捐赠，以及行政村的资金投入和农民自筹资金等。当前，农村体育公共服务建设的财力投入，主要以国家政府的财政资金投入为主。

一、农村体育公共服务建设的财力要素之一——国家政府投资

作为公共财政，政府财政资金应主要用作公共产品供给的支出[②]。农

① 郁俊，杨建营，李萍美，等. 浙苏皖赣鲁农民享有基本体育服务现状调查与对策研究［J］. 体育科学，2006，26（4）：22-25.

② 周坚卫. 地方公共财政理论与实践［M］. 北京：中国财政经济出版社，2008.

村体育事业及其公共服务产品的供给，理应由国家财政做出专门的资金预算，专款专用，直接用于农村体育公共服务建设。根据中国统计年鉴呈现的数据资料，国家对体育事业的投入常常与文化传媒合为一类，可能由于国家宏观统筹规划的需要、农村体育公共服务本身涵盖面广等多种复杂原因，目前国家对投入农村体育公共服务建设的总体财力统计情况尚无官方报道，只能从国家近年来对“农民体育健身工程”等有关农村体育公共服务的资金投入中窥见一斑。

中国统计年鉴数据资料显示，“十一五”至“十二五”时期国家对文化体育与传媒的财政资金投入呈每年不断增长的趋势（表 3-1），地方各省级政府对文化体育与传媒的财政资金投入总体来看也是逐年增加（表 3-2）。

从表 3-1 可见，国家对文化体育与传媒的财政资金投入采用的是“中央政府财政拨款＋地方政府配套”的方式予以实施，且地方政府配套投入的比例远远高于中央财政拨款。农村文体事业的支出，是国家对文化体育与传媒资金投入的一个重要组成部分，从近年来财政部年度财政总结报告中得以突出强调即是有力证明。如 2009 年国家对文化体育传媒与支出内容中明确指出：引导和支持地方开展农村文化体育活动、保护农村优秀传统民间文化等，2010 年文化体育支出主要用于：加强乡镇综合文化站、农家书屋、农村电影放映等重点文化惠民工程建设，丰富农村文化生活，改善基层公共文化体育设施条件……。不得不承认，国家财政近年来对农村文体事业的资金投入，有力地促进了我国农村体育公共服务的建设。

表 3-1　2007—2015 年国家对文化体育与传媒的资金投入及惠农用途（单位：亿元）

年份	国家财政总支出	中央	地方	涉及惠农文体事业的主要用途
2007 年	898.64	127.21	771.43	加快实施广播电视村村通工程，切实提高中央广播电视节目无线覆盖水平，支持解决农民群众“听广播难、看电视难”的问题。以农村基层为重点，积极推进全国文化信息资源共享工程和农村电影数字化放映。

续表

年份	国家财政总支出	中央	地方	涉及惠农文体事业的主要用途
2008 年	1 095.74	140.61	955.13	支持实施全国文化信息资源共享工程，部分省市提前实现县级全覆盖。农村电影放映补贴扩大到中西部所有行政村。支持中西部地区 46 434 个行政村配备农村适用图书，并对东部地区农家书屋工程开展好的省份给予奖励。
2009 年	1 393.07	154.75	1 238.32	引导和支持地方开展农村文化体育活动、保护农村优秀传统民间文化等。支持文化遗产保护。出台推动文化体制改革和支持文化企业、宣传文化事业发展的税收政策。
2010 年	1 542.70	150.13	1 392.57	主要用于加强乡镇综合文化站、农家书屋、农村电影放映等重点文化惠民工程建设，丰富农村文化生活，改善基层公共文化体育设施条件；……强化新闻媒体传播能力建设，支持深化文化体制改革，推动文化产业发展。
2011 年	1 893.36	188.72	1 704.64	用于公益性文化设施免费开放，推进广播电视无线覆盖等重点文化惠民工程，强化重点文物、大遗址、红色文化资源和非物质文化遗产保护，提高重点媒体国际传播能力。深化文化体制改革，促进文化产业发展。
2012 年	2 268.35	193.56	2 074.79	积极推进文化信息资源共享、农家书屋等重点文化惠民工程。加大对国家重点文物、大遗址、红色文化资源和非物质文化遗产保护力度。提升重点媒体国际传播能力，促进中华文化“走出去”。推动文化产业快速发展。

续表

年份	国家财政总支出	中央	地方	涉及惠农文体事业的主要用途
2013 年	2 544.39	204.45	2 339.94	支持实施重点文化惠民工程，稳步推进博物馆等公益性文化设施向社会免费开放。按照每个行政村 1 万元的标准支持开展村级基层群众文化活动。加强海外中国文化中心建设和重点媒体国际传播能力建设。
2014 年	2 691.48	223.00	2 468.48	公益性文化设施向社会免费开放。加快中央广播电视节目无线数字化覆盖。……推动大型体育场馆向社会免费或低收费开放，进一步改善基层公共体育健身设施。支持发展文化产业，推进文化创意和设计服务与相关产业融合发展。
2015 年	3 076.64	271.99	2 804.65	推动基本公共文化服务标准化均等化，提高公共文化服务供给体系质量和效率。支持繁荣社会主义文艺创作，推动文化交流与传播。完善文化产业政策扶持体系。

注：以上数据来源于 2007—2015 年中国统计年鉴。

从表 3-2 可以发现，省级政府对文化体育与传媒的财政资金投入力度总体而言逐年加大，可见地方政府对文体事业的发展高度重视。但是，不难发现，东、中、西部地区省级政府对文化体育与传媒的财政资金投入却呈现出了地区差异，从东部地区的山东、浙江、福建，中部地区的湖北、湖南、河南，西部地区的四川、陕西、贵州等九省情况来看，东部地区三省对文化体育与传媒的财政资金投入总量相对较多，西部地区尤其是偏远地区贵州省的投入相对较少。可见，东、中、西部省级政府对文化体育与传媒的财政资金投入与地区间的经济发展水平和省级政府财力大小是相对应的。

表 3-2　2007—2015 年部分省级政府对文化体育与传媒的投入情况（单位：万元）

省级政府	年份	文化体育与传媒投入	省级政府	年份	文化体育与传媒投入
山东	2007 年	441 092	河南	2007 年	333 802
	2008 年	552 178		2008 年	414 616
	2009 年	704 000		2009 年	586 700
	2010 年	740 300		2010 年	549 900
	2011 年	811 378		2011 年	575 413
	2012 年	1 164 162		2012 年	696 275
	2013 年	1 275 325		2013 年	807 762
	2014 年	1 277 473		2014 年	911 599
	2015 年	1 372 575		2015 年	1 081 582
浙江	2007 年	493 408	四川	2007 年	285 856
	2008 年	637 593		2008 年	345 730
	2009 年	640 900		2009 年	457 000
	2010 年	771 500		2010 年	593 700
	2011 年	850 900		2011 年	873 500
	2012 年	941 755		2012 年	1 207 033
	2013 年	1 060 100		2013 年	1 424 020
	2014 年	1 153 562		2014 年	1 356 458
	2015 年	1 653 800		2015 年	1 394 140
福建	2007 年	182 941	陕西	2007 年	217 303
	2008 年	224 251		2008 年	318 074
	2009 年	257 700		2009 年	408 900
	2010 年	271 000		2010 年	478 600
	2011 年	358 600		2011 年	627 600
	2012 年	460 722		2012 年	917 600
	2013 年	588 700		2013 年	1 004 420
	2014 年	641 780		2014 年	932 331
	2015 年	848 159		2015 年	1 030 925

续表

省级政府	年份	文化体育与传媒投入	省级政府	年份	文化体育与传媒投入
湖北	2007年	249 202	贵州	2007年	157 071
	2008年	252 487		2008年	178 360
	2009年	360 300		2009年	236 200
	2010年	366 700		2010年	239 800
	2011年	470 900		2011年	353 100
	2012年	624 694		2012年	498 526
	2013年	724 404		2013年	486 792
	2014年	766 495		2014年	546 936
	2015年	840 300		2015年	611 959
湖南	2007年	201 513			
	2008年	253 462			
	2009年	330 800			
	2010年	396 600			
	2011年	448 700			
	2012年	544 954			
	2013年	689 428			
	2014年	800 051			
	2015年	1 117 400			

注：以上数据来源于2007—2015年中国统计年鉴。

值得指出的是，虽然国家对文化体育与传媒的财政资金投入每年都有所增加，但是相对于国家对其他社会事业的投入而言，国家对文化体育与传媒的财政资金投入相对而言并不高。而且就体育事业本身而言，竞技体育一直占据着国家对体育事业总投入的优势地位，群众体育相对处于亟须大量“输血”的弱势位置，而具体到农村体育公共服务的投入来说，相对于农村地域辽阔、人口众多、农村体育基础薄弱的现实而言，则更是杯水车薪。无疑，我国仍然处于社会主义初级阶段，国家的综合实力和经济社会发展水平仍需进一步提高，而“三农”问题在我国历史上乃至现今一直是一个老大难的问题，农村社会公共事业如教育、医疗、养老等领域尚有诸多亟须投入的地方，这一国情和历史及现实原因，决定了我国政府目前对农村体育公共服务的投入必然显得财力有限。但是，尽管如此，国家仍然千方百计地克服了诸多困难。为了建设体育强国和促进全民健身事业的全面发展，提高农民体育文化生活水平，21 世纪以来，尤其是“十一五”时期国家对农村体育事业的投入不断增加，以“农民体育健身工程”等实体工程建设为抓手，投入了巨资并取得了喜人成就。

“十一五”时期以来，“农民体育健身工程”的实施业已成为国家建设社会主义新农村、建立健全农村体育公共服务体系的重要内容。“农民体育健身工程”是推动农村体育事业全面发展的工程①。农民体育健身工程被列入了《国民经济和社会发展第十一个五年规划纲要》，从 2006 年开始正式实施，截至 2010 年底，5 年间国家投入 118.3 亿元，其中中央投入 12.4 亿元，地方投入 60.6 亿元，社会投入 45.3 亿元，全国共建设完成农民体育健身工程 23 万个②。2011 年，国家体育总局投入本级彩票公益金支持建设农民体育健身工程 4 550 个，并引导各地建成 56 709 个③。2012 年，国家体育总局向西部“老少边穷”地区和中部贫困地区投入彩票公益金 9.96 亿元用于健身设施建设，其中 5.1 亿元支持中西部地区建设 2 万个农民体育健身工程，另地方政府也加大投入建成约 5 万个④。不可否认，“农民体育健身工程”的实施及其专项资金投入，极大地改善了农村体育场地器材设施的状况，对促进农村体育公共服务建设具有重大的意义和作用。

然而，也必须理性地看到，尽管“十一五”时期在全国建立了 23 万

---

① 国家体育总局政法司.《体育事业发展“十二五”规划》名词解释［EB/OL］.（2011-04-01）［2021-08-12］. http://www.sport.gov.cn/n16/n1077/n1467/n1843577/1843754.html.

② 人民网. 5 年完成 23 万个工程，农民体育健身工程惠及亿万群众［EB/OL］.（2011-03-25）［2021-08-12］. http://sports.people.com.cn/jianshen/GB/14232865.html.

③ 扬子晚报. 体彩公益金助力农民体育健身工程［EB/OL］.（2012-12-28）［2021-08-12］. http://news.163.com/12/1228/06/8JPQIUBN00014AED.html.

④ 国家体育总局. 刘鹏局长在全国体育局长会议上的讲话［EB/OL］.（2013-12-25）［2021-08-12］. http://www.sport.gov.cn/n16/n1077/n1467/n3670964/n3671192/3708811.html.

个“农民体育健身工程”，业已超额完成了预定任务，但在全国近70万个行政村中仍有40多万个行政村没有体育健身场地，还有60%的农村人口无法享受到基本体育公共服务。正因如此，国务院制定的《全民健身计划（2011—2015年）》中明确提出，到2015年要在全国50%的行政村建成“农民体育健身工程”，《全民健身计划（2016—2020年）》提出推动基本公共体育服务向农村延伸。可见，这项惠及亿万群众的民生事业依然任重而道远，国家对农村体育公共服务建设资金投入的任务仍然十分艰巨①②。

事实上，农村基层政府财力相对有限、对农村体育事业资金投入乏力，是导致“农民体育健身工程”后续实施任务艰巨，乃至农村体育公共服务建设困境的一个重要原因。本研究在对县、乡体育部门相关工作人员的访谈中发现，目前基层政府在农村体育公共服务建设中所面对的最大困难乃是体育经费短缺、经费投入乏力等问题。

课题组通过对26个县（市）的部分政府相关人员的访谈，发现45.6%的县级政府对农村体育的实际经费投入人均不足1元，以中西部地区县（市）居多，33.7%的县级政府对农村体育的实际经费投入约为人均1元，只有20.7%的县级政府对农村体育的实际经费投入达到人均1元以上，主要为东部地区县（市）。同时，通过访谈还发现，不少县市政府部门相关负责人表示基层农村体育事业经费来源单一，主要依靠上级政府财政拨款以及体育博彩业的收入，经费来源不稳定，无法实现体育经费投入的稳步增长。

另外，从基层乡镇政府对农村体育事业经费的投入情况来看（表3-3），本研究调查访谈的42个乡镇中，农村人均体育事业经费投入在0.5元以上至1元的比例最大，占26.2%；其次是人均体育事业经费投入为0.5元以下以及1元的比例均为21.4%；对农村人均体育事业经费的投入达1元以上的比例较少，仅为16.7%。可见，我国基层乡镇政府对农村体育事业经费的财政投入是颇为有限的，而且，在现有的人均体育事业经费

① 人民网. 5年完成23万个工程，农民体育健身工程惠及亿万群众［EB/OL］.（2011-03-25）［2021-08-12］. http://sports. people. com. cn/jianshen/GB/14232865. html.

② 许立群. 农民体育健身工程惠及亿万群众［N］. 人民日报，2011-03-25（4）.

中，该经费很大比例还要用于乡镇文体站工作人员的财政工资补贴，因此，用于农村体育公共服务建设的经费就更为紧缺。正如有研究指出："1994 年我国实行分税制财政体制，地方 80%—90%的财政收入上交给中央和省级财政，县乡两级财政可用财力大幅度下降，已无力承担庞大的公共事业性经费支出。"①

另从各个地区乡镇政府的投入情况来看，调查结果表明：东部地区乡镇政府对农村人均体育事业经费的投入要明显高于中西部地区，东部地区乡镇政府对农村人均体育事业经费的投入达 1 元及 1 元以上比例合计超过了 60%，而我国中西部地区乡镇政府对农村人均体育事业经费的投入达 1 元及 1 元以上的合计比例仅分别为 21.4%和 15.6%。西部地区乡镇政府对农村人均体育事业经费的投入在 0.5 元及以下的合计比例达到了 66.7%。可见，基层乡镇政府对农村人均体育事业经费的投入区域差距较为明显，这与东部地区乡镇经济发展水平相对较高不无关系，乡镇政府农村人均体育事业经费投入情况如表 3-3 所示。

表 3-3　乡镇政府农村人均体育事业经费投入情况（%）

地区	0.5 元以下	0.5 元	0.5 元以上至 1 元	1 元	1 元以上
东部地区（n=16）	0	0	31.3	37.5	31.2
中部地区（n=14）	28.6	21.4	28.6	14.3	7.1
西部地区（n=12）	41.7	25.0	17.7	8.3	7.3
全国（n=42）	21.4	14.3	26.2	21.4	16.7

此外，通过对基层乡镇政府相关负责人的访谈还发现，我国乡级政府农村体育事业经费的来源主要依靠上级政府拨款，在东部地区乡镇企业密集的地方，其乡镇政府能通过获取较多的税收、乡镇企业的捐赠等来额外筹集部分农村体育事业经费，中西部地区乡镇主要还是依托于传统的农业经济，其政府事业经费来源也主要依托上级政府财政拨款，自我造血能力较差。而且，在部分经济发展较为落后的乡镇，甚至还出现将农村体育事业经费挪用他处，用以发展更为亟须的乡镇民生事业的一些现象。因此，如何拓展乡镇政府农村体育事业经费来源、规范乡镇体育事业

① 国家体育总局政策法规司. 群众体育战略研究［M］. 北京：北京体育大学出版社，2005.

经费用途，无疑是基层农村体育公共服务建设中一个颇为重要的问题。

二、农村体育公共服务建设的财力要素之二——企业和社会捐资

尽管当前农村体育公共服务建设的资金来源主要以政府投资为主，但是积极筹集社会资金，对于缓解农村公共服务建设资金压力无疑具有重要作用。正如有研究指出，社会资金对推动农村公共文化服务建设具有重要作用①。当前，企业、个人等捐资进行农村体育公共服务建设，对推动农村体育公共服务的发展具有较好的实际效果。据相关报道："江苏省在利用企业、个人捐资开展农民体育健身工程建设中，就曾取得了十分突出的成绩，创新了农村体育公共服务的多元化筹资机制。江苏省在面对农民体育健身工程需要巨额资金投入的问题上，一方面加大财政投入，另一方面积极鼓励企事业单位、社会团体和个人共同参与兴建农村体育场地设施，并大力鼓励企业赞助。例如，张家港市凤凰镇飞翔集团投资 1 200 万元建成农民体育公园；丹阳市由民营企业赞助 868 万元，建成常兴村占地 20 亩的文体活动广场；民营企业华宇集团独家赞助 100 多万元建成城中村健身广场。据初步统计，2008 年前后，江苏省在建设农民体育健身工程的过程中共筹集社会资金 6.2 亿元，占总投入的 38.1%。"②另据相关报道，安徽省滁州市也涌现出了一些社会责任感强、热心社会公益事业的企业或个人。如在 2006 年我国开始实施农村体育健身工程时，安徽省滁州市烟草专卖局就曾向滁州市捐赠 10 万元全部用于购买农民体育健身工程所需体育器材，以此途径积极回报社会、回馈消费者，向社会诠释了其"奉献国家、关爱社会"的行业理念③。

事实上，企业捐资发展社会公益事业，投资参与公共服务包括农村

---

① 胡洪彬. 农村公共文化服务有效供给的现实困境与策略创新 [J]. 重庆邮电大学学报，2012，24（2）：69-73.

② 江苏省体育局群体处. 新农村 新体育 新生活：江苏省实施农民体育健身工程调查 [EB/OL].（2009-03-18）[2021-08-12]. http://www.jssports.gov.cn/info/2009/3/18/info_304_20334.html.

③ 杨正军. 安徽滁州烟草向农民体育健身工程捐赠十万元 [EB/OL].（2006-06-10）[2021-08-12]. http://www.tobaccochina.com/news/China/society/200610/20061012172024_231184.shtml.

体育公共服务建设，除了对社会公共事业本身有益外，对企业自身形象的塑造和提升也具有促进作用。但是，由于农村体育公共服务的公益性强、投入面广、需求量大的特点，且投入后经济效益难以凸显等因素，导致目前企业和社会资金对农村体育公共服务建设的投入还尚未形成气候。而现有的企业投资兴建农村体育公共服务设施，在一定程度上来看，除了有公益目的之外，不可否认是在“卖面子”给当地政府部门，或为了拉近与当地政府部门的关系，以获取更多的有利于企业发展的政策支持。鉴于此，如果要想有更多的企业和社会资金捐赠农村体育公共服务建设，那么各级政府部门的积极鼓励和引导就具有十分重要的作用①。因此，各级政府部门要善于创建激励机制，对于捐赠农村体育公共服务建设的企业和个人，要大力宣传和鼓励，借此引导更多更广泛的社会资金融入农村体育公共服务建设之中。

三、农村体育公共服务建设的财力要素之三——行政村自筹资金

众所周知，行政村是我国农村最基层的组织细胞，村委会是基层群众自治组织，是我国农村政权的基础。从某种程度上而言，行政村的发展从根本上决定着我国农村的整体发展状况和格局。我国政府历来高度重视行政村的组织建设和发展，从 1998 年九届全国人大常委会通过，2010 年十一届全国人大常委会修订的《中华人民共和国村民委员会组织法》中可见一斑，该组织法的颁布和修订，在很大程度上保障了村民自治，发展了农村基层民主，维护了村民的合法权益，促进了现时期的社会主义新农村建设。

对行政村而言，无论是村民自治，还是现今的新农村建设和农村体育公共服务的发展，财政能力均是基础。有研究指出，财是政权的基础，从基层社会来看，村民自治作为公共权力，也需要财政支持，否则，村民自治将无法开展②。然而，就现今的村级财政而言，伴随着农村经济社

---

① 张宁宁. 天津市社区青少年公共体育服务供给研究 [D]. 天津：天津体育学院，2013.

② 黄辉祥，汤玉权. 村级财政变迁与村民自治发展：困境与出路 [J]. 东南学术，2007 (4)：39-47.

会的发展尤其是2006年开始免征农业税之后，不少村级财政呈现出“空壳化”现象，导致村委会自身难以运转、无钱办事、无人管事，农村公共事业不能发展、公共设施不能建设、公益活动不能开展①。

2006年农业税改革前，村级财政的来源主要有：一是村提留，包括公积金、公益金、管理费等，这是村级组织（尤其是中西部农业地区）行政村的主要财政收入；二是1990年代中后期基层乡镇政府乱收费和摊派给农民的收入，并将其部分返还给行政村作为财政收入；三是村级经营性收入，如一些地区通过经营公共资产（如出租公共田块、鱼塘等）或通过搞开发、卖土地等方式获得较为稳定和丰厚的财政收入。但大多行政村的财政收入主要是村级提留和乡镇政府的返还。农业税的取消，导致村级财政收入来源发生改变，确切地说，是变得异常紧张，取消后其主要靠乡镇政府的转移支付和自身的经营性收入。农业税取消后，乡镇财政普遍吃紧，债务沉重，“大河无水小河干”，直接影响着村级财政的政府转移支付来源。因为农业税取消前，乡镇政府除了要求农民上交提留外，还要上缴五项统筹，即为教育附加费、计划生育费、民兵训练费、民政优抚费、民办交通费等，这部分归乡镇财政所得。农业税的取消直接导致了乡镇财政普遍吃紧，同时，乡镇负债也加剧了乡镇财政的困境。据农业部统计，全国负债乡镇占乡镇总数的84%，负债总额已超过2 000亿元②。乡镇财政普遍吃紧且负债沉重，必然减小对村级财政的转移支付力度，从而使得村级财政受到很大影响③。农业部调研数据表明，我国村一级债务约有4 000亿④。因此，对于基层行政村，尤其是负债的行政村，其村级债务至今是其管理村级公共事务、开展公共服务建设的绊脚石。因此，农业税免除后，当前的村级财政大多陷入了财政困境，以中西部农业地区更甚，村级财政困难将直接影响村民自治活动，

① 格非．免征农业税之后村级财政怎么办［J］．山东省农业管理干部学院学报，2005（5）：1.

② 第一财经日报．五年内乡镇编制只减不增必须坚守［EB/OL］．（2006-09-04）［2021-08-12］．http://finance.sina.com.cn/g/20060904/02122880724.shtml.

③ 黄辉祥，汤玉权．村级财政变迁与村民自治发展：困境于出路——兼论“后农业税时代”村民自治的财政基础［J］．东南学术，2007（4）：39-47.

④ 南方网．中国村级债务估计有4 000亿 财政部酝酿相关方案［EB/OL］．（2006-11-17）［2021-08-12］．http://news.sohu.com/20061117/n246454245.shtml.

无疑，其也将严重影响现今的农村体育公共服务建设。

近年来，尽管随着“农民体育健身工程”等惠民体育政策的实施，基层农村体育健身设施得到了很大改善，但是现有行政村的体育设施几乎大多由国家专项财政拨款建设，除东部沿海地区经济发达的行政村有所配套投入或自筹资金建设外，中西部地区大多基层行政村现有体育场地器材设施均非村级财政自筹资金建设。在本研究走访的 81 位村干部中，60 多位村干部大部分都表示“开展农村体育文化活动好，新农村建设也需要，但是现今村级财政运行相当困难，而村级公共事务需要用钱的地方太多，目前连村干部的基本工资有时都难以保证，基本上不可能对村里的体育事业发展投入经费”。可见，现今大多基层行政村对农民体育健身工程等相关农村体育公共服务的提供，颇似处于一种“给就要、不给自己没办法建”的“消极待扶贫”和无能为力的状态。

总体来看，行政村自筹资金开展农村体育公共服务建设的不多，大多行政村现行的农民体育健身工程等体育公共服务均是上级政府专项投入。影响我国村级组织对农村体育公共服务建设投入的原因主要在于以下三个方面：一是受近年来农村税费改革的影响，2006 年农业税的免除虽然在一定程度上减轻了农民的负担，推动了农村的全面改革和发展，但是乡镇和行政村财政来源明显减少，使得农村乡镇及行政村的社会管理和公共服务效能也相对受到影响；二是由于历史和现实的原因，目前我国不少县、乡、行政村财政均比较困难，加之如前文分析的基层政府事权与财权不匹配，直接导致了基层政府对村级财政转移支付能力的缺乏，农村体育公共服务的保障能力十分薄弱；三是由于农村经济社会发展程度还有待大力提高，目前诸多关系国计民生的公共服务产品和服务尚不能满足广大农民的需求，如教育、医疗、养老、农村水利设施及交通等，故村级组织只能将有限的财力投入急需发展的村级公共事务中，甚至有时还会出现克扣或挪用体育经费的现象，无疑，这是影响村级财政对农村体育公共服务建设投入的一个重要原因。

鉴于上述分析可以认为，基层行政村的体育公共服务建设，关键还是资金的问题，突破村级财政的现实困境，是保证行政村自筹资金开展农村体育公共服务建设的前提。否则，目前对多数行政村而言，在农村体育场地器材设施等体育公共服务的提供上，尚只能处于一种“待扶贫”和无能为力的状态。

四、农村体育公共服务建设的财力要素之四——农民自愿投资

诚如前文分析所指出，广大农民是农村体育公共服务建设中“最广泛”的人力资源，在当前以政府为主要供给主体的背景下，可以成为农村体育公共服务建设的“补充”供给主体。虽然国家在发展农村体育公共服务（如兴建农村体育场地器材设施方面），强调首先要坚持的原则是不准摊派、不能给农民增加负担①，但是，对于部分有条件、有自我意愿的农民，如果愿意投资参与农村体育公共事业的发展，还是应该予以鼓励，毕竟这是在当前农村体育公共服务供给不足的现实背景下，缓解供给主体单一的矛盾、增加农村体育公共服务供给来源的一个有益途径。

从当前农民自愿投资农村体育公共服务建设的情况来看（表3-4），恰如第二章中分析所言，尽管农民对自愿投资农村体育公共服务建设的意愿还不是十分强烈，但是也具备了一定的意愿基础。在回答“为了发展您村的体育公共事业，您愿意投资参与村里体育公共服务建设吗?”这一问题上，全国有18.9%的农民选择了“非常愿意”，38.4%的农民选择了“愿意”，分别有10.2%和1.8%的农民选择了“不愿意”以及“非常不愿意”，有30.7%的农民选择了“无所谓”。从不同地区的情况来看，还呈现出如第二章分析所指出的“东高西低”的地域差异。

表3-4　农民自愿投资农村体育公共服务建设的情况（%）

地区	非常愿意	愿意	无所谓	不愿意	非常不愿意
东部地区（n=600）	22.7	45.1	23.0	7.9	1.3
中部地区（n=656）	24.4	37.8	28.0	8.2	1.6
西部地区（n=608）	9.0	32.3	41.3	14.7	2.7
全国（n=1 864）	18.9	38.4	30.7	10.2	1.8

如果仅从上面的调研结果来看，那么在一定程度上完全有理由对农民自筹资金投入农村体育公共服务建设的意愿状况感到一丝乐观，因为

① 人民网. 体育总局：公共体育场地设施建设不准增加农民负担[EB/OL].(2006-03-29)[2021-08-12]. http://politics.people.com.cn/GB/1027/4249169.html.

选择“非常愿意”和“愿意”的人数比例合计已经达到57.3%，可见表面数据呈现出来的意愿状况尚且差强人意。但是，广大农民表示出了投资的意愿，却不一定有投资的实际行动。调查中发现，大多农民对发展农村体育公共服务事业虽然抱有热情，但却限于囊中羞涩，可能最终难以付诸投资的实际行动。调研中课题组曾就此问题征询过一些村干部的看法。其中，有村干部谈到了前两年农村“村村通公路工程”中行政村集资修水泥路的情况。据部分村干部反映，前两年村里修水泥路，刚开始征求村民意见时，大家表示同意出资，这样，国家补助一部分，村里集资一部分（指有责任田的村民人均平摊国家补助之后的不足经费，实际执行过程中先由行政村借款垫付人均平摊费用），就把水泥路修了。然而，水泥路修好后，村里再向村民们收取预先商定的集资款时，很多村民都无法上交，有些甚至是故意不交，给出的理由是手里没有钱，但村委会也无法强制收取，最终导致村里至今负债。通过查阅国家相关文件规定后不难发现，行政村在处理此类基层公共事业建设的集资问题时，也确实是有难度。因为按照国家相关文件规定，“农村公路建设资金应主要由公共财政解决，避免增加乡村债务和农民负担，充分尊重农民群众意愿，不强制参与建设。”①因此，不少村干部认为农民采取实际行动投资农村体育公共服务建设的可能性并不大。

鉴于以上分析，对于部分农民在投资农村体育公共服务建设上所表达的积极意愿，尚且只能以理性的乐观视之。因为诸多农民尚且处于一种“愿意但没钱”的尴尬境地，最终可能只是有意愿而无行动。当然，对当前部分农民表现出的积极的投资意愿应该予以大力鼓励和提倡，尤其是对于不同地区农民投资意愿上呈现出的“东高西低”的地域差异特点，在区域经济相对发达、农村条件相对较好的地区（如东部地区或中西部少数条件相对较好的地方），更是可以考虑倡导广大农民（哪怕只是部分有意愿且能付诸实际行动的农民）自愿投资农村体育公共服务建设的实践，以此来不断探索和拓展农民自筹资金投资农村体育公共服务建设的路子。

---

① 交通运输部. 关于“十二五”农村公路建设的指导意见［EB/OL］(2012-01-06)［2021-08-12］. http://www.moc.gov.cn/06road/zhengcefg/201201/t20120106_1182353.html.

五、现阶段农村体育公共服务建设财力要素问题小结

农村体育公共服务建设的财力要素主要包括各级政府投资、企业和社会捐赠、行政村自筹资金以及农民自愿投资等。从各级政府的投资情况来看，整体上国家对文化体育事业的财政资金投入采用的是“中央政府财政拨款＋地方政府配套”的方式予以开展，但地方政府配套投入的比例远远高于中央财政拨款。尽管中央和省级政府对基层农村体育公共服务的投入力度逐年增加（从近年来“农民体育健身工程”的资金投入中可见一斑），但是相对于广大农村地区体育基础薄弱、农村体育公共服务需求缺口巨大的现实而言，其投入力度仍需逐步加大，尤其是中央和省级政府对基层县乡政府的财政转移支付力度要加强，只有这样，才能保证基层县乡政府的收支平衡以及在发展农村体育公共服务事业中的财权与事权相匹配。而现今省以下地方政府公共服务的责任与财力却处于不对称的状态，据相关研究表明，在政府总收支中，目前地方政府收入仅占45％，支出却高达70％，而中央政府支出的比重仅为30％，这与国外一些主要国家差异明显，国外主要国家的政府总支出中地方约为30％，中央约为70％，与中国正好相反①。可见，在农村体育公共服务的资金投入上，中央财政要进一步加大对地方的转移支付投入。

农村体育公共服务建设的财力困境还与基层县乡政府体育事业经费来源单一有关，目前基层农村体育事业经费来源主要依靠上级政府财政拨款以及本级体育彩票的收入，经费来源不稳定。虽然中央和省级政府对基层财政转移支付力度的加大能从很大程度上缓解基层政府的财政困境，但是却无法转变基层政府体育事业经费来源单一的问题，这一问题的解决尚需基层政府自身广开财源，如鼓励和倡导县乡企事业单位和社会捐资等来拓展资金来源。而这对于2006年农业税免征后存在财政短缺问题的基层乡镇政府，更是显得必要和重要。

2006年免征农业税之后，不少村级财政呈现出“空壳化”现象，导致村委会无钱办事、无人管事的现象普遍存在，而对农村体育公共服务建设的投入，自然无力开展，行政村现有的体育设施大多由国家专项财

① 沈荣华．各级政府公共服务职责划分的指导原则和改革方向［J］．中国行政管理，2007（1）：9-14.

政拨款建设。行政村作为农村基层的组织细胞，其公共事务常由村委会负责组织实施。根据村委会组织法的相关规定①，村委会作为农村群众自治组织，从性质上来看与乡镇政府是指导和协助的关系，而非领导和被领导的关系。但是，现实中村委会却常常听命于乡镇政府，而且这一状况在农业税免征后势必会进一步加剧，因为农业税改革后大多农业地区行政村的主要财政来源依靠即是乡镇政府的转移支付。而在目前乡镇政府自身财政短缺的情况下，村级农村体育公共服务建设如果仅仅依靠乡镇政府的财政转移支付来实现，显然可能性不大。因此，目前只有千方百计地增加村级财政收入，才能从根本上保证行政村自筹资金开展农村体育公共服务建设。行政村的财力积累一方面要依靠上级政府财政转移支付的“输血”来实现，另一方面还要通过发展村级集体经济和产业、增加经营性收入等“自我造血”的途径来提高。而且在当前乡镇政府财政转移支付力度有限的背景下，村级财政更要通过“自我造血”功能寻求出路。只有如此，行政村才能自食其力投资开展农村体育公共服务建设。

尽管目前企业和社会资金对农村体育公共服务建设的投入还尚未蔚然成风，但企业和社会捐资对弥补当前农村体育公共服务主要依赖政府投资的单一供给缺陷具有重要作用。就目前部分企业捐资农村体育公共服务建设的实际来看，一方面是为了发展公益事业，同时宣传和塑造企业自身的公益形象，另一方面在一定程度上无疑是为了给地方政府“面子”，拉近与地方政府的关系。因此，各级政府尤其是基层政府要因势利导，充分调动企业和社会资本的积极性，鼓励、引导更多企业和社会资金投入农村体育公共服务建设。

农民对自愿投资农村体育公共服务建设，虽然目前业已具备了一定的意愿基础，但是实地考察后发现，有积极意愿的农民可能大多尚且处于一种“愿意但没钱”的尴尬境地，若让其真正付诸投资农村体育公共服务建设的实际行动，可能还不太现实。但是，在区域经济相对发达、农村条件相对较好的地区，在不违反村委会组织法和农民意愿的情况下，

① 全国人民代表大会常务委员会. 中华人民共和国村民委员会组织法［EB/OL］.（2010-10-28）［2021-08-12］. http://www.gov.cn/flfg/2010-10/28/content_1732986.htm.

不妨率先倡导广大农民自愿投资农村体育公共服务建设的实践。

第三节 农村体育公共服务建设中的物力要素分析

相对于人力、财力而言，农村体育公共服务建设中的物力要素，主要是指为农村体育公共服务活动的开展提供物质和技术保障的实体性要素。广义来看，主要体现为农村体育公共服务的各类实体性产品和服务，如援建的体育场地器材设施、举办的各类体育活动、建立的各种体育组织、开展的健身指导、实施的体质监测、提供的体育信息咨询等各类产品和服务。狭义而言，则仅局限于农村体育公共服务产品供给中的实物性资源，如体育场地器材、体质监测车等。本研究所言的物力，是指的广义上的物力。因为就农村体育公共服务的实际来看，实则是上述实体性服务产品和服务共同满足广大农民公共体育需求的过程，而并非仅仅局限于体育场地器材等物资的提供。本节将从现阶段农村体育公共服务建设物力要素的数量、类型、供给特征和方式四个方面，对农村体育公共服务建设的物力要素问题进行初步分析。

一、农村体育公共服务建设物力要素的数量

就现今农村体育公共服务建设物力要素的数量而言，实际上很难对援建的体育场地器材设施、举办的各类体育活动、建立的各种体育组织、开展的健身指导、实施的体质监测、提供的体育信息咨询等各类产品和服务的数量做出确切的数据统计。从国家相关部门公布的官方数据来看，只有农村体育场地器材设施和农村乡镇体育组织有一定数量上的客观呈现。

根据国家体育总局等部委联合组织开展的第五次全国体育场地普查的数据资料显示，截至 2003 年 12 月 31 日，全国共有各类体育场地 850 080 个，其中分布在乡（镇）村的体育场地仅有 66 446 个，占全国体育场地总数的 8.18％[①]，这无疑与我国农村地域辽阔、农村人口基数大的状况极不相适应。但近年来，国家实施的“农民体育健身工程”以及

① 第五次全国体育场地普查办公室．第五次全国体育场地普查数据公报［EB/OL］．（2005-02-18）［2021-09-18］．https://www.sport.gov.cn/n4/n15291/n15292/c964549/content.html.

在农村老少边穷地区实施的"雪炭工程"，在很大程度上缓解了农村体育场地器材设施相对不足的问题。相关数据资料显示："2006 年到 2010 年底，全国共建农民体育健身工程 23 万个，农村新增场地面积 2.3 亿平方米，人均新增 0.7 平方米，3.3 亿人受益，使得农村体育场地设施严重匮乏的局面极大改善。在已建成的农民体育健身工程中，达标及超过标准的占到 97.8%。截至 2010 年 12 月底，在建设完成的农民体育健身工程中，全国共配置篮球架 19.7 万副、乒乓球台 30.4 万个，室外器材 81.1 万件，器材完好率达 95%左右。"① 2011 年，国家体育总局投入本级彩票公益金支持建设农民体育健身工程 4 550 个，并引导各地建成 56 709 个②。全国各类体育场地已超过 100 万个，建成"农民体育健身工程"34.8 万个③。

"雪炭工程"是指国家体育总局利用本级体育彩票公益金，在老少边穷地区实施援建经济实用的公共体育场地设施的工程④。按照 2003 年制定的《雪炭工程实施办法》，"国家体育总局每年在本级体育彩票公益金中安排 5 000 万元用于实施雪炭工程，原则上地（市）级人口数在 80 万以上的县为 250 万元，人口数在 80 万以下 30 万以上的县（市、区）为 200 万元；人口数在 30 万以下的县（区、市）为 150 万元"⑤。但事实上，相关数据显示："从近两年公布的雪炭工程项目来看，每年投入已经超过 5 000 万元。比如，2009 年一共建成 60 个，每个项目投入体彩公益金 150 万元；2010 年援建河北省献县等 88 个雪炭工程项目，资助西藏自治区每个项目 300 万元，其他省（区）每个项目 150 万元。从 2001 年起开始实

① 搜狐体育. 农民体育健身工程惠及亿万群众 5 年努力出成果［EB/OL］.(2011-03-25)［2021-08-12］. http://sports.sohu.com/20110325/n279988093.shtml.

② 扬子晚报. 体彩公益金助力农民体育健身工程［EB/OL］.（2012-12-28）［2021-08-12］. http://news.163.com/12/1228/06/8JPQIUBN00014AED.html.

③ 刘鹏. 在 2013 年全国体育局长会议上的讲话［EB/OL］.（2013-12-24）［2021-08-12］. http://www.sport.gov.cn/n16/n1077/n1467/n3670964/n3671192/3708811.html.

④ 国家体育总局政策法规司.《体育事业发展"十二五"规划》名词解释［EB/OL］.（2011-04-01）［2021-08-12］. http://www.sport.gov.cn/n16/n1077/n1467/n1843577/1843754.html.

⑤ 国家体育总局体群字［2003］60 号."雪炭工程"实施办法［EB/OL］.(2010-02-18)［2021-08-12］. http://www.sport.gov.cn/n16/n1092/n16879/n17321/1437548.html.

施，截至2010年，国家体育总局已经投入体育彩票公益金5亿多元，援建项目400多个，惠及26个省（区、市）。”①②

值得指出的是，“农民体育健身工程”以及“雪炭工程”虽然在一定程度上缓解了农村体育场地器材设施严重缺乏的状况，但其依然不能满足当前广大农民日益增长的需求。这一点，从前述第二章有关农村体育场地器材设施的供给现状中可见一斑。调查结果表明，目前农村体育场地器材设施的供给情况仍然不容乐观，有43.5%的农民认为体育场地器材设施“不充足”，有18.5%的农民选择了“完全没有”，仅有5.9%的农民认为体育场地器材设施“非常充足”和“充足”。可见，就农村体育公共服务建设中的物力要素——体育场地器材设施的数量而言，其仍然处于十分缺乏的状况。

就农村体育组织的数量而言，据统计，目前全国共有体育指导站、体育健身活动站（点）25万多个，农村乡镇体育组织5.9万个③。根据民政部发布的2009年民政事业发展统计公报的数据资料，如果按照全国共有乡镇34 170个、全国行政村约60万个计算④，则平均每个乡镇拥有体育组织的数量约为1.7个，每个行政村拥有体育组织的数量约为0.1个。可见农村正式体育组织的数量相当匮乏⑤。这与第二章中对农村体育组织服务供给情况的调查结果相一致：目前农村体育组织具有了一定的数量并呈现出多样化的发展态势，48.6%的农民认为其身边“没有任何体育组织”，17.7%的农民认为有“自发性的村民体育组织”，16.1%的农民认为有“村民委员会体育组织”，14.2%的农民认为有“乡镇政府体育组织”。然而，在现有的农村体育组织中，正如前述第二章中相关调研

① 华彩网. 体彩公益惠及全民 雪炭工程援建项目已达400个［EB/OL］.(2015-01-29)[2021-08-12]. http://www.huacai.com/news/2011/0705/45758.html.

② 王世让. 20万人的活动中心［N］. 中国体育报，2011-07-04（14）.

③ 刘鹏. 推动全民健身事业 谱写体育总会新篇章［EB/OL］.（2012-12-28）[2021-08-12]. http://www.sports.cn/subject/2013tyjz/ywsd/2012-12-28/2198146.html.

④ 民政部. 民政部发布2009年民政事业发展统计公报：进步显著［EB/OL］.(2010-02-03)[2021-08-12]. http://www.gov.cn/gzdt/2010-02/03/content_1527088.htm.

⑤ 张园. 西安地区农村体育组织发展机制研究［D］. 西安：西安体育学院，2013.

结果分析所指出，有不少乡镇政府体育组织是以“挂牌”形式存在，形同虚设，而农村非正式、自发性的体育组织，有不少是以营利为目的，公益性的自发性体育组织还较少。总体来看，就农村体育公共服务建设中的物力要素——体育组织的数量而言，目前也尚处于十分缺乏的状况。

从举办的各类体育活动、开展的健身指导、实施的体质监测、提供的体育信息咨询等农村体育公共服务建设物力要素的数量来看，虽然尚未见官方发布的权威数据，但是从本研究第二章调研结果的分析中不难得出：其数量状况令人担忧。从第二章相关调研数据可以发现，就组织开展的体育活动情况而言，调查中有70.2%的农民认为其所在村“从来不组织”体育活动，可见我国大部分基层农村基本没有组织过体育活动；就开展的健身指导情况来看，调查中61.0%的农民选择了“从未有人指导”，可见广大农民获得健身指导服务的状况较差；就实施的体质监测情况来看，调查中71.8%的农民选择了“没有开展”，可见基层农村体质监测服务非常缺乏；就提供的体育信息咨询服务情况来看，调查中有22.1%的农民选择了“从未提供过”，相对前面三者的比例来看，表明体育信息咨询服务在我国农村地区已经具有了一定的基础，然而调研数据亦表明农村体育信息咨询服务主要通过广播电视、标语等物质化媒介提供，而通过专业人员直接面对面的咨询服务尚且不多，可谓物化信息多、咨询服务少。

总体来看，现今农村体育公共服务建设物力要素的数量，无论是援建的体育场地器材设施、建立的各种体育组织，还是举办的各类体育活动、开展的健身指导、实施的体质监测、提供的体育信息咨询等各类产品和服务的数量，均存在严重不足现象。恰如第二章中对我国农村体育公共服务总体供给情况的调研结果所反映的，被调查的农民选择“不充足”和“完全没有”的人数比例合计高达71.7%，与农民对农村体育公共服务的需求意愿结果形成了较为明显的反差。

二、农村体育公共服务建设物力要素的类型

就农村体育公共服务物力要素的存在形态来看，可以将体育场地器材设施、体育活动、体育组织、健身指导、体质监测、体育信息咨询等各类产品和服务划分为两大类。一是实物型，主要是体育场地器材设施等；二是服务型，主要包括体育活动、体育组织、健身指导、体质监测、

体育信息咨询等。

现今农村体育公共服务物力要素的供给，主要是以实物型的体育场地器材设施为主，服务型的体育活动、体育组织、健身指导、体质监测、体育信息咨询等物力要素的供给相对较少。近年来“农民体育健身工程”以及一些老少边穷地区农村“雪炭工程”的实施，也是以体育场地器材设施建设为载体予以开展。如“农民体育健身工程”的建设标准即是一个标准篮球场、两个室外乒乓球台，雪炭工程资助援建的也是公共体育场地设施。调研中发现，现有的农村体育场地主要有篮球场（现实中大多为混凝土地面）和少量不规范的200米至400米跑道（主要选择面积较大的空地，依地而建的泥土跑道）。现有的农村体育健身器材，主要有乒乓球台、盘式扭腰器、肩关节康复器、腰背按摩器、腿部按摩器、三人转腰器等。

为何现今农村体育公共服务物力要素的供给主要以实物型的体育场地器材设施为主呢？笔者认为，可能主要有以下几个方面的原因：一是农村体育场地器材设施对于广大农民体育健身活动的开展而言，起着基础性的物质保障作用，其地位和作用非常重要；二是2006年开始的新农村建设对村容村貌和基础设施建设都提出了一定要求，而以农村体育场地器材设施建设为主要内容的“农民体育健身工程”等的实施，不失为体现新农村村容整洁、乡风文明、新农村新风尚等建设成果的一道健康文明的亮丽风景；三是囿于目前国家财力相对有限，在我国转变政府职能、建设服务型政府、大力发展公共事业的今天，有待投入的关系国计民生的公共服务领域甚广。就体育事业本身而言，要建设体育强国，无论是竞技体育，还是学校体育与群众体育，均有待国家进一步加大投入力度，而作为群众体育薄弱环节的农村体育，其体育公共服务的投入自然应该作为战略重点予以加强，但是囿于国家的有限财力，目前应针对起基础性物质保障作用的农村体育场地器材设施给予优先和重点支持；四是从二者的供给难度和效应来看，实物型的农村体育公共服务产品供给的过程相对简单、易于操作，组织实施较容易，且一旦建成，可以作为“有目共睹”的实物长期存在，社会效益和政绩效应均易于体现，而服务型农村体育公共服务产品，如体育活动、健身指导、体质监测等，技术含量的要求相对较高，组织起来相对复杂，而且一次投入很难发挥持续性社会效益和实际效果，需要经常性开展，加之农村幅员辽阔、农村人口众多，其人力、财力的投入要求可能更高。

综上分析，现今农村体育公共服务物力要素的供给主要以实物型为主，这既有一定的必要性，也有其客观原因。然而，相对于广大农民的多元体育服务需求而言，农村体育公共服务物力要素的供给诚然应该是多元的。而且伴随着农民体育文化生活需求层次的提高，服务型的体育活动、体育组织、健身指导、体质监测、体育信息咨询对广大农民体育生活方式的形成、科学健身等方面而言，也将显得更为重要。诚然，在我国农村体育公共服务发展初级阶段，农村体育公共服务物力要素的供给以实物型的体育场地器材设施为先锋，走一条“先求有、再求全和好”的路子，在一定程度上而言，也符合当前我国的国情和基层农村体育基础设施缺乏的实际。

三、农村体育公共服务建设物力要素供给的特征

（一）政府主导性特征

履行公共服务职能，可谓是任何政府义不容辞的政治和社会责任，也是政府的天职和存在的价值所在。大力发展社会公共事业、为广大民众提供基本的公共服务，已成为现阶段我国建设服务型政府的重要举措。农村体育公共服务建设作为我国农村社会事业发展中的重要组成部分，政府对其发展具有不可推卸的责任和义务。

在农村体育公共服务建设物力要素的供给上，我国政府也一直承担着主体责任，并通过制定相关政策法规等予以保障。例如前面分析指出的《全民健身计划纲要（1995—2010)》《全民健身条例》《全民健身计划纲要（2011—2015)》等相关导向性政策，以及“农民体育健身工程”“雪炭工程”等相关具体措施，都体现了我国政府是现阶段农村体育公共服务建设物力要素供给的“组织者”“主导者”和“主要提供者”，其政府主导性特征不言而喻。从某种程度上来看，政府的主导性主要体现为政策的导向性和决定性。如近年来“农民体育健身工程”的实施已促成全国近 30 多万个行政村建成了篮球场、乒乓球台等体育健身设施，这无疑得益于中共十六届五中全会精神和《中共中央 国务院关于推进社会主义新农村建设的若干意见》(中发〔2006〕1 号)，以及国家体育总局《关于印发〈关于实施农民体育健身工程的意见〉》的通知（体发〔2006〕13 号）和各级地方政府的相关通知。可以肯定，如果没有政府的强力政

策倡导及其主体责任和主导作用的发挥，近年来农村体育基础设施建设不可能得以如此快速的发展。

（二）公益性特征

农村体育公共服务建设无疑是一项利国利民、为广大农民谋福祉的社会公益性事业。农村体育公共服务建设物力要素的供给是面向广大农民群众的，受益对象是广大农村地区的农民。无须讳言，农村体育公共服务建设物力要素的供给具有鲜明的公益性特征，如实施的“农民体育健身工程”“雪炭工程”等。尽管在党中央和各级政府的大力支持下，我国农村体育基础设施建设、体育文化活动的开展均取得了一定成绩，但实事求是地讲，目前我国农村体育公共服务尚处于起步阶段。当前及以后相当长一段时期，我国农村体育公共服务建设物力要素的供给（本研究主要指基本体育公共服务产品），只能坚持公益性的发展方向，坚持非营利性的原则。

农村体育公共服务建设物力要素供给的公益性特点，在一定程度上亦是由其属于非排他性和非竞争性的纯体育公共服务产品的特性决定的。对于这一类产品，往往只能由各级政府承担供给主体职责①。换言之，对于具有公益性和非营利性的农村体育公共服务建设物力要素的供给，除开政府，私人一般不愿意提供。因此，对于公益性的农村体育公共服务建设物力要素的供给，大多由各级政府财政支出。

（三）分散性特征

由于我国农村地域辽阔，农户居住相对城市居民而言较为分散，而且随着近年来农村行政村的合并重组，不少行政村的规模变大，村小组数目增多，使得农村体育公共服务产品如体育场地器材设施等在农村的分布显得颇为分散。这从第二章中对农村体育场地器材设施布局与农民居住地相距较远的现状分析中可见一斑。

农民居住的分散性决定了农村体育公共服务建设物力要素供给的分散性特征，无疑，这也在很大程度上增加了农村体育公共服务建设物力要素的供给难度，并影响着农村体育公共服务物力要素的供给效率和实际使用效果的发挥。

① 周爱光. 从体育公共服务的概念审视政府的地位和作用 [J]. 体育科学，2012，32（5）：64-70.

（四）基本性和低水平特征

2011年《中华人民共和国国民经济和社会发展第十二个五年规划纲要》中指出："把基本公共服务制度作为公共产品向全民提供，完善公共财政制度，提高政府保障能力，建立健全符合国情、比较完整、覆盖城乡、可持续的基本公共服务体系，逐步缩小城乡区域间人民生活水平和公共服务差距。"[①] 2012年7月，国务院颁发了《国家基本公共服务体系"十二五"规划》，其作为我国第一部国家基本公共服务总体性规划，"保基本、强基层、建机制"的基本思路贯穿其中[②]。从以上两部规划文件不难发现，二者均强调现阶段我国公共服务体系建设要立足"基本"。究其原因，这主要是因为我国目前仍然是一个发展中国家，国家对公共服务的支出能力还相对有限，基本公共服务体系的建立要与我国经济社会发展水平相适应，不能超出国力水平，必须符合我国的国情和量力而行的原则。诚然，农村体育公共服务及其体系建设亦然。

现今农村体育公共服务建设物力要素的供给主要以简易的体育场地器材基础设施为主，其基本性的特征不言而喻。这主要取决于如下方面的原因：一是目前我国需要加强建设的关系国计民生的公共服务事业的涵盖面甚广，而我国的国力财力却相对有限；二是我国农村地域辽阔、人口众多，经济基础相对薄弱，体育公共服务需求缺口巨大，当前还只能"小步跑"，逐步提供和完善农村体育基本公共服务产品的供给。

目前农村体育公共服务建设物力要素的供给不仅具有基本性的特征，而且还具有低水平特征。主要体现为三个方面：一是数量少，从前述第二章有关农村体育公共服务供给现状，以及本章中对农村体育公共服务建设物力要素数量的分析中不难得出，目前农村体育场地器材设施、体育组织、体育活动、健身指导、体质监测、体育信息咨询等各类产品和服务数量不足的状况着实令人担忧。二是区域发展不平衡，离均等化要求还甚远。现今农村体育公共服务建设物力要素的供给水平诚然难以与城市的相媲美，但仅就农村自身而言，从不同地区农村体育公共服务供

① 新华社. 国民经济和社会发展第十二个五年规划纲要［EB/OL］.（2011-03-16）［2021-08-12］. http://www.gov.cn/2011lh/content_1825838.htm.

② 中国政府网. 国务院关于印发国家基本公共服务体系"十二五"规划的通知［EB/OL］.（2012-07-20）［2021-08-12］. http://www.gov.cn/zwgk/2012-07/20/content_2187242.htm.

给的情况来看（如第二章的相关分析所示），东部地区要好于中西部地区，其区域差异较为明显。三是以实物型为主，服务型物力要素的供给低迷。诚如本章对农村体育公共服务建设物力要素供给类型的分析，现今农村体育公共服务物力要素的供给，主要是以实物型的体育场地器材设施为主，而技术含量高、组织复杂程度高的体育活动、体育组织、健身指导、体质监测、体育信息咨询等服务型物力要素的供给还相对较少。

四、农村体育公共服务建设物力要素供给的方式

从现阶段农村体育公共服务建设物力要素的供给方式来看，主要以国家自上而下地直接免费供给为主，辅之于社会企业捐赠、村级自建和个人自给供应。总体来看，供给主体单一、自上而下地垂直无偿提供是其供给方式的主要特征。

一方面，由于农村体育公共服务建设物力要素的基本性、公益性特征和其公共物品的性质，这决定了政府必须承担不可推卸的供给职责，但是囿于农村体育公共服务投入的非回报性和难以彰显的经济效益，导致农村体育公共服务建设物力要素的供给主要依赖于政府，从而使目前供给主体显得过于单一。从一定程度上来看，供给主体的单一性也决定了供给内容和形式的单调性，这从近年来全国以篮球场和乒乓球台为主要内容的“农民体育健身工程”的实施中可见一斑，而体育活动、体育组织、健身指导、体质监测、体育信息咨询等农村体育公共服务建设物力要素的供给却相对较少。

另一方面，自上而下地垂直供给一般由中央政府做出供给决策，下面各级政府按照规定和要求逐级实施，使得供给的过程显得相对直接。在某种程度上来看，自上而下地垂直供给可谓是计划经济体制下国家管理公共事务的一种普遍模式，其优点也非常明显，即依赖于国家政府的行政命令权威逐级实施，便于管理并使相关供给要素落实到位。但是自上而下地供给往往难以倾听到基层农民的声音，使得基层农民的实际体育需求难以在供给过程中得到反映。

此外，农村体育公共服务建设物力要素的供给目前主要是由政府无偿提供，这一方面彰显了政府发挥公共服务职能的良好形象，同时相对于政府自身能力的有限性而言，政府也面对着由于农村体育公共服务建设物力要素供给的巨大需求缺口所造成的供给压力。要破解政府在农村

体育公共服务建设物力要素供给中的压力，必须逐步打破当前以政府为主的供给主体单一的局面，调动市场、非营利组织和志愿组织、农民个人等多元主体的积极性，形成政府主导的复合型供给方式。

五、现阶段农村体育公共服务建设物力要素问题小结

农村体育公共服务建设的物力要素是广义层面的物力要素，包括农村体育公共服务供给的各类实体性产品和服务，如援建的体育场地器材设施、举办的各类体育活动、建立的各种体育组织、开展的健身指导、实施的体质监测、提供的体育信息咨询等。就农村体育公共服务物力要素的存在形态而言，可以将其分为两大类，一类为实物型，主要包括体育场地器材设施等；另一类为服务型，主要包括体育活动、体育组织、健身指导、体质监测、体育信息咨询等。无论是实物型的农村体育公共服务建设物力要素的数量，还是服务型的物力要素的数量，目前均存在供给严重不足的问题。从农村体育公共服务建设物力要素的供给特征来看，政府主导性、公益性、分散性、基本性和低水平是其主要特征，这主要是由我国的国情和农村体育公共服务建设的已有基础和现实条件等所决定。从农村体育公共服务建设物力要素的供给方式来看，主要以国家自上而下地直接无偿供给为主，供给主体颇为单一，亟待发挥市场、非营利组织和志愿组织、农民个人等多元主体的积极性，形成政府主导的多元化供给方式。

本章小结

作为农村体育公共服务建设的实体要素，人力、财力、物力三者相互联系，缺一不可，各自在农村体育公共服务建设中发挥着重要的作用。其中，人力是根本，是主体性资源；财力是保证，是关键性资源；物力是基础，是实体性资源。从农村体育公共服务建设的人力要素来看，政府是当前农村体育公共服务建设实践中的供给主体，理论上主体多元而实践中供给主体却较为单一，应然与实然的巨大反差，是农村体育公共服务建设人力要素中的突出问题。政府作为农村体育公共服务建设的主体，是服务型政府的职能与职责之所在，本无可厚非，但是县、乡二级政府财权与事权的非衡性，却影响着现实中基层政府作为农村体育公共

服务建设人力要素作用的发挥，这无疑应引起人们的高度重视。从农村体育公共服务建设的财力要素来看，与人力要素的投入相对应，政府的财力投入是农村体育公共服务建设的主要财力来源。然而，囿于农村体育公共服务的巨大需求缺口和政府财力的相对有限性，尤其是基层政府的财力困境，致使现今农村体育公共服务建设的财力短缺问题成为一道现实难题。鉴于此，在加大中央和省级政府对基层政府财政转移支付力度的同时，还要广开财源，通过引导和鼓励企业和社会捐赠、行政村自筹资金以及农民自愿投资等方式拓展资金来源。从农村体育公共服务建设的物力要素来看，与人力、财力要素的投入相似，主要以政府自上而下地直接无偿供给为主，而供给主体的单一以及主要依靠政府的有限财力投入，决定了现今农村体育公共服务建设物力要素数量的不足，以及供给内容和形式的单调性，因此，亟待发挥农村体育公共服务建设多元主体的积极性，形成政府主导的复合型供给方式。

从前述分析不难发现，人力、财力、物力三要素在农村体育公共服务建设中相互联系和促进，其中，人力、财力居于主导位置。从某种程度上而言，农村体育公共服务建设的最终问题实则是人和钱的问题，这也是现实中的实际难题。要解决这一问题，有必要形成一种“政府主导、社会参与、财政支持、企业捐赠、村落集资、村民出力”的合力共举的局面。

第四章 体制与机制：农村体育公共服务建设的两翼

如果说人财物是农村体育公共服务建设的“实体”，那么体制与机制则是农村体育公共服务建设的“两翼”，是农村体育公共服务运行的制度保障。无论是前述第二章中呈现的农村体育公共服务现状中的问题，还是第三章中人财物供给及其运行中的问题，从某种程度上来看，都是受农村体育公共服务体制和机制影响的结果，或者说在很大程度上均是由农村体育公共服务现有体制及机制的不完善而引起。本章拟对农村体育公共服务的体制及机制问题做初步探讨，以期为农村体育公共服务体制改革及运行机制的完善提供参考。

第一节 农村体育公共服务体制探讨

一、农村体育公共服务体制的定义

（一）体制的定义

《辞源》中对“体制”一词的解释为：规定组织的机构和运行纲领；《现代汉语词典》中的解释是：国家机关、企业、事业单位等的组织制度。①

学界关于体制的概念有诸多不同表述。主要有：

陈永杰认为，体制是指在一定思想观念指导下，有一套法律政策的规范与约束，受一定政府机构管理与监督，由一些经济社会组织或个人

① 中国社会科学院语言研究所词典编辑室. 现代汉语词典（第7版）［M］. 北京：商务印书馆，2016.

运作实行的社会行为系统。换句话说，体制实际上讲的是，在为什么(观念指导)、凭什么（规范约束)、谁管及管什么（哪一政府部门管理及有何管理职责)、谁做及做什么（哪些组织或个人可以做哪些事情和如何做这些事）这四个因素作用下的一系列有规则的社会行为组合①。张国庆认为，所谓体制，“体”为结构、系统，“制”为规定、法度②。王海军认为，体制是指段位实体内组织职能和岗位责任的配置③。孙绵涛认为，体制是机构与规范两个基本要素所组成的结合体或统一体。在社会活动过程中，社会实施机构与一定的规范相结合，就形成了社会活动的实施体制，包括国家活动的实施体制和企事业活动的实施体制；社会管理机构与一定的规范相结合，就形成了社会管理体制。其中，国家管理机构与一定的规范相结合，就形成了国家管理体制；企事业单位内部的管理机构与一定的规范相结合，就形成了企事业管理体制。在社会活动领域中，政治机构与相应的规范相结合，就形成了政治体制；经济机构与相应的规范相结合，就形成了经济体制；文化教育机构与相应的规范相结合，就形成了文化教育体制；其他社会机构与相应规范结合就形成了其他社会体制④。

综合以上有关体制的定义不难发现，体制一般包含两个基本的要素，一是实体性机构，二是制度规范，是机构与规范两个基本要素的有机结合体。

（二）体育体制的定义

关于体育体制的定义，学界有诸多解释，不同年份不同作者出版的《体育概论》中有多种不同表述⑤⑥⑦⑧⑨。除《体育概论》中的相关定义

---

① 陈永杰．推动公共服务领域的改革开放［N］．经济参考报，2005-1-25（4）．

② 张国庆．行政管理体制改革及其政治体制改革的异同［J］．中国行政管理，1994（4）：36-38．

③ 王海军．中国化马克思主义执政理论创新与发展的现实逻辑［M］．北京：中共党史出版社，2010．

④ 孙绵涛．关于体制改革与机制创新关系的探讨［J］．华中师范大学学报（人文社会科学版），2009，48（4）：121-127．

⑤ 鲍冠文．体育概论［M］．北京：高等教育出版社，1995．

⑥ 全国体育院校成人教育《体育概论》教材编写组编．体育概论［M］．北京：人民体育出版社，1999．

⑦ 叶加宝，苏连勇．体育概论［M］．北京：北京体育大学出版社，2005．

⑧ 杨文轩，杨霆．体育概论［M］．北京：高等教育出版社，2005．

⑨ 熊晓正．体育概论［M］．北京：北京体育大学出版社，2008．

外，还有诸多论文和著作亦有阐释。较具代表性的论述有：

体育体制有广义和狭义两种理解，狭义的体育体制是指与开展体育活动有关的机构设置、权利划分、组织形式和管理方法等。广义的体育体制除上述内容外，还包括体育的运行机制和经营方式①。

体育体制是指体育组织机构的设置、领导隶属关系和管理权限划分等方面的体系和制度的总称②。

体育体制是指管理体育事业的政府机构和社会组织及其制度的体系③。

体育体制是体育管理的机构设置、权限划分、运行机制（责任、权力、利益划分）等方面的体系和制度的总称，是实现体育总目标的组织保证④。

体育体制是一个国家管理体育的各种机构，以及由它们制定并实施的各项体育制度与措施的总称⑤。

综上专家学者对体育体制的定义，可以看出，体育体制定义中均包含的关键词主要有：体育机构设置、管理权限划分、各项制度和准则。根据前述对体制的定义分析以及上述体育体制定义的已有相关研究，结合本研究的需要，笔者认为体育体制是指体育事业管理机构与相关规范的总称。体育事业管理机构包括机构设置、管理权限的划分、运行机制的制定等，相关规范即是体育事业管理机构制定的规章制度和准则等。

（三）体育管理体制的定义

对于体育管理体制的概念，体育学界一个几近共识的概念界定是：体育管理体制是体育管理的机构设置、权限划分、运行机制等方面的体系和制度的总称，是实现体育目标的组织保证⑥⑦。吕树庭、肖林鹏、陈

---

① 张岩．建立与社会主义市场经济相适应的体育运行机制［J］．成都体育学院学报，1994，20（4）：1-5．

② 杨文轩，陈琦．体育原理［M］．北京：高等教育出版社，2004．

③ 全国体育学院教材委员会《体育理论》编写组编．体育理论［M］．北京：人民体育出版社，1987．

④ 杨桦，孙淑惠，舒为平，等．坚持和进一步完善我国竞技体育举国体制的研究［J］．北京体育大学学报，2004，27（5）：575-581．

⑤ 张振中．体育基础知识［M］．郑州：郑州大学出版社，2002．

⑥ 孙克宜，秦椿林．试论体育管理体制与中国体育管理体制改革［J］．北京体育大学学报，1995，18（1）：6-13．

⑦ 秦椿林，张瑞林．体育管理学［M］．北京：高等教育出版社，2008．

秋喜、孙月霞、赵爱国等诸多学者在论及体育管理体制的相关问题时，均对此概念予以引用和借鉴，可见该界定在学界已基本达成共识。

比较上述体育体制和体育管理体制的相关界定，不难发现，这两个概念虽然称谓上略有区别，但从其内涵与外延来看，实则大同小异。因为，前述界定中体育体制包括体育的组织机构，各级体育行政机构、事业机构的职责、权利、利益的划分，以及相关管理的准则和各项体育管理制度，体育管理体制同样包括体育管理的机构设置、权限划分、运行机制等方面的体系和制度。正如有学者所言："'体育体制与体育管理体制''体育组织体制''体育组织管理体制'的内涵是一致的，因为'组织''管理'或'组织管理'是'体制'的基本构成要素，四种看似不同的'体育体制'概念其实就是'体育体制'概念，可以用'体育体制'进行统一。"①因此，本研究认为"体育体制"和"体育管理体制"的含义无显著差别，可谓是同义语。

（四）公共服务体制及农村体育公共服务体制的定义

我国学者大多认同的一种比较权威的界定是："公共服务体制是指以政府为主导、以提供基本公共产品为主要任务、以全体社会成员共享改革发展成果为目标的一系列制度安排。"②

综合以上"体制""体育体制""体育管理体制""公共服务体制"的定义，结合当前农村体育公共服务建设和管理由各级政府部门主导的实际来看，本研究将农村体育公共服务体制定义为：农村体育公共服务事业的各级政府组织管理机构及相关规范和制度的总称。

二、农村体育公共服务体制的构成

从上述农村体育公共服务体制的定义来看，其构成主要包括两个部分，一是农村体育公共服务的各级政府管理机构，二是由农村体育公共服务各级政府管理机构制定的相关规范和制度。

（一）农村体育公共服务各级政府管理机构设置及职能

机构设置是任何一项管理体制构成的前提和基础，组织机构是管理

---

① 戴敬东．中国体育体制研究［J］．北京体育大学学报，2010，33（1）：10-15．

② 中国（海南）改革发展研究院编．聚焦中国公共服务体制［M］．北京：中国经济出版社，2006．

活动中各要素系统之间的“结构”，是联系管理系统诸要素之间的纽带①。不言而喻，离开了相关的机构设置，体育体制将成为无本之木、无源之水。同时，机构设置是否科学、合理、精练、高效，将对体育管理工作的进行产生决定性的影响。农村体育公共服务管理机构设置是指从中央到地方的从事与农村体育公共服务管理工作相关的部门设置与安排。

1. 中央政府相关机构及其职能

在我国，国家体育总局（1998 年前名为“中华人民共和国体育运动委员会”）作为国务院直属行政机构，主管全国的体育工作。国家体育总局的主要职能是，拟定体育事业发展规划和政策，起草有关法律法规并督促实施；研究体育发展战略；协调区域性体育发展，推动体育服务体系建设等②。

根据国务院 1998 年发布的《国务院办公厅关于印发国家体育总局职能配置内设机构和人员编制规定的通知》（国办发〔1998〕52 号）和 2009 年发布的《国务院办公厅关于印发国家体育总局主要职责内设机构和人员编制规定的通知》(国办发〔2009〕23 号)，从其中二者对国家体育总局内设机构职能的规定可见，代表中央政府具体承担农村体育公共服务的管理机构实则为国家体育总局群众体育司。例如，在 1998 年《国务院办公厅关于印发国家体育总局职能配置内设机构和人员编制规定的通知》中，规定群众体育司的职能为：研究拟定群众体育工作的发展规划；推行全民健身计划，监督国家体育锻炼标准实施，开展国民体质监测；指导和推动学校体育、农村体育、城市体育及其他社会体育的发展。在 2009 年《国务院办公厅关于印发国家体育总局主要职责内设机构和人员编制规定的通知》中，对群体司的职能规定为：拟订群众体育发展规划草案；推行全民健身计划，推动建立和完善全民健身服务体系；指导开展群众性体育活动；推行社会体育指导员和国民体质监测制度；指导国家体育锻炼标准实施。不难发现，在 1998 年国家体育总局更名成立之初，农村体育即得到了中央政府部门的重视，在现今建设服务型政府及其职能向公共服务领域转型的背景下，国家对群众体育管理工作又与时俱进地提出了“推动建立和完善全民健身体系”的要求，诚然，现时期

① 秦椿林，孙汉超. 实用体育管理学［M］. 北京：人民体育出版社，2004.

② 赵爱国. 中美体育管理体制比较研究［J］. 体育文化导刊，2010（11）：33-36.

农村体育公共服务及其体系建设的管理工作也被纳入其中。

国家体育总局群众体育司对自身的职能明确为：拟订群众体育工作的有关方针规划和政策；推行全民健身计划；推动建立和完善全民健身服务体系，指导群众体育组织建设、健身场地设施建设，指导协调开展群众性体育活动；指导协调全国体育大会的组织工作，协助有关部门举办全国性群众体育运动会；指导和推动各类人群的全民健身工作，协调推动全民健身志愿服务工作；指导和推动农村体育、城市体育及其他社会体育的发展；负责推行社会体育指导员和国民体质监测制度，指导国家体育锻炼标准实施工作；组织开展全国群众体育奖励表彰工作；负责拟订总局本级彩票公益金用于实施全民健身计划部分的规划和使用计划；承办总局交办的其他事项①。

除了体育系统中主管全国体育工作的机构设置外，在其他系统中也有分管全国性体育工作的部门，如教育部体卫艺司，负责对全国普通大中小学学校体育工作的管理。可见，农村学校体育工作则应由各级教育部门负责管理，由其履行农村学校体育公共服务职能。也即，农村学校体育公共服务的管理机构一般应为各级教育行政部门，服务对象主要是农村学校的学生群体。这在一定程度上区别于国家体育总局群众体育司服务职能定位的对象——一般性群众，但是，从国家体育总局群众体育司职能定位的全民性来看，也理应包括了农村学生群体。所以，从某种程度上来看，作为国家层面的管理机构——国家体育总局群众体育司与教育部体育卫生与艺术教育司，两者的职能范围也存在一定程度上的交叉。但总体而言，目前农村体育公共服务建设国家层面的政府领导机构主要为国家体育总局及其下属的群众体育司。

2. 省级政府相关机构及其职能——以湖北省为例

在国务院及国家体育总局的统一领导下，省、地（市）、县（区）各级人民政府及其体育行政部门，主管、推动着本行政区各项体育工作②③。国

① 国家体育总局群众体育司. 国家体育总局群众体育司主要职责［EB/OL］(2013-07-22)［2021-08-12］. http://www.sport.gov.cn/n16/n33193/n33208/n33418/index.html.

② 赵爱国. 中美体育管理体制比较研究［J］. 体育文化导刊，2010（11）：33-36.

③ 胡科. 社会精英、民间组织、政府之于群众体育运行研究［D］. 上海：上海体育学院，2012.

家体育总局与地方政府行政部门之间“属于层层递进的领导和隶属关系”①。

各省（市）体育局是各省级政府主管本省体育工作的直属机构。以湖北省为例，湖北省体育局的主要职责是：贯彻执行国家和省有关体育工作的方针政策、法律法规；研究全省体育发展战略，负责推动多元化体育服务体系建设，推进体育公共服务；拟订并组织实施全省体育事业发展规划和政策，起草有关地方性法规、省政府规章草案；统筹规划全省群众体育发展，负责推行全民健身计划，监督实施国家体育锻炼标准，推动全省国民体质监测和社会体育指导工作队伍制度建设，指导公共体育设施的建设，负责对公共体育设施的监督管理等②③。而其下属的群众体育处，则具体负责对全省农村体育公共服务建设的管理。湖北省体育局群众体育处的职能定位是：拟订全省群众体育发展规划；推行全民健身计划，推动建立和完善全民健身服务体系；指导开展群众性体育活动；指导和推动学校体育、农村体育、城市体育及其他社会体育的发展；推行社会体育指导员和国民体质监测制度；指导国家体育锻炼标准实施④。从湖北省体育局群体处的职能定位来看，其主要依据国家体育总局群众体育司的职能定位并结合湖北省的实际需要得以制定，与国家体育总局群体司制定的职能内容颇为相似，只是职能管理的范围仅限于湖北省内。可见，农村体育公共服务建设的省级政府管理机构主要为各省体育局及其下属的群众体育处。

3. **地市级政府相关机构及其职能——以湖北省荆州市为例**

地市级体育局是地市级政府管理全市体育工作的职能部门。以湖北省荆州市为例，湖北省荆州市体育局目前有局机关编制 21 名，下属 5 个二级单位，干部职工 200 多人，局机关内设 6 个职能科室。其主要职能有：贯彻执行国家、省、市有关体育工作的方针政策、法律法规；研究

---

① 刘青. 体育行政管理新论［M］. 北京：人民体育出版社，2006.

② 湖北省体育局. 湖北省体育局简介［EB/OL］.（2013-07-23）［2021-08-12］. http://www.hbsport.gov.cn/Html/view/Introduction/html.

③ 湖北省人民政府. 湖北省人民政府办公厅关于印发湖北省体育局主要职责内设机构和人员编制规定的通知［Z］. 湖北省人民政府公报，2010-02-01.

④ 湖北省体育局. 湖北省体育局群众体育处［EB/OL］.（2013-07-23）［2021-08-12］. http://www.hbsport.gov.cn/Html/view/Institutions/530558195190.html.

制定全市体育发展规划，负责推动多元化体育服务体系建设，推进体育公共服务；统筹规划全市群众体育发展，负责推行全民健身计划，监督实施国家体育锻炼标准，推动全市国民体质监测和社会体育指导员队伍制度建设，指导公共体育设施的建设，负责对公共体育设施的监督管理等。[①] 其中，荆州市体育局下属的群众体育科的主要职责是：拟订、实施全市群众体育发展规划，推行全民健身计划；实施全民健身条例、国家体育锻炼标准，开展国民体质监测；指导和推动学校体育、职工体育、老年人体育、社区体育、农村体育、公安干警体育、少数民族体育和残疾人体育的发展；指导、开展全市性群众体育活动，指导、组织、协调全市承办的省级以上的群众体育竞赛，指导、筹划、组织参加省级以上的群众体育竞赛；培训、审核全市二级社会体育指导员，会同有关部门部署、审核体育彩票公益金投放全民健身路径工作和农民体育健身工程实施情况[②]。不难发现，到地市一级政府，农村体育公共服务建设的管理机构主要为地市体育局及其下属的群众体育科。

4. **县（市）级政府相关机构及其职能——以湖北省荆州市公安县为例**

县（市）体育局是县级政府管理全县体育工作的职能部门。以湖北省荆州市公安县为例，公安县体育局的机构级别相当于正科级，为公安县人民政府办公室所属单位，内设 5 个机构，全额拨款事业编制为 9 名，其中：局长 1 名，副局长 2 名，工会主席 1 名；办公室主任 1 名，科长 4 名。其主要职能是：贯彻执行国家、省、市、县有关体育工作的方针政策和法律、法规；研究制订全县体育发展规划，推进多元化体育服务体系建设和体育公共服务；统筹规划全县群众体育发展，推行全民健身计划，监督实施国家体育锻炼标准，推动全县国民体质监测和社会体育指导员队伍制度建设，指导公共体育设施建设，对公共体育设施进行监督管理。其下属群众体育科的职责是：拟订并组织实施全县群众体育发展规划，推行全民健身计划，实施国民体质监测；贯彻实施《全民健身条例》和国家体育锻炼标准；指导和推动学校体育、职工体育、老年人体

---

① 荆州市体育局. 荆州市体育局职能简介［EB/OL］.（2013-07-23）［2021-08-21］. http://www.jzty.gov.cn/page/textnews1.asp? id=801.

② 荆州市体育局. 荆州市体育局内设机构简介［EB/OL］.（2013-07-23）［2021-08-21］. http://www.jzty.gov.cn/page/textnews1.asp? id=758.

育、社区体育、农村体育、公安干警体育、少数民族体育和残疾人体育的发展；组织、指导开展全县性群众体育活动；组织、指导、协调承办市级以上的群众体育活动；组织、筹划参加市级以上的群众体育活动；审核、培训全县三级社会体育指导员；会同有关部门安排体育彩票公益金用于全民健身路径工程和农民体育健身工程①。可见，农村体育公共服务建设的县（市）级管理机构主要为县（市）体育局及其下属的群众体育科。

值得一提的是，21 世纪初期，在政府机构改革浪潮中为了精简政府机构的需要，全国不少县区撤销了体委部门，而将其挂靠在文化部门、教育部门或卫生部门②。当前，我国许多县级体育部门存在与其他诸如文化局、教育局、新闻广播电台等部门合并重组的现象，成立了教体局、文体局、文体新局等综合性县级行政管理部门。

5. 乡镇政府相关机构及其职能

我国乡镇政府体育管理机构设置比较复杂，一般根据各乡镇的工作特点而定，各乡镇的机构设置也不完全一样，有的设置为文体站，有的设置为综合站，有的设置为文化服务中心等。如前面列举的湖北省荆州市公安县，其下属乡镇 1990 年至 2003 年期间成立了体育站或体育办公室，与文化站合署办公，两块牌子、一套班子，2003 年后更名为乡镇文化体育服务中心③。课题组调研走访中发现，公安县下属乡镇文化体育服务中心一般配置有 1—2 名工作人员，且不少是由兼职人员担任，中心常常处于“闭门状态”，中心工作职责鲜少予以明文规定，其实际工作也是文多体少。事实上，这一现象在全国已较为普遍④。

随着县级体育部门与其他部门的合并重组，行政事业编制数量的减少，到了乡镇一级，文体合为一家的现象则更为普遍，正如公安县下属

① 公安县人民政府网. 公安县体育局［EB/OL］.（2013-07-23）［2021-08-12］. http://www.gongan.gov.cn/dept_show.aspx? id=122.

② 王健，胡庆山. 以人为本：农村体育“科学发展”的新理念［J］. 北京体育大学学报，2005，28（12）：1602-1609.

③ 公安县体育局. 历史沿革［EB/OL］.（2013-07-23）［2021-08-12］. http://www.gongan.gov.cn/Sport/SinglePage.aspx? cid=1.

④ 吕树庭，王铮，张宏，等. 流动人口：社会体育的新课题［J］. 广州体育学院学报，2003，23（1）：1-4.

乡镇的体育站更名为乡镇文化体育服务中心一样，现今乡镇一级政府已很少见单独的体育管理机构，取而代之的是诸如“乡镇综合文化站”“教卫文体办公室”“文体服务中心”等管理机构，其集图书阅读、广播影视、宣传教育、科技推广、科普培训、体育和青少年校外活动等于一体，是服务于当地农村群众的综合性公共文化机构。诚然，基层农村体育公共服务建设的最低一级政府管理机构就是上述乡镇政府及其下属的文体站或文体服务中心。

（二）国家及各级政府部门制定的相关规范和制度

制度作为体制的基础规则，是各种规则的集合，用以规范体系内各组织（行为主体）互动的行为。制度具有系统性、非随机性，它确定了个人、组织作出行动路线选择的规则和行为准则①②。制度建设及其创新将决定新时代我国体育事业发展的生命力，是中国体育改革的关键③，同时也是农村体育公共服务体制建设及改革的重点。不断完善相关规范和制度，是保证农村体育公共服务管理机构正常运行的前提，是农村体育公共服务体制良性运转的保证。这不仅是现阶段农村体育公共服务体系建设和完善的需要，也是体育强国目标实现的需要。

1. 国家及中央政府部门颁布的相关规范制度和准则

改革开放以来，国家对农村体育事业的发展给予了高度的重视，采取了一系列重要举措。例如，1984 年，原国家体委在湖南省桃源县召开全国各县体委主任会议，决定自 1985 年起在全国范围内开展“争创体育先进县活动”，以这项措施来促动农村体育的发展。1985 年全国“争创体育先进县”活动的开展，给当时我国农村体育的发展注入了巨大的动力，在我国农村体育的发展史上留下绚丽的一页。1986 年，经国务院批准，成立了中国农民体育协会，各省（自治区、直辖市）、地（市）、县（区）随之建立起了农民体育协会，有的乡镇还配备了专（兼）职体育干部，这一系列组织和管理措施的施行，对我国农村体育工作的开展和农民体

① 柯武刚，史漫飞. 制度经济学：社会秩序与公共政策［M］. 北京：商务印书馆，2000.

② 国家体育总局. 新时期中国体育改革与制度创新［EB/OL］.（2007-03-12）［2021-08-12］. http://www.sport.gov.cn/n16/n1077/n1452/n31748/155176.html.

③ 张新萍. 对 2008 北京奥运会后中国体育改革走向的研究［D］. 广州：华南师范大学，2006.

育的发展起到了极大的推动作用。1990 年，为了更大规模地动员广大农民参加体育锻炼、增强农民体质、推动农村经济发展、加强农村精神文明建设，中国农民体育协会倡导并经农业部、原国家体委同意，于当年 2 月决定在全国开展“亿万农民健身活动”，并提出这项活动以乡镇为基本单位来进行，同时规定每两年评比表彰一批全国“亿万农民健身活动”先进乡镇，使其扎根于基层，开花于农村。“亿万农民健身活动”的开展和“亿万农民健身活动”先进乡镇的评比，对农民体育的发展起到了很好的激励、促进和示范作用。①

然而，要保障一项事业稳定、健康、可持续发展，诚然离不开制度建设，必须制定促进和保障农村体育事业发展的相关规范、制度和准则。检索和查阅历史资料发现，改革开放以来我国制定的有关农村体育事业发展及其公共服务建设的相关规范制度和准则始于 1995 年，《全民健身计划纲要》的颁布可谓拉开了相关规范和制度建设的帷幕。

表 4-1 是国家及中央政府部门颁布的有关农村体育公共服务建设的相关主要规范制度和准则，可以看出，我国有关农村体育公共服务建设的相关规范制度和准则在不断增多，尤其是“十一五”时期以来，伴随新农村建设步伐的推进，农村体育事业的发展及其公共服务建设更加备受重视，相关文件精神体现出了以人为本的价值取向，相关规范和制度以保障农村及农民的体育权益为出发点，符合当前我国建设服务型政府、建设城乡一体化公共服务体系的战略部署要求。总体而言，尽管当前在加强体育公共服务体系建设、构建体育强国的背景下还尚未见到专门针对农村体育公共服务建设的专项制度规范，但是从上述相关规范制度的制定中亦不难发现，有关农村体育公共服务发展的相关规范和制度建设日益得以加强。

表 4-1　国家及中央政府部门颁布的相关主要规范制度和准则一览表

年份	相关规范制度和准则的文件名称
1995 年	《全民健身计划纲要》《中华人民共和国体育法》
1996 年	《国家体委关于深化改革加快发展县级体育事业的意见》

① 胡庆山，王健，王维，等. 新农村建设中农民体育发展的文化审视：以湖北省大洲村为个案 [J]. 体育科学，2007，27 (10)：40-48.

续表

年份	相关规范制度和准则的文件名称
2000 年	《2001—2010 年体育改革与发展纲要》
2002 年	《中共中央 国务院关于进一步加强和改进新时期体育工作的意见》《农村体育工作暂行规定》
2003 年	《公共文化体育设施条例》《"雪炭工程"实施办法》
2005 年	《关于进一步加强农村文化建设的意见》《中共中央关于制定国民经济和社会发展第十一个五年规划的建议》
2006 年	《中共中央 国务院关于推进社会主义新农村建设的若干意见》《中华人民共和国国民经济和社会发展第十一个五年规划纲要》《关于实施农民体育健身工程的意见》《体育事业"十一五"规划》
2007 年	《关于加强公共文化服务体系建设的若干意见》《"十一五"全国乡镇综合文化站建设规划》
2009 年	《全民健身条例》《乡镇综合文化站管理办法》
2010 年	《关于发挥乡镇综合文化站的功能进一步加强农村体育工作的意见》
2011 年	《中华人民共和国国民经济和社会发展第十二个五年（2011—2015 年）规划纲要》《全民健身计划（2011—2015 年）》《体育事业发展"十二五"规划》
2012 年	《"十二五"公共体育设施建设规划》《国家基本公共服务体系"十二五"规划》
2016 年	《全民健身计划（2016—2020 年）》《体育发展"十三五"规划》《"健康中国 2030"规划纲要》
2017 年	《农业部 国家体育总局关于进一步加强农民体育工作的指导意见》

2. 地方政府颁布的相关规范制度和准则——以湖北省为例

众所周知，中央政府的政策和规定能否得到贯彻执行，关键在于地方政府如何推进落实。正如有研究所言，党和国家方针政策作用的发挥关键在于贯彻执行，在于地方政府落到实处①。上述国家颁发的农村体育公共服务建设的相关规范制度能否得到贯彻落实，关键也在于地方政府如何推进执行。这从地方政府所制定的相应规范制度中可见一斑。

① 刘雪明，杨芳，蓝巧. 地方政府有效执行中央政策研究［J］. 中国石油大学学报（社会科学版），2008，24（6）：52-54.

查阅相关文献资料发现，湖北省为了贯彻实施前述国家及中央政府部门颁布的有关农村体育公共服务建设的相关规范制度和准则的文件精神，湖北省委省政府及相关行政部门也颁布了与农村体育公共服务建设相关的规范制度和准则（见表4-2）。例如，1995年国务院下发的《全民健身计划纲要》、1996年国务院办公厅转发的《国家体委关于深化改革加快发展县级体育事业的意见》、2002年中共中央国务院《关于进一步加强和改进新时期体育工作的意见》以及2006年中央关于建设新农村、实施农民体育健身工程等文件规章，与之相对应，湖北省均制定了相关文件予以贯彻落实。然而，对于国家体育总局群体司颁发的《农村体育工作暂行规定》，却尚未见湖北省政府及湖北省体育局制定相关制度规范或意见。经查阅发现，河南省、安徽省等省级政府也未针对《农村体育工作暂行规定》制定相应制度规范予以回应。可见，仅从制度规范的制定层面看（暂不论其实施成效），对于中共中央、国务院的规定，省级政府一般会不折不扣地遵照执行，而对于平级的相关部委及其下属司局的意见，省级政府常常只是转发或参照执行，并安排相应厅局予以处理。当然，从某种程度上来看，这也有利于省级政府部门工作的创新。事实表明，省级政府对于国家及相关部门下发的文件精神也确有一定程度上的创新。例如，为了贯彻中央及湖北省《关于进一步加强和改进新时期体育工作的意见》《农村体育工作暂行规定》的文件精神，湖北省体育局2004年制定了《湖北省农村乡镇体育第一个五年（2004—2008）发展规划》[1]；为了贯彻实施《全民健身条例》，湖北省政府办公厅2011年下发了《"健康湖北"全民行动计划（2011—2015年）》，其中对农村乡镇体育工作提出了要求，并提出要"完善全民健身法规体系，开展全民健身科学研究，研究制定《湖北省全民健身条例》《湖北省全民健身实施计划》等群众体育法规制度，加强《全民健身条例》《公共文化体育设施条例》的执法力度，实现群众合法健身权益的有效保障"[2]。

---

① 湖北省体育局．湖北省农村乡镇体育第一个五年（2004—2008）发展规划[EB/OL]．(2007-11-01)[2021-08-12]．http://www.hbsport.gov.cn/Html/history/2005/0716972.html.

② 湖北省人民政府网站．湖北省人民政府办公厅关于印发"健康湖北"全民行动计划（2011—2015）的通知[EB/OL]．(2011-01-31)[2021-08-12]．http://gkml.hubei.gov.cn/auto5472/auto5473/201112/t20111209_160403.html.

表 4-2 湖北省颁布的相关主要规范制度和文件一览表

年　份	相关规范制度和准则的文件名称
1996 年	《湖北省实施〈全民健身计划纲要〉意见》
1997 年	《湖北省人民政府关于进一步推动县级体育事业发展的意见》《湖北省体育设施建设和管理规定》
2003 年	《中共湖北省委 湖北省人民政府关于加强和改进新时期体育工作的意见》《湖北省体育彩票全民健身朝阳工程实施办法（试行）》
2004 年	《湖北省农村乡镇体育第一个五年（2004—2008）发展规划》
2005 年	《湖北省〈全民健身计划纲要〉第二期工程第二阶段（2006—2010）实施计划》
2006 年	《湖北省“十一五”社会主义新农村建设规划实施纲要》《关于实施二〇〇六年湖北省农民体育健身工程的通知》《湖北省委办公厅 湖北省政府办公厅关于进一步加强全省农村文化建设的实施意见》
2007 年	《关于实施 2007 年湖北省农民体育健身工程的通知》
2008 年	《关于实施 2008 年湖北省农民体育健身工程的通知》
2009 年	《关于加强全省新农村建设试点乡镇工作的意见》
2011 年	《湖北省全民健身实施计划（2011—2015 年）》《湖北省体育“十二五”发展规划》《“健康湖北”全民行动计划（2011—2015 年）》
2016 年	《湖北省全民健身实施计划（2016—2020 年）》《湖北体育发展“十三五”规划》
2017 年	《湖北省人民政府关于加快转变发展方式推进体育强省建设的意见》

就湖北省下属的地市、县、乡镇政府而言，经调查及查阅资料发现，地市、县、乡镇三级政府主要以接收、传达上级政府的文件精神为主，除了近年来湖北省下属的地市、县级政府普遍制定了《体育事业发展规划》《全民健身实施计划（2011—2015 年）》《全民健身实施计划（2016—2020 年）》以及针对《“健康湖北”全民行动计划（2011—2015 年）》发布了相应制度文件外，鲜见制定专门针对基层农村体育公共服务建设的专项制度规范。尤其是对于最基层的乡镇政府而言，更多的则是按照县级政府的文件规划执行，鲜见制定更为细化的相关规范制度文件。尽管近年来“农民体育健身工程”的实施在基层农村取得了累累硕果，然而

遗憾的是，基层乡镇政府没有制定专门针对基层农村体育发展及其公共服务建设的专项制度规范。按理说，从省到地市，再到县乡，越是基层政府，越接近农村，对农村体育事业的发展及其公共服务建设的相关政策措施越应该得以细化、制度化和规范化，这样才能保证一个良好的政策在基层农村有效施行。这无疑是今后我国农村体育公共服务及其体系建设进程中有待予以完善的一个重要问题。

三、农村体育公共服务体制的现有弊端分析

（一）机构设置“中间大底层小”，机构重组导致县、乡镇政府职能弱化

从前述对农村体育公共服务管理机构设置的分析中不难发现，从国家体育总局及其群众体育司，到省级政府及其体育局，再到地市级政府及其体育局，然后到县级政府及其体育局（或文体局等），最后到乡镇政府及其文体站（或文体服务中心等），其行政管理机构设置秉承的是我国典型的五级政府管理机构设置模式。事实上，根据我国宪法，我国的地方行政区划实则为三级，即省、县、乡镇。然而，由于历史及现实原因，实际中我国地方政府的行政区划为四级，即省、地市、县、乡镇。这样，从国家到基层乡镇，中间就隔有省、地市、县三级政府机构，中间层无疑显得“过大”，机构“冗赘”，人员繁杂。而对于基层乡镇而言，直接面对广大农村和农民并为其提供体育公共服务的却只是由1—2名工作人员构成的文体站或文体中心，在当前作为乡镇行政职能延伸的行政村的体育机构更是尚付阙如的窘境下，我国基层农村体育公共服务管理机构的底层设计，诚然显得太小和过于薄弱。加之对于基层县、乡镇二级政府而言，前述的“文体等机构合并”、人员编制和机构重组等造成的实则是县、乡镇二级政府农村体育公共服务管理机构职能的弱化。

（二）政府权力高度集中，基层乡镇权责失衡

众所周知，从中央到地方，我国政府机构采取的是垂直型行政管理模式，其权力层层上移，越是高一级政府，权力也越大，政府权力可谓层层向上集中。前述政府机构设置“中间大底层小”的状况，更是加剧了政府权力的向上集中。因为县、乡镇二级政府作为农村体育公共服务建设管理的实际承载主体，其上级中间环节的政府机构设置越多，其在整个垂直型权力构架中的位置就越低，权力相对就越小。而且，从中央政府到基层县乡政府，中间层级政府设置越多，导致中央政府投入基层

农村体育公共服务建设的资源折扣可能就越大，因为中间层级政府极易对中央政府的投入进行截留使其“雁过留痕”，这无异于相对缩减了基层县乡二级政府农村体育公共服务建设管理的权力，确切地说是缩小了基层政府的财权。正如有研究所言：“近年来省以下政府的财权划分模式与事权划分模式出现了两相背离的格局，省以下政府层层向上集中资金，基本事权却有所下移，特别是县、乡两级政府，履行事权所需财力与其可用财力高度不对称，出现财权在上、事权在下的局面。”[①] 尤其是对于基层乡镇政府而言，其财权与事权失衡是其农村体育公共服务职能弱化的一个根本性原因。如前第三章所析，在 2006 年农业税免征后，主要依靠传统农业税来源的乡镇财政现今普遍吃紧，全国负债乡镇占乡镇总数的 84%[②]。可见，目前主要来源于上级财政拨款的乡镇财政几乎无力投入农村体育公共服务建设。然而，2002 年下发的《农村体育工作暂行规定》，对乡镇一级政府的农村体育工作职责提出了较多要求，2004 年十届全国人大常委会修订的《中华人民共和国地方各级人民代表大会和地方各级人民政府组织法》，赋予了乡镇政府管理农村体育的事权，可谓明确了其职责。但是，现有相关法律和法规却未赋予乡镇政府的财权。可见，基层乡镇政府在农村体育公共服务建设中权责失衡的问题，已成为其农村体育公共服务职能发挥的一个根本性桎梏，使其陷入无米之炊的窘境。

（三）简单套借上级政府机构职能定位，有职能无标准

纵观各级政府机构的相关职能定位，从国家体育总局群众体育司，到省级政府体育局群众体育处，再到地市县体育局（文体局等）群众体育科，其职能定位显得颇似“线性机械照搬”，其唯一的创造性体现乃是在其职能的地域范畴上限定了“我省”“我市”“我县”等字眼。从一定程度上来看，与其说这是严格遵照上级机构职能定位设置权限，不如说是行政职能设置过程中的慵懒表现。因为从中央到地方省市，再到基层农村，对于农村体育事业发展及其公共服务职能的定位，绝不是简单地

---

① 徐瑞娥. 完善县乡财政体制的观点综述［J］. 经济研究参考，2004（63）：40-45.

② 第一财经日报. 五年内乡镇编制只减不增必须坚守［EB/OL］.（2006-09-04）［2021-08-12］. http://finance. sina. com. cn/g/20060904/02122880724. shtml. 黄辉祥，汤玉权. 村级财政变迁与村民自治发展：困境与出路［J］. 东南学术，2007（4）：39-47.

照搬上级政府机构的职能设置，而应逐级细化和具体化，“农味”和基层的泥土气息应该愈来愈浓才合理，诚然不能如出一辙地概念化、抽象化。然而，最应该得以细化和具体化的最底层乡镇政府文体站或文体服务中心的职能定位却常常鲜少予以明确，在基层农村体育公共服务职能的定位上显得甚是底气不足。当然，这与其最基层政府的权、财相对有限不无关系。

此外，与政府机构宏观的职能定位中言及的“指导和推动农村体育的发展”，但对于如何推动、运用哪些举措、发展到什么程度等却未予以细化明确，这无疑对于其农村体育公共服务职能的发挥留下了弹性空间。

（四）相关制度法规弹性大，专项规范制度缺乏，基层规范制度不细化

当前及以后一段时期加快建设城乡一体化的公共服务体系，必然要求进一步转变体育发展的观念，深化改革体育管理体制，提高体育管理的科学化、法制化水平①。诚然，农村体育公共服务及其体系建设作为我国完善全国、全民体育公共服务体系中的弱点和难点，亟须制定相关制度规范予以保障。从前述对我国各级政府颁发的有关农村体育公共服务建设的相关规范制度和准则的梳理中不难发现，尽管从 1995 年我国颁布实施《全民健身计划纲要》以来，国家相关制度规范不断增多，各级地方政府也有一定程度上的跟进和创新举措，但是现有规范制度的弹性却较大。例如，1995 年颁布并经 2009 年十一届全国人大常委会修正的《中华人民共和国体育法》(后简称为《体育法》)，其对体育事业发展提出的要求字眼多是“应当”，鲜见“必须”，其中对涉及农村体育事业发展保障条件的相关表述为“县级以上各级人民政府应当将体育事业经费体育基本建设资金列入本级财政预算和基本建设投资计划，并随着国民经济的发展逐步增加对体育事业的投入”。“乡、民族乡、镇应当随着经济发展，逐步建设和完善体育设施。”②可见，作为我国迄今唯一的一部体育法律，《体育法》的约束力还有待加强。《体育法》的约束力尚且如此，可想而知，其他行政法规的约束力与执行力无疑更为有限。

---

① 国家体育总局政策法规司. 体育事业发展“十二五”规划［EB/OL］.（2011-04-01)［2021-08-12］. http://www.sport.gov.cn/n16/n1077/n1467/n1843577/1843747.html.

② 国家体育总局网站. 中华人民共和国体育法（2009 修正）［EB/OL］.（2008-05-07)［2021-08-12］. http://www.sport.gov.cn/n16/n1092/n16819/312031.html.

不仅已有的相关制度规范弹性较大，而且现今还尚未制定有关农村体育公共服务建设的专项制度规范。既然《体育事业发展“十二五”规划》已把公共体育服务体系建设列入了当前体育事业发展的核心和重点，而农村体育公共服务问题一直是最为薄弱的环节和决定我国全民健身服务体系完善与否的关键，在2012年《国家基本公共服务体系“十二五”规划》业已颁布的环境下，完全有必要专项制定农村体育公共服务发展规划及其服务标准，为农村体育公共服务建设及其发展提供法规制度保障。

此外，从地方各级政府对上级政府相关规范制度的执行情况来看，地方各级政府普遍缺乏逐级细化的举措，从省级到地市级，再到县级政府，多是简单地制定下发上级政府的相关规范制度要求，粗糙地将上级政策的实施地域范畴变为“我省”“我市”和“我县”，而缺乏逐级下移制定实施计划、设置实施目标、规划实施内容、设定考核标准等一系列细化举措。从国家政策执行的有效性来看，只有逐级细化上级政府的相关政策措施，方能保证国家政策逐级有效地施行。所谓政策执行，是指政策方案被采纳以后，政策执行者通过一定的组织形式，运用各种政策资源，经解释、实施、服务和宣传等行动方式将政策观念形式的内容转化为现实效果，从而使既定的政策目标得以实现的过程①。诚然，如果只是简单地转化下发上级政府的相关规范制度，那么这种表面形式上的执行必定难以将上级政府的政策转化为现实效果。这一问题对于基层乡镇政府而言，则显得更为突出。囿于财力困境，基层乡镇政府目前大多处于“领会学习”县级政府下发的相关规范制度文件层面，除了对诸如“农民体育健身工程”等由国家和上级地方政府直接拨款的专项建设任务报以热情并欣然接受外，根本无力切实执行需要乡镇政府自筹经费开展实施的有关农村体育公共服务建设的规范制度要求。也许正因于此，本应该制定最为细化和具体化农村体育公共服务建设相关规范制度的基层乡镇政府，可能由于财力所限恐无法落实而不敢制定具体的相关规范制度，可谓不仅无力，而且无奈。因此，在基层乡镇一级，难见细化、具体化、可操作性强的相关农村体育公共服务建设的规范制度也就不足为怪了。

---

① 谢明. 公共政策导论［M］. 北京：中国人民大学出版社，2005.

第二节 农村体育公共服务运行机制探讨

一、农村体育公共服务运行机制的定义

（一）机制的定义

《韦伯斯特大词典》对机制的解释是：一种现象或行为的固定模式；一种统治或管理的方法，一种行政管理方式；一种政府或管理机关的形式。《现代汉语词典》的解释为：泛指一个工作系统的组织和部分之间相互作用的过程和方式。就机制的性质来看，其概念主要表明各主体或要素之间的关系，具有一定的抽象性，故适合用来描述广义的或泛论的系统运行过程[①]。现今，机制的范畴已逐步融入社会运行的各个领域[②③④⑤⑥⑦⑧]。

综合机制的相关定义来看，有研究认为"机制"一般做如下理解：一是指事物内部构成要素间的相互联系，即结构；二是事物各系统要素间的相互作用，即功能；三是发挥功能的作用过程和原理[⑨]。由于机制常常指事物发展过程中各组成部分之间的相互作用和联系，强调事物运动发展的规律性、动态性和系统性[⑩]，因此从某种程度上而言，机制也常常被理解为一种运行状态，或曰运行机制。

---

① 谢丁宁．长效机制的建立与运作［M］．福州：海风出版社，2006．

② 王建军．中国共产党执政机制研究［D］．北京：中共中央党校，2004．

③ 施九青．当代中国政治运行机制［M］．济南：山东人民出版社，1993．

④ 赵子祥，曹晓编．21世纪中国经济社会发展与社会学的历史使命［M］．沈阳：辽宁人民出版社，1997．

⑤ 严家明．社会机制论［M］．北京：知识出版社，1995．

⑥ 杨雪锋．循环经济运行机制研究［M］．北京：商务印书馆，2008．

⑦ 李录堂，丁森林．管理学原理［M］．北京：中国农业出版社，2009．

⑧ 张洪涛．国家主义抑或人本主义：转型中国法律运行研究［M］．北京：人民出版社，2008．

⑨ 郑杭生．社会学概论新编（第三版）［M］．北京：中国人民大学出版社，2003．

⑩ 王海军．中国化马克思主义执政理论创新与发展的现实逻辑［M］．北京：中共党史出版社，2010．

（二）体育运行机制的定义

从上述对机制的理解不难发现，运行机制可谓是机制内构成要素的结构及其功能的动态呈现。运行机制现时常常出现在经济、社会、文化等语境中，并与这些词搭配使用，如经济运行机制、社会运行机制、文化运行机制等，而体育运行机制一语在当下也并不陌生。

据相关研究表明，体育运行机制是指：组成体育系统各要素间的相互制约、联系及作用，和推动整个系统运转的条件和功能①。是一个由特定系统不同层次的运行主体及其不尽相同的目标和动力要素有机结合的、按一定规律和方式运行的全过程的总称②。

（三）农村体育公共服务运行机制的定义

文献资料查阅发现，与农村体育公共服务运行机制相关的定义，我国学者进行了初步的探讨，但其研究尚待深入。较具代表性的观点为：樊炳有在《体育公共服务运行机制探讨》一文中认为，体育公共服务运行机制是指体育公共服务在人类社会规律的运动中，影响体育公共服务各因素的结构、功能、及其相互关系，及其作用原理和运行方式③。罗旭等在《全民健身体育公共服务运行机制的理论分析》一文中，认为全民健身体育公共服务运行机制是指在合理划分与配置全民健身管理权限的基础上，为保证全民健身服务的高效和有序运转，通过制度安排和部分社会与市场功能的介入而形成的全民健身服务体系各要素之间相互联系和相互作用的模式及其运作方式④。齐立斌在《农村公共体育服务体系的运行机制研究》一文中，指出农村公共体育服务体系的运行机制是指农村各级政府对农村公共体育产品进行界定、确定供给标准和供给方式以及选择供给者的管理行为⑤。

综合前述对机制和运行机制的分析理解，结合体育学界学者的上述

---

① 张岩. 建立与社会主义市场经济相适应的体育运行机制［J］. 成都体育学院学报，1994，20（4）：1-5.

② 郝招. 我国社会体育运行机制问题研究［J］. 甘肃社会科学，2009：24-27.

③ 樊炳有. 体育公共服务的运行机制探讨［J］. 体育与科学，2010，31（2）：25-32.

④ 罗旭，苗向军，邢文华. 全民健身体育公共服务运行机制的理论分析［J］. 沈阳体育学院学报，2009，28（6）：11-14.

⑤ 齐立斌. 农村公共体育服务体系的运行机制［J］. 南京体育学院学报，2010，24（4）：44-48.

相关定义，笔者将农村体育公共服务运行机制界定为：农村体育公共服务运行机制是指组成农村体育公共服务系统的各个要素及其之间的相互制约、相互联系和相互作用，以及各个要素发挥功能的过程、作用原理及运行方式。

二、农村体育公共服务运行机制的学理构成

在社会科学领域，运行机制一般根据需要人为设计，即在一定制度安排背景下，按照人们的主观意愿来设置或建立①。尽管如此，运行机制的构成也需要有一定的学理逻辑和依据。有研究认为，体育公共服务的运行机制主要是在实践中保证其有效运行②。无疑，农村体育公共服务的实践开展也是一个系统工程。依据现代系统理论对"系统"的界定：由两个以上相互联系、相互作用的要素构成的具有一定结构与功能的有机整体③，本研究认为农村体育公共服务的实践可划分为发起阶段、实施阶段和评价阶段等三个环节，并由其构成的一个运行系统。据此，立足本研究的需要，参考已有的对运行机制问题的理论研究，结合现阶段农村体育公共服务建设的理论及具体实际，从学理上笔者将农村体育公共服务的运行机制归结为七个机制系统：决策（规划）机制、供给机制、需求表达机制、融资机制、激励机制、监管机制、评价机制（图 4-1）。其中，在农村体育公共服务的发起阶段，决策（规划）机制起着主要作用，在农村体育公共服务的实施阶段，供给机制、需求表达机制、融资机制、激励机制、监管机制起着主导作用，而在农村体育公共服务的评价阶段，评价机制起主要作用，如图 4-1 所示。

值得指出的是，上述三个环节不可截然分离，各机制间也是相互联系、影响和作用的。例如在发起阶段，农村体育公共服务的决策和规划必须基于农民的体育公共服务需求以及现有的供给能力，在一定程度上需要考虑供给和需求的问题，实践中也需要供给与需求机制发挥作用，同时，前期决策的科学化、民主化程度，亦将影响实践中农村体育公共

① 张红. 中国农村现行公共服务运行机制［J］. 法律与经济，2010（1）：130.

② 樊炳有. 体育公共服务的理论框架及系统结构［J］. 体育学刊，2009，16（6）：14-19.

③ BERTALANFFY VON. General System Theory［M］. New York：George Breziller，1973.

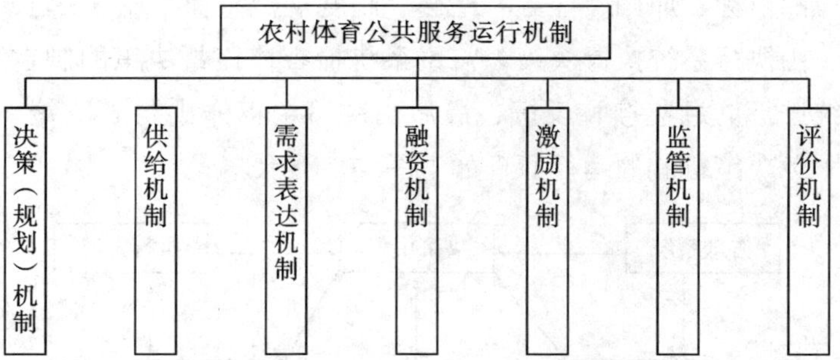

图 4-1　农村体育公共服务运行机制内容构架图

服务的供给方式。而在农村体育公共服务实践的不断完善和发展过程中，后续农村体育公共服务实践的完善和推进，在其重新规划决策或实施计划的调整完善中，也必须鉴于前期农村体育公共服务实践的经验和教训，因此，前期评价环节和评价机制的作用就显得不可或缺。

（一）农村体育公共服务的决策（规划）机制

1．农村体育公共服务决策机制的定义及运行

“决策”一词，《辞海》（1999 年）中释义为人们寻求并决定某种最优目标和行动的方案。也有观点认为，决策是为解决某一问题选择某种行动，是一个有机系统，是一个动态行为过程①。据此，笔者认为，决策机制是在决策过程中，各系统要素、环节等相互作用、影响的过程和原理。农村体育公共服务的决策机制是指在制定农村体育公共服务建设方案、规划决策活动的过程中，各相关系统要素相互影响和作用的过程、原理及方式。

农村体育公共服务决策机制的运行，一般应由决策中枢（决策者）、信息咨询系统、执行系统、监督系统、反馈系统等要素构成并发挥作用，如图 4-2 所示。其中，决策者通过调研、咨询、前阶段计划实施的总结等渠道获得相关信息，对所收集的信息进行决策加工处理，由咨询系统帮助进行认识、加工、筛选信息，并提出决策方案（如农村体育公共服务

① SEE JOHN R. SCHERMERHORN, JOHN WILEY, et al. Decision Making is Choosing a Course of Action to Deal With a Problem ［J］. Organizational Behavior，2003：8. 刘丽霞. 公共政策与公共政策分析 ［M］. 北京：中国商业出版社，2001. 盛荣. 关于农村公共产品与服务研究现状的思考 ［J］. 中国农业大学学报，2004（3）：32-35.

未来建设的目标、原则、任务、途径、制度规范、保障措施等)，进行决策评估，由执行系统执行决策，监督系统检查、监督决策的制定和执行，反馈系统进行信息监控和反馈，最后由决策中枢作出科学决策。农村体育公共服务决策机制的运行原理如下图 4-2 所示。

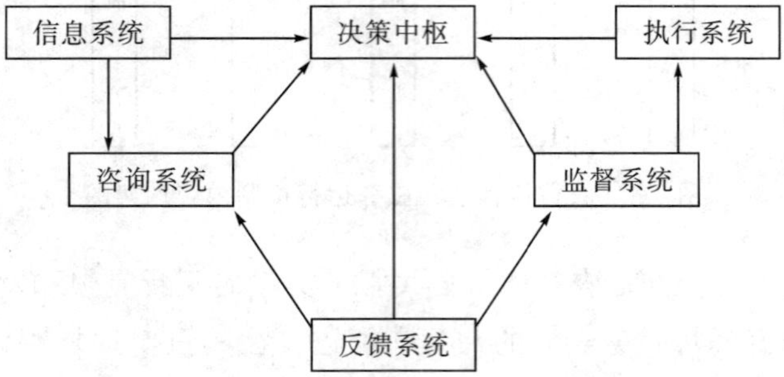

图 4-2　农村体育公共服务决策机制运行原理图

2. 建立农村体育公共服务决策机制的必要性

诺贝尔经济学奖获得者、经济组织决策管理大师赫伯特·西蒙认为，决策制定过程是理解某个组织的关键所在①，决策过程反映了一个组织成员之间进行的集体博弈和选择。农村体育公共服务的决策过程在一定程度上可谓反映了政府与农民之间的一种博弈和选择，决定着农村体育公共服务产品的数量规模、供给方式及效率。建立科学有效的农村体育公共服务决策机制，不仅可以使决策机制内部各要素协调运作，节省人、财、物等资源，而且可以如实地反映农民的体育需求，提供满足农民体育需求的公共服务产品和服务，从而避免不切实际的“形象工程”“政绩工程”等造成的有限农村体育公共服务资源的浪费。

(二) 农村体育公共服务的供给机制

1. 农村体育公共服务供给机制的定义及运行

农村体育公共服务的实质就是要为广大农民提供农村体育公共服务产品，因此，供给乃农村体育公共服务的重要实践环节，而供给机制则是其运行的保证。从管理学的角度来看，农村公共产品的供给机制是指农村一定生产关系条件下多种相互联系、相互作用的规则制度构成的体系②。而

① 赫伯特·西蒙. 管理行为 [M]. 北京：机械工业出版社，2004.

② 张秀生. 农村公共产品供给与农民收入增长 [M]. 北京：中国农业出版社，2008.

其中的选择则是一种创造性活动，是指“富有创造性和活力的政府机构重组程序，通过公共部门与个人、社区团体和其他实体分享政府功能来改善公共服务供给的一系列改革创新活动”[1]。诚然，供给离不开需求，农村体育公共服务的供给必须基于农民的体育需求之上，根据农民的体育需求来选择决定供给的内容和方式。据以上定义和分析，笔者认为农村体育公共服务的供给机制是指由农村体育公共服务产品的供给主体、供给对象、供给内容、供给方式及保障等相互联系、相互作用的过程及方式。

农村体育公共服务供给机制的运行原理如图 4-3 所示：供给对象的体育需求是主要决策依据，供给主体根据广大农民的需求和自身供给能力选择供给内容、制定供给的方式和措施，最后将农村体育公共服务产品提供给供给对象。在此过程中，供给对象根据实际享有的体育公共服务，并结合自身的体育需求（在不同阶段可能发生变化），将相关信息反馈给供给主体，使其做出新的供给方案和决策。

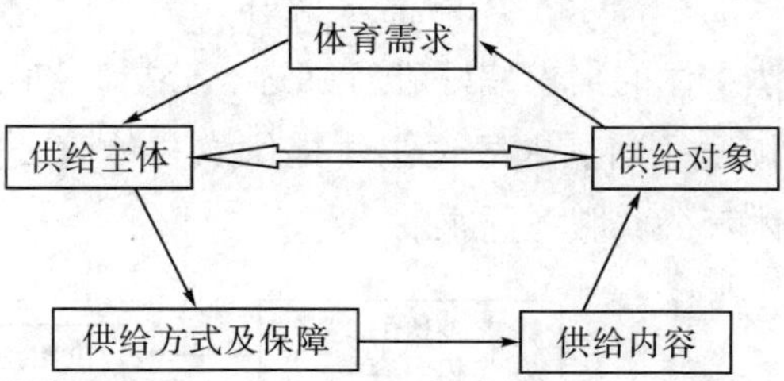

图 4-3　农村体育公共服务供给机制运行原理图

2. 建立农村体育公共服务供给机制的必要性

良好的农村体育公共服务供给机制，既是保证有效供给的前提，也是农村体育公共服务人、财、物良性运行的机制保障。一方面，良好的供给机制能基于供给主体的有限供给实力和农民的实际体育需求开展服务，从而减少体育资源的浪费，降低运行成本，更好地满足农民的体育公共服务需求；另一方面，良好的供给机制能盘活实践中各构成要素的活力，围绕广大农民的实际体育需求，采取高效合理的供给方式和保障措施，使人、财、物良性运行，提高供给效率。

① CHRISTOPHER DUNN. The Handbook of Canadian Public Administration [M]. New York: Oxford University Press, 2002.

（三）农村体育公共服务的需求表达机制

1. 农村体育公共服务需求表达机制的定义及运行

农村体育公共服务需求表达机制是指在农民通过一定表达渠道向各级政府或非政府部门组织和个人反映体育公共服务需求信息，政府或非政府部门组织和个人做出回应的过程中，各构成要素间相互联系及作用的方式。供给与需求可谓是一对孪生体，在农村体育公共服务的运行中，二者缺一不可。如同前述供给机制的分析，探讨供给问题必须结合相关主体和对象来考察一样，这里分析农村体育公共服务需求表达机制的运行，同样不能剥离相关主体来分析。在农村体育公共服务需求表达机制的运行过程中，需求表达主体（农民）和供给主体（各级政府或非政府部门组织和个人）缺一不可。

农村体育公共服务需求表达机制的运行原理如图 4-4 所示：农村体育公共服务需求表达主体通过一定的需求表达渠道和方式，将其对农村体育公共服务产品的类型、内容、数量、要求等方面的信息传递给供给主体，供给主体统计汇总需求主体的需求偏好，结合自身供给能力等实际情况，对需求表达主体的需求偏好进行筛选、分析，确定最终供给产品，并通过一定方式和途径向需求表达主体提供农村体育公共服务产品，以满足广大农民的体育公共服务需求。

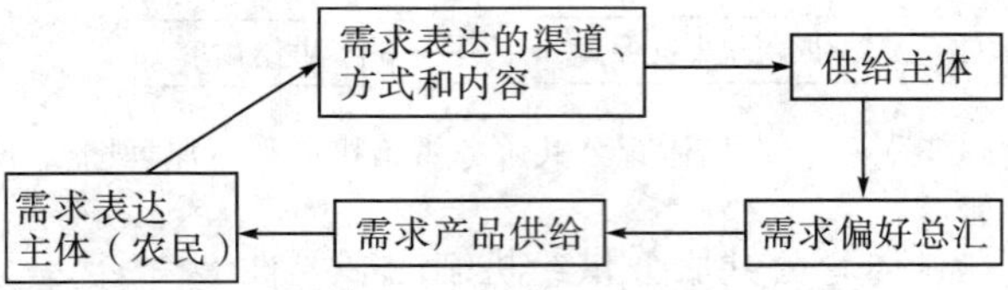

图 4-4　农村体育公共服务需求表达机制运行原理图

2. 农村体育公共服务需求表达机制建立的必要性

有效需求理论表明：需求决定供给，无视或忽略需求的供给是一种无效供给[①]，为此，要实现农村体育公共服务的有效供给，就必须充分了解和获取农民对体育公共产品的需求状况、需求特点、需求偏好等。因此，建立农村体育公共服务需求表达机制实属必要。

---

① 何继新. 吉林省国有林区公共产品政府供给研究［M］. 北京：知识产权出版社，2011.

（四）农村体育公共服务的融资机制

1. 农村体育公共服务融资机制的定义及运行

融资，是筹集资金的一种过程和行为。融资机制，是由储蓄向投资转化（或资金由供给者向需求者转化）的过程和机制[①]。农村体育公共服务的融资机制，是指农村体育公共服务投资主体（现阶段主要是政府）借助于融资机构和融资工具为农村体育公共服务建设募集资金的过程中，各构成要素间相互联系和作用的方式。

农村体育公共服务融资机制的运行原理主要体现为：承担农村体育公共服务职能的各级政府，其作为现今的主要投资主体，倡导企事业单位、公益性组织、个人等广泛参与资金投入，并通过一定的融资方式和渠道，广纳财源，保障、满足农村体育公共服务建设的资金需求。

2. 农村体育公共服务融资机制建立的必要性

诚然，农村体育公共服务建设需要必要的资金支持，需要建立有效的融资机制才能为其顺利、持续地开展提供财力保障。农村体育基本公共服务的社会公益性决定了政府投资长期存在的必要性。然而，政府作为农村体育基本公共服务建设的应然主导者，其现有的单一投资主体地位及其有限财力必然日益受到挑战，农村体育公共服务建设的资金来源渠道也必须走向多元化，这就要求政府从现有的投资主体转变为融资的主导者，通过适当的融资渠道为农村体育公共服务建设筹集多元化资金，这样方可走出现有农村体育公共服务建设资金不足及来源单一的困境，并促进其可持续性发展。

（五）农村体育公共服务的激励机制

1. 农村体育公共服务激励机制的定义及运行

相关研究认为，激励是组织行为学的核心术语[②]。激励机制即是采取激励的手段来调动被激励对象的积极性，在此过程中各要素相互作用的方式。[③] 农村体育公共服务的激励机制是指激励主体与被激励对象相互作

---

① 张宗新. 中国融资制度创新研究［M］. 北京：中国金融出版社，2003：7.

② 苗大培. 构建我国体育志愿者组织的理论探讨［J］. 体育科学，2004，24（9）：4-7.

③ 孙绵涛. 关于体制改革与机制创新关系的探讨［J］. 华中师范大学学报（人文社会科学版），2009，48（4）：121-126.

用的过程和方式，主要体现为激励主体通过一系列的激励手段发挥激励功能来调动被激励对象的积极性，从而促进农村体育公共服务建设。

农村体育公共服务激励机制的运行原理为：农村体育公共服务建设的主导者（现阶段主要为各级政府及相关组织），通过物质奖励、荣誉奖励、目标奖励等激励手段，充分调动各级政府及相关组织自身、非政府组织及企事业单位和个人、农民等参与农村体育公共服务建设的积极性，促进人、财、物等实体资源流向农村体育公共服务建设。

2. 农村体育公共服务激励机制建立的必要性

激励能调动人的积极性，使人的行为与组织目标自动契合，为人的行为提供动力[①]。良好的激励机制可以激发和调动农村体育公共服务建设者的积极性、主动性和创造性，营造良好的环境和氛围，为农村体育公共服务实践注入活力和动力，促进其顺利进行。在目前农村体育公共服务建设资源短缺，尤其是投资主体单一、资金来源短缺、各方参与程度不高等现实困境下，建立农村体育公共服务的激励机制无疑显得重要且必要。

（六）农村体育公共服务的监管机制

1. 农村体育公共服务监管机制的定义及运行

所谓监管，顾名思义即监督和管理。现行的监督，主要是指对权力的监督[②]。监督机制是指权力监督体制各种相互联系与制约的关系及其运作状态[③]。管理机制是管理系统构成要素之间的相互关系及系统运行的机理[④]。在农村体育公共服务建设中，监管主要是对农村体育公共服务建设中各级管理机构和组织公共服务职能的履行、政策的落实、资金投入、任务完成、质量达标等方面的监督和管理。监管的实施既体现为各级部门与组织之间，也体现为社会及群众尤其是广大农民对各级政府及组织在农村体育公共服务中职能履行与职责承担的监督。农村体育公共服务

① 王艳．新公共服务视野下我国公务员激励机制创新［J］．江西行政学院学报，2006，8（3）：17-19.

② 郭济．政府权力运筹学［M］．北京：人民出版社，2003：342.

③ 王凯伟．当前我国权力监督机制存在的问题及其对策［M］．湘潭大学学报（哲学社会科学版），2004，28（4）：76-78.

④ 于川信．军队后勤宏观管理机制论［M］．北京：军事科学出版社，2010：51.

的监管机制即是指在农村体育公共服务监管过程中各相关要素之间的相互作用、影响及联系。

农村体育公共服务监管机制的运行原理为：相关管理机构按照制定的规范和规章制度对农村体育公共服务建设进行管理，同时，上级监管部门负责对下级部门和组织的政策落实及职责履行情况予以监督，并接受社会和广大农民对其农村体育公共服务职能履行情况的监督。在此过程中，绩效评估、问责等是监管的主要途径，并以此保障农村体育公共服务建设。

2．农村体育公共服务监管机制建立的必要性

管理促效益，监督促实绩。良好的管理机制，有利于各级政府部门和组织间的协调合作，发挥农村体育公共服务建设人、财、物的合力，提高政府管理能力和服务效率。有效的监督机制，能促进农村体育公共服务的规范化运作，提高管理效能，保障农村体育公共服务建设的各项政策和工作落到实处。如前述对我国农村体育公共服务体制现有弊端的分析，在当前农村体育公共服务管理体制所呈现出的机构设置不合理、基层政府职能弱化、规范制度不健全等现实背景下，加强对农村体育公共服务建设的监管，建立并完善相关监管机制，无疑甚为迫切和必要。

（七）农村体育公共服务的评价机制

1．农村体育公共服务评价机制的定义及运行

所谓评价，即是一种价值判断。某种意义上来看，一切以评价自身为目的的评价意义不大。评价的最终目的是为了促进人类社会或事物的发展。就农村体育公共服务评价而言，是为了以评促管、以评促建，最终推动农村体育公共服务建设更好地发展。农村体育公共服务的评价机制是指评价主体对农村体育公共服务建设的开展情况予以定性或定量评价的过程中，各构成要素相互作用的方式。农村体育公共服务评价的主体主要有各级政府或组织、媒体、企事业单位或个人等，评价的内容主要是各级政府或组织在农村体育公共服务中职能的履行及任务的完成情况、农村体育公共服务建设的实绩及社会效益、农民对农村体育公共服务建设的满意度等。

2．农村体育公共服务评价机制建立的必要性

为了判断和衡量农村体育公共服务建设是否满足了广大农民的体育

需求，是否符合广大农民体育文化生活的需要，是否达成了国家预定的农村体育公共服务建设目标等，则必须建立有效的评价机制，对农村体育公共服务建设的过程与结果进行评价，以改进或加强对农村体育公共服务的建设。

三、农村体育公共服务运行机制的现实弊端分析

（一）农村体育公共服务运行机制总体建设不完善，整体功能尚未有效发挥

诚然，当前农村体育公共服务建设备受国家的高度重视，且近年来农村体育公共服务实践活动的开展取得了一定的社会效益，如“农民体育健身工程”等惠民体育工程的实施。因此，必须承认目前农村体育公共服务实践领域业已具备了一定的运行机制。无疑，农村体育公共服务运行机制整体上理应是一个机制系统。根据整体与部分的关系原理，整体由部分组成，整体的功能大于各部分之和，各部分最优组合，整体的功能才能得到最大限度发挥。然而，从总体上而言，目前农村体育公共服务运行机制尚处于不完善甚至部分机制几近缺失的状态①②，并由此导致农村体育公共服务实践领域的相应问题。例如，决策机制不健全导致当前农村体育公共服务的决策沦为一种决定，供需机制脱节导致农村体育公共服务供非所需，融资机制缺失导致农村体育公共服务资金来源渠道单一，激励机制缺位导致农村体育公共服务参与主体低迷，监管评价机制不善导致农村体育公共服务粗放式投入。反之，农村体育公共服务实践中的问题也折射出相应机制的缺失。无疑，在目前农村体育公共服务各运行机制自身尚不完善的情况下，其整体功能自然难以有效发挥。

（二）农村体育公共服务决策机制不健全，科学化民主化决策程度有待提高

《礼记·中庸》中言：“凡事豫则立，不豫则废。言前定则不跲，事

① 朱毅然. 协同创新：我国农村公共体育服务供给模式新发展［J］. 阜阳师范学院学报（自然科学版），2014，31（1）：63-71.

② 秦小平. 城乡体育基本公共服务均等化研究［D］. 武汉：华中师范大学，2011.

前定则不困，行前定则不疚，道前定则不穷。”虽然这里强调的是事前准备和计划的重要性，但同理可知，现今任何一项工作也必须提前做出规划和决策，唯如此，方能运筹帷幄之中，决胜千里之外。农村体育公共服务建设亦然。

然而，现今农村体育公共服务的决策机制尚不健全，诸多决策姑且只能说是一种“决定”，离科学化、民主化决策的要求还相距甚远。具体表现为：一是农村体育公共服务决策主体单一，目前主要是由各级政府担任决策主体的角色，决策过程中行政命令色彩较浓，决策的结果从某种意义上而言，更多地体现为一种行政决定。二是农村体育公共服务决策方式单一，主要由各级政府自上而下予以规划实施，缺乏基层农村体育组织和农民的参与，决策的信息收集不全，不接地气，科学性、民主化程度不高。以“十一五”时期我国开展实施的“农民体育健身工程”为例，2005 年 10 月，党的十六届五中全会明确提出“建设社会主义新农村”的重大任务后不久，2006 年中央一号文件《中共中央国务院关于推进社会主义新农村建设的若干意见》在十六届五中全会关于“建设社会主义新农村”的基础上，提出要“推动实施农民体育健身工程”。随即，2006 年 3 月国家体育总局制定下发了《关于实施农民体育健身工程的意见》，该文件指出：农民体育健身工程以行政村为主要实施对象，以村级公共体育场地建设为重点，把场地建到农民身边，把体育服务体系覆盖到农村，并确立了“一块混凝土标准篮球场，配备一副标准篮球架和 2 张室外乒乓球台”的基本标准①。不可否认的是该工程的实施是近年来我国农村体育公共服务建设的一大手笔，对我国新农村建设和农村体育公共事业的发展起到了巨大作用②。但从该项工程的决策过程来看，其行政任务色彩浓，科学化、民主化决策程度尚且不高。因此，当前亟待完善农村体育公共服务决策机制，推动农村体育公共服务决策的民主化、科学化进程。

---

① 冯建中. 国家体育总局今年正式启动“农民体育健身工程”［EB/OL］.（2006-03-29）［2021-08-12］. http://www. china. com. cn/chinese/kuaixun/1168486. htm.

② 刘江山.“环太湖体育圈”农民体育健身工程运行机制的研究［D］. 苏州：苏州大学，2009.

（三）农村体育公共服务供需机制相脱节，供需机制的结合程度尚有待加强

瞄准农民的实际体育需求，为广大农民提供良好的体育公共服务，是国家倡导开展体育公共服务工作的愿望及要求。国家体育总局原局长刘鹏同志曾在全国群体工作会议上讲话强调，要在认真总结全民健身各项工程建设经验的基础上，切实履行体育公共服务的政府职能，农民喜欢什么、需要什么，我们就做什么，切实把好事做好、实事办实①。然而，现实中农村体育公共服务的供需机制尚且处于脱节的状态。正如上文所分析，由于农村体育公共服务科学化、民主化决策机制的缺失，导致现实中农村体育公共服务主要采用自上而下地单一供给机制，该机制下农村体育公共服务的供给，在很大程度上并非是基于农民的实际体育需求，而是脱离了广大农民的实际体育需求，将农民隔离在农村体育公共产品需求表达的大门之外，导致供需相分离。此外，农村体育公共服务供需机制相脱节，与一直以来农村公共产品供给体制的强制性传统以及由国家计划决定农村公共产品数量类型的决策机制亦不无关系②。诚然，要为广大农民提供符合其实际体育需求的农村体育公共服务产品，就必须打破自上而下地强制供给的体制性藩篱，促进供需机制的有机结合。

（四）农村体育公共服务融资机制缺失，激励机制有待建立和强化

虽然现阶段我国农村体育公共服务的投资主体已逐渐呈现多元化的趋势，资金的来源渠道和方式也在不断地多样化，但是相对于我国农村体育公共服务建设的巨大需求缺口来说，其依然是不够的，资金缺乏仍然将是我国农村体育公共服务建设的一大难题。正如前文对农村体育公共服务财力要素的分析指出，当前农村体育公共服务建设的财力投入，主要以国家政府的财政资金投入为主，其他资金来源还颇为匮乏，导致

---

① 刘鹏. 深入学习实践科学发展观，积极探索建立全民健身长效化机制：在全国群体工作会议上的讲话［EB/OL］.（2009-03-10）［2021-08-12］. http://www.sport.gov.cn/n16/n33193/n33208/n33418/n33583/1060537.html.

② 刘义强. 建构农民需求导向的公共产品供给制度［J］. 华中师范大学学报（人文社科版），2006，45（2）：15-23. 张鹏，张佼. 城乡公共产品断裂的财政统筹发展研究［J］. 人民论坛，2011（8）：118-119.

农村体育公共服务在很大程度上受到财力困境的掣肘。农村体育公共服务财力不足的困境，在很大程度上反映我国农村体育公共服务融资机制的缺失。当前，各级政府作为我国农村体育基本公共服务建设的主导者和主要投资主体，其如何发挥融资的主导作用、利用融资机构和工具、采取合适的融资渠道和方式多元融集资金，是解决我国农村体育公共服务建设财力不足的重要途径。

从某种程度上来看，要发挥农村体育公共服务融资机制的作用，还需要激励机制建设的跟进。因为，农村体育公共服务融资机制的运行，需要充分调动市场、非营利组织和志愿组织以及农民等多元主体的积极性，这离不开激励机制的作用。目前，农村体育公共服务建设主体单一，非政府力量参与农村体育公共服务建设的程度有待大力提高。为此，农村体育公共服务激励机制亟须建立和强化，需合理运用物质激励、精神激励、荣誉激励等多种形式，激发各级政府部门、非营利组织和志愿组织以及农民等多元主体投入农村体育公共服务建设。

（五）农村体育公共服务监管机制不力，评价机制有待改进和完善

农村体育公共服务的监管机制是农村体育公共服务有效开展的条件保障。囿于我国农村体育公共服务的发展尚处于初级阶段，农村体育公共服务管理、监督等方面尚不成熟，监管机制运行不力。其主要表现为：一是监管的主体单一，各级政府部门既是农村体育公共服务的供给主体，亦是监管主体，缺乏社会组织、农民等的参与，这种缺乏外在监督的自我监管难免导致监管乏力；二是农村体育公共服务监管规范缺失，制度法规不完善。与农村体育公共服务的监管机制相同的是其评价机制的不完善。现今农村体育公共服务建设的评价，多体现为自导自演、自供自评，基层农民或组织既无参与监评的意识，更无参与监评的渠道，在政绩考核的压力下，农村体育公共服务建设的所谓评价，最终只能是沦为政府部门的自我工作总结，甚或政绩汇报。因此，农村体育公共服务的评价机制亦有待改进和完善。

第三节　农村体育公共服务体制与运行机制的相互关系

为了深入认识和理解农村体育公共服务体制与运行机制在农村体育

公共服务建设中的作用机理，有必要对农村体育公共服务体制与运行机制的相互关系予以一定程度上的分析。有关体制与机制的相互关系问题，学界的论述虽暂且不多，但不乏见地。有学者提出：体制是机制的物质载体，没有体制，则不可能形成一定的机制，机制是体制的内在属性，是体制的基础①。亦有学者提出：体制与机制是相互联系、密不可分的，但也非一一对应的关系。体制位于社会体系的中观层面，侧重于社会的形式；机制位于社会体系的微观层面，侧重于社会的运行。不同的体制有不同的运行机制，体制要通过机制才能有效运行和更好地发挥作用②。另有学者在讨论体制改革与机制创新的关系中提出：体制改革与机制创新在内容上是不同的，二者不能相互替代，然而体制改革与机制创新在诸多方面又是有联系的，如二者在产生发展的过程上是相关的，结构上是相融的，性质与功能上是互补的，范围上机制创新又包含了体制改革③。此外，还有学者从管理学的角度讨论了体制与机制的关系：在管理系统中，体制是机制运行的载体，机制是体制活动的机理。一方面，机制反映了体制结构各个组成部分之间的相互关系和联系方式，一定的机制总是包含在一定的体制之中，以体制为其运行载体，不可能离开体制而独立存在；另一方面，机制又反映了体制运行的方式和程式，体现系统活动的基本原理和规律④。综上可见，体制与机制的关系是多重的，是变化发展的，在特定的领域中，体制与机制之间的关系将更为复杂、多变、具体。

基于上述对体制与机制关系的研究，笔者对农村体育公共服务体制与运行机制的关系拟从以下两方面予以分析。

一方面，农村体育公共服务体制与运行机制二者相互区别。农村体育公共服务体制与运行机制的内涵不同。农村体育公共服务体制是指农

---

① 姚启和. 体制·机制·规律：论高等教育与社会主义市场经济的关系［J]. 高等教育研究，1994（1）：28-32.

② 赵理文. 制度、体制、机制的区分及其对改革开放的方法论意义［J]. 中共中央党校学报，2009，13（5）：17-21.

③ 孙绵涛. 关于体制改革与机制创新关系的探讨［J]. 华中师范大学学报（人文社会科学版），2009，48（4）：121-127.

④ 于川信. 军队后勤宏观管理机制论［M]. 北京：军事科学出版社，2010.

村体育公共服务管理机构及相关规范和制度的总称。农村体育公共服务运行机制是指组成农村体育公共服务系统的各个要素之间的相互制约、相互联系和相互作用，以及各个要素发挥功能的过程、作用原理及运行方式。两者不可混为一谈。

另一方面，农村体育公共服务体制与运行机制二者相互联系。农村体育公共服务体制在一定范畴上包含着农村体育公共服务的运行机制，是运行机制发挥作用的载体和基础。农村体育公共服务运行机制是农村体育公共服务体制内在机理的体现，是农村体育公共服务体制实现其功能的主要途径。

本章小结

十八届三中全会强调要推进文化体制机制创新[①]。对于农村体育公共服务体制与运行机制建设而言，也需与时俱进地予以跟进。毋庸置疑，探究农村体育公共服务体制与运行机制的相关理论，发掘并正视当前农村体育公共服务体制与运行机制的弊端，是推动农村体育公共服务体制与运行机制建设和创新的前提。不可否认，当前农村体育公共服务体制所呈现出的机构设置不合理、基层政府职能弱化、职能定位机械照搬、规范制度无细化标准等弊端，以及农村体育公共服务运行机制所表现出的整体建设欠佳、决策机制不健全、供需机制相脱节、融资机制缺失、监管机制不力、激励和评价机制乏力等问题，是影响我国农村体育公共服务及其体系建设的深层体制及机制问题。

农村体育公共服务体制与运行机制恰似农村体育公共服务建设的“两翼”，为农村体育公共服务建设提供制度保障，对建立和完善农村体育公共服务体系起着关键作用。农村体育公共服务体制与运行机制既相互区别，亦相互联系，以实现体育强国为目标开展农村体育公共服务建设，必须打造农村体育公共服务体制与运行机制这“两翼”，共同发挥农村体育公共服务体制及运行机制的作用。值得指出的是，推动农村体育

① 新华社北京 11 月 15 日电. 中共中央关于全面深化改革若干重大问题的决定[EB/OL]. (2013-11-15)[2021-08-12]. http://news.xinhuanet.com/politics/2013-11/15/c_118164235.htm.

公共服务体制与运行机制建设，必须将其置于我国政治体制、经济体制、社会体制、文化体制改革的大环境中予以推进。换言之，农村体育公共服务体制与运行机制建设是一个系统工程，破除农村体育公共服务体制与运行机制的现实弊端也非一蹴而就。

第五章　体系构建：农村体育公共服务体系建设论纲

所谓体系，即是由相互联系的要素所构成的一个整体①。无论是从前述农村体育公共服务建设人财物的分析，还是就农村体育公共服务体制与运行机制的论述来看，农村体育公共服务建设诚然是一个系统的问题，而非单一的问题。对于系统的问题，则必须从整体上予以分析和理解②。因此，从理论上构建农村体育公共服务体系，对于从整体上把握农村体育公共服务建设问题，无疑是必要而有益的。然而，囿于我国农村地域辽阔、区域经济文化差异较大，农村体育基础设施建设、体育文化活动开展等方面参差不齐的实际情况，无疑，很难构建一个太过具体细化的农村体育公共服务体系。但是，如上所述，从整体上系统地来分析农村体育公共服务建设问题实属必要。鉴于此，本章拟在分析农村体育公共服务体系构建的条件基础及现实意义方面，对体育强国目标下农村体育公共服务体系建设的指导思想、基本原则、目标任务、具体内容、机制模型等做一总体性论述，并基于前述人财物、体制机制等分析，构建了“一体两翼”型农村体育公共服务体系框架，以为农村体育公共服务体系建设提供纲要性的理论参考。

---

① 辞海编辑委员会. 辞海［M］. 上海：上海辞书出版社，1979.

② 方堃. 当代中国新型农村公共服务体系研究［M］. 北京：中国社会科学出版社，2010.

第一节　农村体育公共服务体系构建的理论与现实基础

一、农村体育公共服务体系构建的理论基础

（一）中国特色社会主义理论体系中的民本服务观

十七大报告指出：“中国特色社会主义理论体系，就是包括邓小平理论、‘三个代表’重要思想以及科学发展观等重大战略思想在内的科学理论体系。这个理论体系，坚持和发展了马克思列宁主义、毛泽东思想，凝结了几代中国共产党人带领人民不懈探索实践的智慧和心血，是马克思主义中国化的最新成果。”①② “为人民服务是中国共产党的宗旨，以人为本是中国特色社会主义理论体系的核心。”③④⑤ 于新时代而言习近平新时代中国特色社会主义思想无疑是中国特色社会主义理论体系的有机组成。无论是邓小平理论、“三个代表”重要思想、科学发展观，还是习近平新时代中国特色社会主义思想，均蕴含着丰富的民本服务观，对现今打造服务型政府、建设公共服务体系具有十分重要的理论指导意义。

1. 邓小平理论中的民本服务观

“为人民服务”一直是邓小平理论的核心内容。早在1956年，邓小平同志在《关于修改党的章程的报告》中指出，群众路线作为党的工作路线是指党的全部任务就是全心全意为人民群众服务⑥。十一届三中全会

---

① 胡锦涛. 高举中国特色社会主义伟大旗帜 为夺取全面建设小康社会新胜利而奋斗——在中国共产党第十七次全国代表大会上的报告［EB/OL］.（2007-10-24）［2021-08-12］. http://news.xinhuanet.com/newscenter/2007-10/24/content_6938568.htm.

② 苏锐. 中国特色社会主义理论体系基本问题研究［D］. 保定：河北大学，2010.

③ 秦刚. 中国特色社会主义理论体系［M］. 北京：中共中央党校出版社，2008.

④ 张富文. 以人为本是中国特色社会主义理论体系的基本价值取向［J］. 理论月刊，2012（3）：27-31.

⑤ 梅定国. 中国特色社会主义理论体系之以人为本思想探析［D］. 喀什：喀什师范学院，2011.

⑥ 刘晓云. 论邓小平为人民服务思想的成因及特征［J］. 安徽行政学院学报，2010，3（1）：11-14.

后，我国实行了改革开放的新政策，1983 年邓小平同志与国家计委、国家经委和农业部门负责同志谈话时指出：“各项工作都要有助于建设有中国特色的社会主义，都要以是否有助于人民的富裕幸福，是否有助于国家的兴旺发达，作为衡量做得对或不对的标准。”① 邓小平在领导中国革命、建设、改革的实践活动中，总是把是否有利于人民生活水平的提高作为评判改革成功失败的重要标准。邓小平理论中“为人民服务”的思想，有着严谨的科学性和高度的实践性，进一步突出了“人民”的重要性，加强了我党为人民服务的宗旨意识。

2. “三个代表”重要思想中的民本服务观

“三个代表”重要思想是为人民服务思想新的升华。江泽民同志 2000 年在广东考察时首次提出了“三个代表”重要思想：“我们党所以赢得人民的拥护，是因为我们党在革命、建设、改革的各个时期，总是代表着中国先进生产力的发展要求，代表着中国先进文化的前进方向，代表着中国最广大人民的根本利益。”②“三个代表”重要思想是新时期“为人民服务”思想的时代升华。江泽民同志曾指出，“我们党来自人民，根植于人民，服务于人民。建设有中国特色社会主义全部工作的出发点和落脚点，就是全心全意为人民谋利益”。“贯彻‘三个代表’重要思想，本质在执政为民，最根本的是要不断实现好、发展好、维护好最广大人民的根本利益，这是我们党一切工作的出发点和落脚点，也是正确处理改革、发展、稳定关系的结合点。”③“三个代表”重要思想使“为人民服务”的党性宗旨有了更鲜明的时代精神和更加具体的实践要求，对当今公共服务事业建设具有重要的指导作用。

3. 科学发展观理论中的民本服务观

十六届三中全会提出了“以人为本、全面协调可持续的科学发展观”④。科学发展观是社会主义现代化建设战略思想的重大转型，“以人为

① 邓小平. 邓小平文选（第三卷）[M]. 北京：人民出版社，1994.

② 中国网. 2000 年 2 月 25 日江泽民考察广东首次提出“三个代表”重要思想 [EB/OL].（2003-06-25）[2022-08-12]. http://www.china.com.cn/zhuanti2005/txt/2003-06/25/content_5353656.htm.

③ 江泽民. 在中央政治局常委会议上的讲话 [R]. 2002-02-04.

④ 十六届中央委员会第三次全体会议通过. 中共中央关于完善社会主义市场经济体制若干问题的决定 [C]. 第十六届中央委员会三次会议，2003-10-14.

本”是其本质及核心。“以人为本”不仅是党的根本宗旨——“为人民服务思想”在当代的体现和新发展，而且是当前建设服务型政府、发展公共服务事业的基本原则和出发点。对于农村体育公共服务体系建设而言，以人为本、全面协调可持续的科学发展观，对认识当前农村体育公共服务建设中的问题，引领未来农村体育公共服务建设的方向，把握农村体育公共服务建设的原则和导向，具有高屋建瓴的指导作用。

4. 习近平新时代中国特色社会主义思想中的民本服务观

党的十九大将习近平新时代中国特色社会主义思想写入党章，提出“以人民为中心”是中国共产党全心全意为人民服务的根本要求，是一切工作的落脚点和着力点，凸显了人民主体、人民至上，彰显出中国共产党坚持立党为公、执政为民的执政理念①。习近平新时代中国特色社会主义思想蕴含着人民至上的价值立场，以人民为中心的价值取向，其主张以人民利益为价值标准，实现人民美好生活为价值目标，其价值真谛是人民美好。2020 年是全面建成小康社会的决胜之年，习近平新时代中国特色社会主义思想“以人民为中心”的价值倡导，对加快完善农村体育公共服务体系，推动农村体育公共服务的建设发展，提升农村体育公共服务质量，具有重要的指导作用和现实意义。

（二）新公共管理理论与新公共服务理论

新公共管理理论及新公共服务理论既是我国服务型政府建设的直接理论基础，也是农村体育公共服务体系构建的理论基础。新公共管理理论是在对传统公共行政理论批判的基础之上，形成的一种现代公共行政理论。传统公共行政理论是以威尔逊、古德诺的政治与行政二分论，以及韦伯的科层制理论为基础的官僚组织理论。20 世纪 70 年代开始，西方国家经济社会发展面临困境，政府财政危机、机构庞大臃肿、效率低下、公众对政府能力失去信心等问题日益严重，传统公共行政理论因无法解释和解决政府面对的上述问题而遭到严峻挑战。在此背景下，西方发达国家掀起了一场声势浩大的公共行政改革运动——新公共管理运动②。新

---

① 人民网. 始终坚持以人民为中心——把握习近平新时代中国特色社会主义思想的根本立场［EB/OL］.（2018-07-10）[2021-08-12]. http://theory.people.com.cn/n1/2018/0710/c40531-30137502.html.

② 段溢波. 新公共服务理论：缘起、内涵及启迪［J］. 湖北财经高等专科学校学报，2009，21（2）：3-7.

公共管理运动为新公共管理理论的产生提供了实践土壤。新公共管理理论在英、美两国应运而生，并迅速扩展到西方各国，它是对当代西方行政体制改革实践经验的基本总结。新公共管理理论的突出代表是美国学者戴维·奥斯本（David Osborne）和特德·盖布勒（Ted Gaebler），其在《改革政府：企业家精神如何改革着公共部门》一书中，将新公共管理改革的原则概括为十个方面：起催化作用的政府——掌舵而不是划桨；社区拥有的政府——授权而不是服务；竞争性政府——把竞争机制注入提供服务中去；有使命感的政府——改变照章办事的组织；讲究效果的政府——按效果而不是按投入拨款；受顾客驱使的政府——满足顾客的需要而不是官僚政治的需要；有事业心的政府——有收益而不浪费；有预见的政府——预防而不是治疗；分权的政府——从等级制到参与和协作；以市场为导向的政府——通过市场力量进行变革①。据此，可将新公共管理理论的核心思想概括为：政府的职能是掌舵而非划桨；政府应广泛采用授权或分权的方式进行管理，鼓励公众参与管理；政府应把竞争机制引入公共管理之中，通过市场的力量推进变革；政府服务应以顾客为导向，奉行顾客至上的价值理念，其宗旨是满足顾客的需要而不是官僚政治的需要②。新公共管理理论在风靡欧美等国家的同时，也遭到了各方质疑。如福克斯在《作为后现代符号政治的政府再造》一文中指出，新公共管理理论内在地存在着矛盾；沙赫特在《再造政府还是再造我们自己》一书中，也对新公共管理理论所倡导的价值观提出了异议③。

新公共服务理论正是在对新公共管理理论的反思与批判中提出来的一种公共行政改革理论。新公共服务理论的代表性人物是美国学者珍妮特·V. 登哈特（Janet V. Denhardt）和罗伯特·B. 登哈特（Robert B. Denhardt），新公共服务理论的核心思想是：“政府的作用是服务而非掌舵；公共利益是目的而非副产品；服务于公民而非顾客；尊重人、公民

① 戴维·奥斯本，特德·盖布勒. 改革政府：企业家精神如何改革着公共部门［M］. 上海：上海译文出版社，2006.

② 张彩彩. 新公共管理理论与新公共服务理论的比较［J］. 西安邮电学院学报，2010，15（4）：135-138.

③ 段溢波. 新公共服务理论：缘起、内涵及启迪［J］. 湖北财经高等专科学校学报，2009，21（2）：3-7.

及公共服务的价值。”①②

新公共管理及服务理论，对于现今我国政府职能向服务本位的转变以及政府如何向公众提供公共服务产品等，均具有十分重要的参考作用。尤其是新公共管理理论提出的授权管理及发挥市场力量的思想，对现今政府购买公共服务而言，颇具针对性的启示价值。而对于农村体育基本公共服务的供给而言，此类纯公共服务产品的提供，则更需新公共服务理论倡导的公民为本价值理念的指导，要求政府牢树服务宗旨，从人性、民本的角度为广大农民提供体育基本公共服务产品，使其均等化地享有国家提供的体育基本公共服务。

（三）服务型政府理论

服务型政府理论是我国在继承传统“为人民服务”“公平”等价值理念的基础上，创造性地提出的本土化的公共服务理论，具有创新性③。目前几近共识的服务型政府的认识是：“以公民本位和社会本位理念为指导，遵循法定程序、符合公民意志，以为民服务为宗旨，承担服务职能和责任的政府。”④

按照公众的意愿提供公共服务是服务型政府履行职能的基本要求，追求公民满意是其根本目标⑤⑥。服务型政府职能结构的重心在于社会服务，这不仅要求政府要以人为本，执政为民，而且要求政府必须以为公民服务为基本的出发点，通过健全公共服务体系来满足公民的公共服务需求。服务型政府理论的主要思想为：“公民本位是服务型政府的执政理念，促进社会公平正义是其价值取向，服务、责任、法治、回应、高效是其根本要求。”⑦ 无疑，服务型政府的公民本位思想及其公民满意的评

---

① 唐铁汉. 中国公共管理的重大理论与实践创新［M］. 北京：北京大学出版社，2007.

② 珍妮特·V. 登哈特，罗伯特·B. 登哈特. 新公共服务：服务，而不是掌舵［M］. 北京：中国人民大学出版社，2004.

③ 李晓园. 当代中国县级政府公共服务能力及其影响因素的实证研究［M］. 北京：中国社会科学出版社，2010.

④ 刘熙瑞. 服务型政府：经济全球化背景下中国政府改革的目标选择［J］. 中国行政管理，2002（7）：5-7.

⑤ 孙亮. 服务型政府的目标意涵及其实现途径［J］. 公共管理，2007（8）：41-44.

⑥ 张彩彩. 我国服务型政府建设的路径探索［D］. 西安：西北大学，2010.

⑦ 李晓园. 当代中国县级政府公共服务能力及其影响因素的实证研究［M］. 北京：中国社会科学出版社，2010.

价标准，对现今我国公共服务体系及农村体育公共服务体系建设具有重要的启示和参考价值。

二、农村体育公共服务体系构建的现实条件

（一）政府转型为农村体育公共服务体系建设奠定了坚实的政治导向

打造服务型政府可谓是 2004 年以来我国政府顶层设计所做出的科学政治决策，规划了政府职能的未来发展方向，也为农村体育公共服务体系建设奠定了明确、坚实的政治导向。

官方首次提出服务型政府是温家宝同志 2004 年在中央党校树立和落实科学发展观研究班结业仪式上的讲话，提出要努力建设服务型政府。2006 年十六届六中全会指出："按照转变职能、权责一致、强化服务、改进管理、提高效能的要求，深化行政管理体制改革，优化机构设置，更加注重履行社会管理和公共服务职能。"[①] 2007 年 10 月党的十七大报告亦强调，要"加快行政管理体制改革，建设服务型政府""健全政府职责体系，完善公共服务体系"[②]。2012 年 11 月党的十八大报告更是明确提出，要"建设职能科学、结构优化、廉洁高效、人民满意的服务型政府"[③]。2013 年 11 月召开的十八届三中全会，亦明确要求"必须切实转变政府职能，深化行政体制改革，创新行政管理方式，增强政府公信力和执行力，建设法治政府和服务型政府"[④]。可见，自 2004 年以来，在我国坚持以经济建设为中心的同时，为实现全面建设小康社会的奋斗目标，党和国家亦在不断加强国家行政管理服务方面的建设，努力实现从"经

① 新华网. 中共中央关于构建社会主义和谐社会若干重大问题的决定［EB/OL］.（2006-10-18）［2021-08-12］. http://news.xinhuanet.com/politics/2006-10/18/content_5218639.htm.

② 胡锦涛. 高举中国特色社会主义伟大旗帜 为夺取全面建设小康社会新胜利而奋斗——在中国共产党第十七次全国代表大会上的报告［EB/OL］.（2007-10-24）［2021-08-12］. http://news.xinhuanet.com/newscenter/2007-10/24/content_6938568.htm.

③ 胡锦涛. 坚定不移沿着中国特色社会主义道路前进 为全面建成小康社会而奋斗——在中国共产党第十八次全国代表大会上的报告［EB/OL］.（2012-11-19）［2021-08-12］. http://www.xj.xinhuanet.com/2012-11/19/c_113722546_5.htm.

④ 新华网. 中共中央关于全面深化改革若干重大问题的决定［EB/OL］.（2013-11-15）［2021-08-12］. http://news.xinhuanet.com/politics/2013-11/15/c_118164235.htm.

济建设型政府”到“服务型政府”的转变，从“传统行政管理型”向“现代公共行政管理型”的转变，把“打造服务型政府”作为现阶段我国全面建设小康社会、构建和谐社会进程中的一项重要政治任务，其导向已十分明确。

加强公共服务体系建设是政府保障公民基本权利的制度安排，是现代文明社会的基本标志。强化政府的公共服务职能、建立与完善公共服务体系已成为世界各国的基本共识①。加强公共服务及其体系建设，是我国转变政府职能、打造服务型政府的落脚点和具体体现。公共服务既是“十一五”时期我国政府职能转变的风向标，也是“十二五”时期强化服务型政府建设的致力点。2007 年党的十七大报告中有十处提到公共服务，2011 年下发的《中华人民共和国国民经济和社会发展第十二个五年规划纲要》指出，要“建立健全符合国情、比较完整、覆盖城乡、可持续的基本公共服务体系，逐步缩小城乡区域间人民生活水平和公共服务差距”②。为了着实推进公共服务体系建设，2012 年 7 月国务院颁发了《国家基本公共服务体系“十二五”规划》，该规划第十章专门就公共文化体育事业的重点任务、基本标准等给予了规定，提出要“加快建立健全公共文化体育服务国家标准体系”③。

体育是一项事关民生的社会性公共事业。加强农村体育公共服务体系建设是公共服务体系建设与完善的重要组成部分，是打造服务型政府的内在要求和体现。政府转型对打造服务型政府提出了现实要求，也为农村体育公共服务体系建设奠立了坚实的导向基础。

（二）经济发展为农村体育公共服务体系建设奠定了必要的物质基础

经济基础决定上层建筑。改革开放以来中国经济持续健康稳定快速发展，为公共服务体系及农村体育公共服务体系建设奠定了必要的物质

① 王伯超. 构建我国体育公共服务体系的理论思考 [J]. 广州体育学院学报，2009，29（1）：1-4.

② 新华社. 中华人民共和国国民经济和社会发展第十二个五年规划纲要 [EB/OL].（2011-03-16）[2021-08-12]. http://www.gov.cn/test/2011-03/16/content_1825941.htm.

③ 中国政府网. 国务院关于印发国家基本公共服务体系“十二五”规划的通知 [EB/OL].（2012-07-20）[2021-08-12]. http://www.gov.cn/zwgk/2012-07/20/content_2187242.htm.

基础。

以党的十一届三中全会为节点，改革开放 40 多年来，中国经济发展取得了举世瞩目的成就，基本实现了由计划经济体制向社会主义市场经济体制的转变，整体经济实力有了显著提高。有研究指出："1978 年，中国 GDP 只有 1 482 亿美元，居世界第十位。1979 到 2007 年，中国 GDP 年均增长率为 9.8%，高于 1953 到 1978 年年均 6.1%的增速，也明显高于同期世界经济年均 3.0%的增速，与日本和韩国经济起飞阶段的年均增长率相当。2008 年，中国 GDP 总量世界第 3 位，成为仅次于美国和日本的全球第三大经济体。2009 年，中国经济克服了国际金融危机的冲击，全年 GDP 增长达到 8.7%，在全球率先实现了正向回升，成为带动全球经济复苏的最强引擎。"① 2010 年，我国 GDP 达到 58 791 亿美元，超过日本跃居世界第二位（仅次于美国），当年人均 GDP 已达 4 000 美元②。2012 年，国家统计局公布中国 GDP 总量为 519 322 亿元，人均 GDP 达到了 6 100 美元③。2013 年，国家统计局数据显示中国 GDP 总量为 568 845 亿元④，2017 年中国 GDP 总量跃升为 820 754 亿元⑤。改革开放以来我国经济的快速发展，为社会事业的发展及政府公共服务能力的提升提供了经济条件基础，也为国家不断增加对农村的扶持力度和农村事业的经费投入提供了国力保证。

此外，农村经济自身的发展及农民收入的提高，为农村体育公共服务建设提供了更为直接的物质基础。尤其是自 2003 年以来，随着农村税费改革的推进、农业税的降低直至 2006 年全面免征农业税，我国农村经

① 方堃. 当代中国新型农村公共服务体系研究［M］. 北京：中国社会科学出版社，2010.

② 马建堂. 全面认识我国在世界经济中的地位［EB/OL］.（2011-03-17）[2021-08-12]. http://politics.people.com.cn/GB/1027/14163121.html.

③ 中国经济网. 2012 年中国人均 GDP 为 6 100 美元［EB/OL］.（2013-02-22）[2021-08-12]. http://www.chinadaily.com.cn/hqpl/zggc/2013-02-22/content_8322449.html.

④ 中国新闻网. 中国 31 省份 2013 年 GDP 出炉 总和超全国总量［EB/OL］.（2014-04-04）[2021-08-12] http://www.chinanews.com/gn/2014/04-04/6031499.shtml.

⑤ 新华社. 2017 年我国 GDP 最终核实为 820 754 亿元［EB/OL］.（2019-01-18）[2021-08-12]. http://www.gov.cn/shuju/2019-01/18/content_5359161.htm.

济发生了显著且积极的变化，农产品供给能力不断增强，农民收入快速增长，城乡统筹步伐加快，农业农村经济发展处在历史最好时期。国家财政部原部长谢旭人曾指出，2003至2012年十年间，中央财政累计安排“三农”支出约6万亿元，年均增幅超过20%，并通过加大支持保护力度、拓宽农民增收渠道、安排农业补贴和粮食储备支出等，确保了农民增产增收①。可见，21世纪以来我国政府对农业农村经济总体投入上保持着稳定发展的态势，农民人均纯收入逐年持续增长（见表5-1）。

表5-1　2004—2013年中央财政“三农”支出及农民人均纯收入

年份	“三农”支出	农民人均纯收入
2004	2 626.2亿元	2 936元
2005	2 975.0亿元	3 255元
2006	3 517.2亿元	3 587元
2007	4 318.3亿元	4 140元
2008	5 955.5亿元	4 761元
2009	7 253.1亿元	5 153元
2010	8 579.7亿元	5 919元
2011	10 497.7亿元	6 977元
2012	12 286.6亿元	7 917元
2013	13 799.0亿元	8 896元

注：据中国社科院发布的《农村经济绿皮书》数据整理。

虽然我国城乡二元经济社会结构问题仍然存在，但是我国经济总体上已达到以工促农、以城带乡的发展阶段，国家财力的增强及其对“三农”支出的逐年增加，尤其是农民收入的逐年增长，无疑为我国农村体育公共服务体系建设奠定了一定的经济基础。前文第二章现状调查部分所呈现的“部分农民对投资农村体育公共服务建设已具有一定的意愿基础”这一调研结果，在很大程度上与农村经济发展、农民增收有很大关系。

① 谢旭人. 中央财政过去十年安排“三农”支出约6万亿[EB/OL]. (2012-10-29)[2021-08-12]. http://finance.chinanews.com/cj/2012/10-29/4285537.shtml.

（三）政策法规为农村体育公共服务体系建设奠定了一定的制度保障

一方面，从国家颁发的促进农村、农业和农民发展的一般性“三农”政策来看，国家对农村经济社会的发展高度重视，对包括农村体育事业发展在内的农村文化事业的发展亦是十分支持，这从2003年至2020年中央一号文件连续聚焦“三农”问题可见一斑（见表5-2）。国家颁发的“三农”政策，不仅缩小了城乡二元经济社会发展的差距，推动了农村经济社会的现代化发展，也为农村体育公共服务建设创造了良好的政策发展环境，其中诸多文件内容直接关乎农村体育文化事业的发展，如2006年颁发的《中共中央 国务院关于推进社会主义新农村建设的若干意见》，就曾对“推动实施农民体育健身工程”予以了明确要求。

表5-2　2003—2020年中共中央颁发的一号文件

年份	文件名称
2003年	《中共中央 国务院关于全面推进农村税费改革试点的意见》
2004年	《中共中央 国务院关于促进农民增加收入若干政策的意见》
2005年	《中共中央 国务院关于进一步加强农村工作提高农业综合生产能力若干政策的意见》
2006年	《中共中央 国务院关于推进社会主义新农村建设的若干意见》
2007年	《中共中央 国务院关于积极发展现代农业扎实推进社会主义新农村建设的若干意见》
2008年	《中共中央 国务院关于切实加强农业基础建设进一步促进农业发展农民增收的若干意见》
2009年	《中共中央 国务院关于2009年促进农业稳定发展农民持续增收的若干意见》
2010年	《中共中央 国务院关于加大统筹城乡发展力度进一步夯实农业农村发展基础的若干意见》
2011年	《中共中央 国务院关于加快水利改革发展的决定》
2012年	《关于加快推进农业科技创新持续增强农产品供给保障能力的若干意见》
2013年	《中共中央 国务院关于加快发展现代农业进一步增强农村发展活力的若干意见》

续表

年份	文件名称
2014 年	《关于全面深化农村改革加快推进农业现代化的若干意见》
2015 年	《关于加大改革创新力度加快农业现代化建设的若干意见》
2016 年	《中共中央 国务院关于落实发展新理念加快农业现代化 实现全面小康目标的若干意见》
2017 年	《中共中央 国务院关于深入推进农业供给侧结构性改革加快培育农业农村发展新动能的若干意见》
2018 年	《中共中央 国务院关于实施乡村振兴战略的意见》
2019 年	《中共中央 国务院关于坚持农业农村优先发展做好“三农”工作的若干意见》
2020 年	《关于抓好“三农”领域重点工作确保如期实现全面小康的意见》

另一方面，国家颁发的专门性体育政策法规，尤其是有关农村体育事业发展的专门性政策法规文件，如《全民健身计划纲要》《中华人民共和国体育法》《农村体育工作暂行规定》《关于实施农民体育健身工程的意见》等，无疑为农村体育公共服务的实践发展及农村体育公共服务体系建设奠定了一定的制度性保障。第四章在论述农村体育公共服务体制的构成部分，全面列举了国家及中央政府部门颁布的相关规范制度和准则（详见第四章表 4-1），这里不再赘述。

如前所述，尽管相关制度法规的弹性还较大、约束力及执行力尚有待加强，有关农村体育公共服务建设的专项制度法规也有待制定，但是现有的相关政策法规对推动农村体育事业的发展、促进农村体育公共服务建设所发挥的作用是不可忽视的。诚然，任何政策法规的完善需有一个过程。随着国家对公共文化服务体系规范化进程的推进，如十八届三中全会所强调的要“构建现代公共文化服务体系”“促进基本公共文化服务标准化、均等化”[①]，再如 2018 年《中共中央 国务院关于实施乡村振兴战略的意见》中所指出，要“加强农村公共文化建设……推进基层综

① 新华社. 中共中央关于全面深化改革若干重大问题的决定［EB/OL］.（2013-11-15）［2021-08-12］. http://news.xinhuanet.com/politics/2013-11/15/c_118164235.htm.

合性文化服务中心建设，实现乡村两级公共文化服务全覆盖，提升服务效能”[①]。国家后续定然会制定更多、更加规范和细化的相关政策法规，来促进包括农村体育公共服务体系建设在内的公共文化服务体系的发展。

（四）体育事业的发展为农村体育公共服务体系建设奠定了自身条件

体育事业既是民生事业，也是一个民族的事业。中华人民共和国成立以来，党和国家高度重视体育事业的发展。中华人民共和国成立70多年来体育事业的发展，尤其是竞技体育取得的骄人成绩，弘扬了国威，振奋了民族精神。仅2002年至2012年十年间，我国运动员获得世界冠军数达1 280个，占总数的46%；创世界纪录达196次，占总数的16%[②]。从某种程度上来看，为摘除“东亚病夫”的帽子、取得国际体育话语权，国家在一定时期大力发展竞技体育是必要的，事实证明也是正确和成功的。

国家在实施“奥运争光计划”战略的同时，我国群众体育、学校体育、体育产业、体育科技等也得到了一定程度上的快速发展。可遗憾的是，囿于国力的不足及奥运争光战略实施的需要，国家对竞技体育投入了相对较多的人、财、物。虽然“我国对竞技体育的投入远远超过对大众体育的投入”这一现象常为人们所诟病[③]，但是，并不能就此否认国家重视群众体育事业的发展。国家在1995年颁布《奥运争光计划》的同时，也颁发实施了《全民健身计划》，可见，国家一贯坚持和强调的还是“两条腿走路”。尤其是在2008年北京奥运会期间，大力倡导开展了“全民健身与奥运同行”活动，并在北京奥运会登顶奥运会金牌总数第一之后，胡锦涛同志在总结表彰大会上指出，要实现竞技体育和群众体育协调发展，推动我国由体育大国向体育强国迈进。可以肯定，体育强国决然不是竞技体育强国，而是体育事业全面发展、高水平的呈现。随着体育强国战略的推进，国家必然将重心向相对薄弱的群众体育领域、体育公共服务领域倾斜，这从2008年北京奥运会之后国家颁发的《全民健身

① 新华社. 中共中央 国务院关于实施乡村振兴战略的意见［EB/OL］.（2018-02-05）［2021-08-12］. http://epaper.gmw.cn/gmrb/html/2018-02/05/nw.D110000gmrb_20180205_1-03.htm.

② 国家体育总局. 14项世界纪录我国运动员2012年成绩斐然［EB/OL］.（2012-12-31）［2021-08-12］. http://www.sport.gov.cn/n16/n299469/3700221.html.

③ 光明日报. 全民健身和竞技体育齐步走［EB/OL］.（2011-01-11）［2021-08-12］. http://theory.gmw.cn/2011-01/11/content_1534997.htm.

条例》《全民健身计划（2011—2015年）》《国家基本公共服务体系“十二五”规划》《全民健身计划（2016—2020年）》等一系列文件，以及前期国家体育总局原局长刘鹏同志在全国体育局长会议、全国群众体育会议上的讲话中可见一斑。体育事业的发展理应是一个系统，是一个整体。体育事业的全面、迅速发展，将有益于为农村体育事业的发展创设一个良好的体育氛围和大环境，无论是竞技体育的先头推进，还是学校体育、城市社区体育的发展，在某种程度上都将影响农民的体育意识、态度和观念，也将为农村体育公共服务体系建设奠定一定的自身条件。

改革开放以来，农村体育事业的发展，为农村体育公共服务体系建设奠立了基础。1985年起在全国范围内开展的“争创体育先进县活动”、1986年中国农民体育协会的成立、1990年起在全国开展的“亿万农民健身活动”和“亿万农民健身活动”先进乡镇的评比等，对我国农村体育事业的发展起到了重要推动作用。尤其是21世纪以来，农村体育事业更是得以蓬勃发展。如2001年起国家体育总局在老少边穷及农村地区开展实施的“雪炭工程”（最初命名为“雪炭计划”）、2004年被定为“农村体育年”并开始在全国启动“体育三下乡”活动、2006年开始实施的“农民体育健身工程”等惠农体育举措的施行，使得农村体育氛围日益增强，农村体育场地设施建设得到了飞速发展（见第三章对“农村体育公共服务建设物力要素数量”的分析），这些都将为现今农村体育公共服务体系建设奠定良好的前期条件和基础。

第二节　农村体育公共服务体系构建的现实意义[①]

诚如导论部分研究缘起中对相关背景的分析，在当前我国大力加强服务型政府、公共服务体系建设的现实背景下，农村体育公共服务体系建设是我国公共事业全面发展的重要一隅，其不仅能体现民生本位，符合当前我国经济社会发展主流价值观的要求，也对我国体育事业自身的完善、体育强国战略目标的实现均具有重要意义。

---

① 胡庆山，王健，刘蕾．中国梦视野下的农村体育公共服务建设［J］．成都体育学院学报，2013，39（12）：26-29.

一、加强农村体育公共服务体系建设，是落实以人为本的科学发展的现实要求，有利于体现和维护广大农民的基本体育权益

任何一项社会事业的发展都需要一定的理论做指导并坚持相应的价值导向，我国体育事业的发展，包括农村体育公共服务建设，其价值导向无疑已十分明确，即以保障广大人民群众体育权益为出发点，以满足广大人民群众的体育需求为导向。加快加强农村体育公共服务建设，反映并满足广大农民日益增长的体育文化需求，实现好、维护好、发展好广大农民的基本体育权益，将有力地解决当前广大农民日益增长的体育文化需求与社会所能提供的体育资源相对不足的矛盾。这是我国经济社会发展到一定阶段、我国体育事业走向全面发展的必然要求，也是彰显民本价值、落实以人为本的科学发展观的现实要求。

二、加强农村体育公共服务体系建设，是建立服务型政府和促进社会公平正义的要求，有利于推进城乡体育公共服务均等化发展

随着我国社会不断发展进步，现今我国社会事业建设的方方面面均日益彰显民生本位、民本宗旨。这是我国政府不断完善自身职能、加强服务型政府建设、促进社会公平正义的要求与体现。加强农村体育公共服务体系建设，可谓是当前全面建成小康社会的一项重要任务，是整个社会公共服务体系建设的重要内容和环节，是构建社会主义和谐社会的基本要求，是建设服务型政府、完善政府职能、执政为民的重要体现。加强农村体育公共服务体系建设，为广大农民提供一定的体育公共服务产品和服务，可为促进社会公平和权利平等提供有利的基础平台，可以在一定程度上缓解社会利益分化进程中产生的贫富差距而引发的社会矛盾，促进社会的公平正义和安定团结。加强农村体育公共服务体系建设，可以有效地促进城乡体育公共服务均衡发展，实现城乡体育公共服务均等化，减少公共服务领域存在的不平等现象。

三、加强农村体育公共服务体系建设，是推动社会主义文化大发展、大繁荣的要求，有利于促进基层农村体育文化的发展

体育事业是我国社会主义事业和文化建设的有机组成部分，集政治影响力、经济生产力、文化传播力、社会亲和力于一体，体现着强大的综合功能和社会价值，对建设社会主义文化强国具有重大意义①。加强农村体育公共服务体系建设，将对我国文化的大发展、大繁荣起基础性的推动作用。体育作为文化的组成部分，既有文化的一般特征，又具有自身的鲜明特征。体育不仅仅是一项身体活动，同时还是一种教育手段，在塑造人健康的体魄、培养人健全的精神、提高人的综合素质等方面发挥着重要作用。正因为如此，当代体育已经成为一个国家和地区综合实力特别是文化软实力的重要体现，成为反映一个国家和地区政治经济环境、社会文明程度的重要窗口。在我国，由于受历史、地域、政策等诸多因素的影响，我国农村人口的生活质量、文化素质普遍较低，体育作为一种健康文明的生活方式，对广大面朝黄土背朝天、辛勤劳作在中华大地上的广大农民而言，无疑离其日常生活还相去甚远。加强农村体育公共服务体系建设，在农村地区大力推广和普及体育运动，不仅可以为体育文化的传播提供良好的平台，促进农村体育文化的发展，且通过体育这一文化载体，还可以不断提高广大农民的体育意识，有利于在农村乃至全社会营造浓厚的体育文化氛围，形成体育是一种健康生活方式的文化理念，从而促进我国文化的大发展、大繁荣。

四、加强农村体育公共服务体系建设，是我国体育事业全面发展的要求，有利于实现体育强国目标并助推中国梦

体育强国显然不是群众体育与竞技体育形成巨大落差的一种状态，显然不是忽视经济社会发展相对落后农村地区体育事业发展的一种追求。农村体育素来是我国群众体育发展的薄弱环节，也是影响我国整个体育事业发展的主要症结和短板。农村的体育人口、体育场地器材设施、体育健身活动的开展、体育赛事的举办、体育产业的发展等与我国城市相比，差距还十分显著，这是一个不争的事实。解决好农村体育的发展问题，既是当前我国群众体育发展的重点环节，也是我国体育事业全面发展的关键所在，更是我国迈向体育强国的必然选择。加强农村体育公共服务体系建设，为广大农民群众提供更多更好的体育公共产品和服务，

---

① 刘鹏. 大力加强体育文化建设［EB/OL］.（2012-02-16)[2021-08-12] http://www.gov.cn/jrzg/2012-02/16/content_2068095.htm.

不仅将有效地促进农民的体育意识、体育健身方式、体育消费等各方面的改变，还能够直接促进农村体育的发展和全民健身体系的完善，最终推动我国体育事业的全面发展和体育强国目标的实现。

农村体育公共服务体系建设不但是实现体育强国的抓手，还将助推中国梦。中国梦乃十八大以来现今中国的时代主题词，中国梦也理应包含了国人的体育梦。习近平总书记强调，实现中华民族伟大复兴的中国梦，就是要实现国家富强、民族振兴、人民幸福①。可见，中国梦首先是强国梦。国家体育总局原局长刘鹏同志曾指出，建设体育强国是我国整体强国战略的重要组成部分，是从实现中华民族伟大复兴的战略高度做出的战略部署②。据此可以认为，体育强国的构建是实现中国梦的助推器。从某种意义上而言，中国梦是历史与现实及未来的统一。如果说北京奥运会的成功举办标志着国人奥运梦的实现，已融入中国梦曾经的光辉岁月，那么现阶段体育强国的构建则昭示着国人体育梦的未来，体育强国梦的实现也将成为中国梦的重要组成部分。一言以蔽之，体育强国的构建是实现中国梦的助推器，建设体育强国有助于实现中国梦。

第三节　体育强国目标下农村体育公共服务体系的构建

一、体育强国目标下农村体育公共服务体系建设的指导思想

以马克思列宁主义、毛泽东思想、邓小平理论、“三个代表”重要思想、科学发展观和习近平新时代中国特色社会主义思想为指导，以体育强国目标为引领，以不断满足农民日益增长的体育需求为宗旨，坚持政府主导，立足基本，着力保障农民体育基本公共服务需求，着力增强政府农村体育基本公共服务供给能力，着眼我国国情和农民的实际，构建与农村社会相适应、比较完善、可持续的农村体育公共服务体系，促进

① 中新网 3 月 17 日电. 习近平：再接再厉，继续为实现中国梦奋斗［EB/OL］.（2013-03-17）［2021-08-12］. http://www. chinanews. com/gn/2013/03/17/4650079. shtml.

② 刘鹏. 刘鹏局长在 2010 年全国体育局长会议上的讲话［EB/OL］（2010-01-26）［2021-08-12］. http://www. sport. org. cn/gasc/2010-01-26/289292. html.

我国体育事业全面协调可持续发展，奠定建设体育强国的坚实基础，推动实现体育强国梦，助力中国梦。

二、体育强国目标下农村体育公共服务体系建设的基本原则

如前述对体育强国的概念和目标任务的分析，体育强国对内体现为体育事业全面协调发展而呈现的强大综合实力，对外则体现为国际体育竞争力的增强而彰显的强大影响力。无须讳言，无论是对内还是对外，我国体育事业的发展都必须坚持“为人民服务”的宗旨，把人民群众的体质健康水平及其公平享有体育发展的成果和权利放在首位。对广大基层农村群众而言，就是要为其提供好体育服务，以促进建成“覆盖城乡、比较完善的体育公共服务体系”，这也是体育强国建设任务的题中要义。

根据我国社会主义国家的性质及社会主义初级阶段的特征，结合农村经济社会发展和农村体育公共服务开展的实际，围绕当前建设体育强国的战略规划，本研究认为农村体育公共服务体系建设主要应遵循以人为本的原则、非营利性原则、公平性原则、因地因人制宜的原则、全面协调可持续发展的原则。

（一）以人为本的原则

以人为本是科学发展观的本质要求，也是构建农村体育公共服务体系最基本、最重要的原则。具体来看，即是要以广大农民群众为本。以农为本、满足广大基层农民群众日益增长的体育需求，是构建农村体育公共服务体系的出发点和落脚点。坚持以人为本的原则，主要体现为三个方面：一是执政为民。政府部门机构设置及规章制度的建立、方针政策的制定、举措办法的实施，能充分考虑基层农村体育事业发展的实际需要，能够有效地发挥和利用各种人力、财力和物力资源，以满足广大农民体育公共服务的需求。二是问需于民。农村体育公共服务体系建设既要顶层设计，也要接地气，走“从群众中来，到群众中去”的路线，要广泛开展调查研究，倾听农民对体育公共服务的真实需求，把群众的需求之声反映在相关政策规划和举措之中。三是问计于民。农村体育公共服务体系建设要接地气，还要广开源。农村体育公共服务体系建设离不开广大农民群众的支持，要调动和激发广大农民的积极性、创造力和参与度，使之成为建设农村体育公共服务体系的主体力量。

（二）非营利性原则

目前农村体育公共服务尚属于基本公共服务范畴，应坚持非营利性原则。国家基本公共服务体系“十二五”规划指出：“基本公共服务是建立在一定社会共识基础上，由政府主导提供的，与经济社会发展水平和阶段相适应，旨在保障全体公民生存和发展基本需求的公共服务。享有基本公共服务乃公民的权利，提供基本公共服务是政府的职责。基本公共服务的范围，一般包括保障基本民生需求的教育、就业、社会保障、医疗卫生、计划生育、住房保障、文化体育等领域的公共服务。”① 党的十八大报告强调要“加快形成政府主导、覆盖城乡、可持续的基本公共服务体系”②。这无疑明确了政府在基本公共服务建设中的重要地位及作用③。

对于农村体育公共服务体系建设而言，诚如前面第三章中对农村体育公共服务物力要素供给特点的分析认为，农村体育基本公共服务产品属于纯公共服务产品，具有基本性、公益性特征，不仅政府应发挥主导作用，还应承担主体责任。农村体育公共服务体系建设是一项乡土味、草根性十足的民生事业，如果以市场化为导向，无疑将变味变质，偏离国家发展基本公共服务事业的既定方向。更何况，囿于市场的逐利性特点，目前也难以在农村体育基本公共服务体系的建设中引入市场机制。当然，对于以后非基本性、高层次的体育公共服务消费而言，则应另当别论。因此，对于农村体育基本公共服务而言，必须坚持非营利性原则，即不以营利为目的，提供农村体育基本公共服务产品并满足农民的体育基本公共服务需求，以农民群众能享有更多更好的体育基本公共服务产品为最大盈利。

（三）公平性原则

党的十八大报告指出：“公平正义是中国特色社会主义的内在要求。

① 中国政府网．国务院关于印发国家基本公共服务体系“十二五”规划的通知[EB/OL]．（2012-07-20）[2021-08-21]．http://www.gov.cn/zwgk/2012-07/20/content_2187242.htm.

② 胡锦涛．坚定不移沿着中国特色社会主义道路前进 为全面建成小康社会而奋斗——在中国共产党第十八次代表大会上的报告[EB/OL]．(2012-11-08)[2021-08-12].http://china.caixin.com/2012-11-08/100458021.html.

③ 周爱光．从体育公共服务的概念审视政府的地位和作用[J]．体育科学，2012，32（5）：64-70.

要在全体人民共同奋斗、经济社会发展的基础上……努力营造公平的社会环境，保证人民平等参与、平等发展的权利。”① 当前，加强农村体育公共服务体系建设，是缩小城乡二元经济社会结构发展差距，促使广大农村群众公平享有社会主义体育事业发展成果的重要体现，也是我国建设服务型政府、责任政府的职责所在；既体现了社会公平，也凸显了政府责任。农村体育公共服务体系建设坚持公平性原则，既体现在相关政策法规的顶层设计上，也体现在具体实践过程中。一方面，在国家政策法规顶层设计层面，国家应把农村体育公共服务体系建设纳入国家基本公共服务体系建设规划，将农村与城市同等对待，将东、中、西部地区统筹推进，将农村体育事业的发展与农村经济、教育、医疗卫生等事业的发展相提并重，要求各级政府设立专项资金支持农村体育公共服务事业的发展，以此彰显社会主义社会的公平正义、体现中国特色社会主义的内在要求；另一方面，在农村体育公共服务体系建设实践中，农村体育公共服务必须面向全体农民群众，尽可能保证、方便不同背景的农民人人都能享有政府提供的同等程度的体育基本公共服务。

（四）因地因人制宜的原则

中国地大物博、人口众多，不同的经济社会发展条件和水平、不同的地域特色和各民族特殊的风俗文化习惯，导致不同区域的农村存在着经济社会发展状况、自然地理条件、社会历史与文化环境等多方面的差异。因此，在农村体育公共服务体系建设中，应根据不同地域农村的实际和农民的不同需求特点，既做到统筹兼顾，又要区别对待，对具体情况具体分析，根据各地区农村的发展状况，制定与该地区发展相适应的体育公共服务标准，充分利用并挖掘某一区域或地区的比较优势，扬长避短，因地制宜，有计划、有步骤地发展具有地域特色的农村体育公共服务体系。

此外，农村体育公共服务的供给还要因人制宜。诚如前文第二章中对农民体育公共服务需求现状的分析，不同地区、性别、年龄结构、文化程度以及家庭人均年收入的农民对农村体育公共服务的需求均存在差

① 胡锦涛. 坚定不移沿着中国特色社会主义道路前进 为全面建成小康社会而奋斗——在中国共产党第十八次全国代表大会上的报告［EB/OL］.（2012-11-19）［2021-08-12］. http://www.xj.xinhuanet.com/2012-11/19/c_113722546.htm.

异，尤其是随着现今城镇化进程的加快和农村外出务工人群的持续增多，农村人群的结构发生了较为显著的变化，诸如农村留守儿童、空巢老人等群体的出现，无疑将给农村体育公共服务体系建设带来新的挑战。因此，农村体育公共服务体系建设要充分考虑农村经济社会结构变迁的特点，针对农民个体在体育需求上的差异，服务内容呈现出多样性，尽量寻找一定区域范围内农民对体育公共服务需求的共性，寻求最大公约数，在考虑大多数农民的利益和需求的同时，还要尽可能兼顾一些特殊群体的需求，做到因人制宜。

（五）全面协调可持续发展的原则

一方面，构建农村体育公共服务体系，要与现阶段我国经济、政治、文化、社会等发展相适应，与社会主义核心价值观及新农村精神文明建设相适应，与农村公共服务整体建设以及农村其他各项事业的发展相适应；另一方面，构建农村体育公共服务体系，要统筹村民的个人利益、村民与政府部门的利益、各级政府部门之间的利益、地区之间的利益和整个社会公共服务建设的整体利益，统筹当前利益和长远利益，协调各方矛盾，充分调动政府、社会、村民等多元主体的积极性。总之，在农村体育公共服务体系的构建过程中，既要总揽全局，统筹兼顾，也要抓住事关农民利益的突出问题，进行科学规划，根据农村经济社会发展变化的客观情况和农民的实际情况进行建设，还要具有前瞻性的眼光和战略性的思维，统筹各类体育资源，提高人、财、物的使用效率，以实现农村体育公共服务体系建设的全面协调可持续发展。

三、体育强国目标下农村体育公共服务体系建设的目标任务

（一）农村体育公共服务体系建设的目标

实现体育强国无疑是当前及以后相当长历史时期内我国体育事业发展的总体目标。因此，我国体育事业发展的方方面面均应朝着该目标的实现而形成合力。农村体育公共服务体系建设亦然。农村体育公共服务体系建设目标的确立，应以体育强国构建中对我国群众体育的总体要求为参照系。国家体育总局原局长刘鹏同志在谈及体育强国的基本内涵和特征时指出，在群众体育领域，要让全社会相当多的成员热爱体育，关注体育，积极参与体育；群众的体育意识不断增强，体育普及程度达到较高水平，在全社会形成浓厚的体育氛围，体育成为相当多民众自觉的、

重要的生活方式之一；全面建成覆盖城乡、比较完善的全民健身服务体系①。

据上所述，本研究认为，农村体育公共服务体系建设的总体目标是：为我国农村广大农民群众提供丰富的体育公共产品和服务，满足广大农民群众的体育需求，增进农民的体育参与；农村体育政策法规建立完善，体育场地器材设施充足，体育组织健全，体育活动经常开展，健身指导、体质监测和信息咨询服务便捷，广大农民的体育健身意识和科学健身素养普遍增强，参加锻炼的农民人数显著增加，农民身体素质和生活质量显著提高，体育健身成为广大农民的基本生活方式；形成覆盖比较全面、完善的与体育事业和其他社会事业协调发展的农村体育公共服务体系。

（二）农村体育公共服务体系建设的任务

根据农村体育公共服务体系建设的总体目标以及我国体育事业发展“十二五”“十三五”规划中对群众体育发展的目标定位，本研究认为，农村体育公共服务体系建设的任务主要体现在体育政策法规、体育场地器材设施、体育组织、体育活动、体育健身指导队伍、体质监测、体育信息七个方面的建设上。

(1) 制定并完善农村体育政策法规，为广大农民享有体育基本公共服务提供政策支持和法规保障。

(2) 继续加强农村体育场地器材设施建设，不断增加农村体育场地器材设施的数量和类型，加强对已建场地器材设施的维护，满足广大农民体育健身的场地器材需求。

(3) 建立健全农村体育组织，增加各类农村体育组织的数量并提升服务质量，充分发挥其管理、服务及组织协调等作用。

(4) 广泛开展农民群众喜闻乐见的体育活动，增加活动举办的频次，丰富活动的内容和形式，引导并促进广大农民积极参与体育活动。

(5) 加大农村体育健身指导队伍建设力度，积极开展体育健身志愿服务，为广大农民体育健身提供便利、科学的健身指导。

(6) 加强农民体质监测，建立完善农民体质监测服务系统，为促进广大农民的体质健康和科学健身提供科学依据。

① 刘鹏. 刘鹏局长在2010年全国体育局长会议上的讲话［EB/OL］. (2010-01-26)［2021-08-12］. http://www.sport.org.cn/gasc/2010-01-26/289292.html.

(7) 强化农村体育氛围的营造和农民健身的舆论引导，积极有效地开展体育信息咨询服务，为农民提供丰富的体育信息资源和健康及健身知识等。

四、体育强国目标下农村体育公共服务体系建设的具体内容

从前文对体育强国的内涵、目标任务的分析可见，就群众体育发展而言，构建群众体育强国，可谓当前我国体育强国进程中的重要任务。群众体育强国的构建，以农村体育公共服务体系为重难点的全民健身服务体系建设无疑是其集中体现。诚然，农村体育公共服务体系建设，既要把握方向，坚持原则，也要明确目标任务，还要落实在具体内容环节上。根据前述农村体育公共服务体系建设的目标任务，本研究认为农村体育公共服务体系建设的具体内容，主要体现为体育法规政策保障服务建设、体育场地器材设施服务建设、体育组织服务建设、体育活动服务建设、体育指导服务建设、体质监测服务建设、体育信息咨询服务建设七个方面，是农村体育公共服务体系建设目标任务的具体化。

（一）体育法规政策保障服务建设

完善《中华人民共和国体育法》《全民健身条例》等法律法规中保障农村体育事业发展的条款，升级原有的《农村体育工作暂行规定》，制定专项农村体育法，加强中央及各级政府对农村体育公共服务事业的政策支持力度，尤其是要保证、强化对体育法规政策的执行力，充分保障广大农民群众公平享有农村体育基本公共服务的权利。值得指出的是，这一建设内容主要依赖于相关制度规范设计的完善，有别于体育场地设施、体育组织、体育活动、健身指导、体质监测、体育信息咨询等实体性服务内容的建设。

（二）体育场地器材设施服务建设

建设农民身边的体育场地器材设施，制定农村体育场地设施服务标准，增加农村人均体育场地面积，提供充足的体育场地器材设施。继续实施“农民体育健身工程”，丰富惠农体育工程的内容和形式，满足农民群众的多元体育需求。多渠道筹集并增加体育场地器材设施的建设与维修经费，加强对农村各类体育健身场地器材设施的管理、维修和保护，提高农村体育场地器材设施的使用效率，发挥其应有的社会效益，建立包括农村学校体育场地设施和农村社区体育场地设施相结合的免费体育

场地设施服务网络，为农民健身提供良好场地和器材等设施条件。

（三）体育组织服务建设

大力加强县（市）—乡镇—村落体育组织建设，积极培育基层村落体育组织，增加农村体育组织的数量，发展农村体育社团，鼓励农村自发性体育群体、非正式结构体育社团进行自我组织和管理，提高农村体育组织的服务质量，建立上下联动、类型多样、富有活力的社会化农村体育组织网络，发挥各类农村体育组织的管理服务功能。

（四）体育活动服务建设

经常组织开展农民身边的各类体育活动，丰富农村体育活动的内容，创新农村体育活动的形式，尤其是要注重传承和推广农村民间体育活动项目，宣传并引入现代体育健身活动，举办丰富多彩的体育竞赛活动，吸引广大农民积极参与，促进农村体育活动常规化、制度化。

（五）体育指导服务建设

加强农村社会体育指导员培训，推行公益性、业余性和职业性社会体育指导员相结合的制度，建设与农村体育公共服务发展相适应的农村体育指导员队伍，鼓励和支持社会体育指导员义务进村，积极培育农村本土社会体育指导员，发挥农村社会体育指导员在村民体育健身中的宣传、组织和指导作用，丰富广大农民群众的科学健身知识，提高广大农民群众健身的科学化程度。

（六）体质监测服务建设

着力建设基层县乡体质监测站点，定期开展农民体质测定工作并公布农民体质监测结果，建立农民体质监测数据库，实施对农民体质的监控和追踪研究，强化对农民体质健康的管理，促进广大农民的科学健身。

（七）体育信息咨询服务建设

充分利用现代化信息传播手段向广大农民提供体育信息及咨询服务，建立包括互联网、电话热线、村民信箱、广播电视、报纸杂志、宣传栏等多形式、多渠道的体育信息咨询服务网络，为广大农民提供丰富、方便、快捷的体育信息及咨询服务。

五、体育强国目标下农村体育公共服务体系运行的机制模型

“保基本、强基层、建机制”是《国家基本公共服务体系“十二五”

规划》贯穿的基本思路①，从某种意义上来看，无论是要满足广大人民群众最基本的公共服务需求，还是要提高基层基本公共服务的供给能力，都必须有一套有效、长效的运行机制从制度上予以保障。有研究指出，体育公共服务目标和任务的实现，需要一套协调、高效、灵活的体育公共服务运行机制予以保证②，体育强国目标下农村体育公共服务体系建设的目标、任务和内容的达成及落实，亦离不开农村体育公共服务运行机制系统的保障。

本书第四章中对农村体育公共服务运行机制的构成进行了一定程度的分析，研究认为农村体育公共服务的实践可划分为发起阶段、实施阶段和评价阶段三个环节，农村体育公共服务运行机制主要由决策（规划）机制、供给机制、需求表达机制、激励机制、融资机制、监管机制、评价机制七个要素构成，并由其构成一个有机的农村体育公共服务运行机制系统（见图 5-1）。

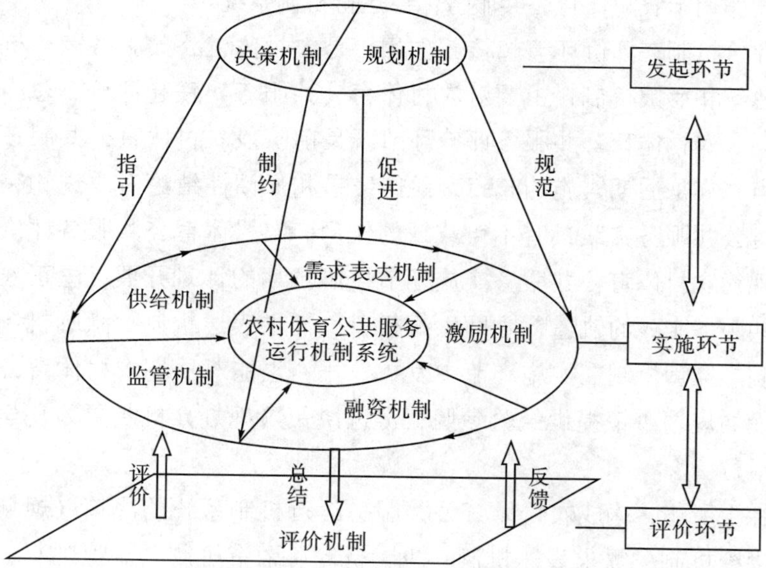

图 5-1 体育强国目标下农村体育公共服务体系运行机制模型

① 中国政府网. 国务院关于印发国家基本公共服务体系“十二五”规划的通知［EB/OL］.（2012-07-20）［2021-08-12］. http://www. gov. cn/zwgk/2012-07/20/content_2187242. htm.

② 樊炳有. 体育公共服务的运行机制探讨［J］. 体育与科学，2010，31（2）：25-32.

决策（规划）机制在发起环节中起着主导作用，是农村体育公共服务运行机制系统的发动性机制，对农村体育公共服务体系及其机制的运行起指引、制约、促进和规范作用。良好的农村体育公共服务决策（规划）机制，是其他运行机制在农村体育公共服务实践中有效发挥作用的前提，是先导性机制，对农村体育公共服务实践起正面促进作用，不良的农村体育公共服务决策（规划）机制，将导致农村体育公共服务实践走盲路、弯路，甚至错路，对农村体育公共服务实践起负面制约作用，造成农村体育公共服务实践中人、财、物等资源的浪费。

供给机制、需求表达机制、激励机制、融资机制、监管机制在实施环节中起主要作用，是农村体育公共服务运行机制系统的具体实施性机制。在农村体育公共服务实践的实施环节中，该五个机制形成一个同心圆，动态运行、相互配合、相互促进与制约，保障农村体育公共服务的实施按照预定方向迈进，同时形成合力，与决策（规划）机制和评价机制共同作用于农村体育公共服务体系运行机制系统。

评价机制在评价环节起核心作用，是农村体育公共服务运行机制系统的总结和反馈机制，主要对农村体育公共服务实践起评价、总结和反馈作用。农村体育公共服务评价环节既是前阶段农村体育公共服务实施的终点，亦是后期实施的起点，评价结果和反馈性结论对改进和完善农村体育公共服务实践具有不可或缺的作用。农村体育公共服务评价机制既能规约农村体育公共服务实施环节按照预期的计划开展，匡正农村体育公共服务实践的轨道，协助供给机制、需求表达机制、激励机制、融资机制、监管机制在实施环节中发挥作用，也能对后期农村体育公共服务建设的规划决策提供经验参照，促进决策（规划）机制更为科学、有效地运行。

综上所述，构成农村体育公共服务运行机制系统的决策（规划）机制、供给机制、需求表达机制、激励机制、融资机制、监管机制、评价机制，共同作用于农村体育公共服务实践的三个阶段，既相互区别、又相互联系，共同构成一个复杂的运行机制系统。其中，每一个机制作用的发挥，都离不开其他机制的协同促进。值得指出的是，以上各机制在农村体育公共服务实践的不同发展阶段、不同条件下，其发挥的作用是不同的，在农村体育公共服务体系建设过程中并不是每个机制都均等地在发挥作用，因此应根据农村体育公共服务体系建设的实际，充分发挥不同阶段主导性机制的作用，全面整合协同性机制，凝聚农村体育公共服务运行机制系统的合力。

六、体育强国目标下"一体两翼"型农村体育公共服务体系框架

基于"体育强国目标"视域，结合上述对农村体育公共服务体系建设的指导思想、基本原则、目标任务、建设内容、机制模型等内容的分析，以及前述第三章和第四章对人财物、体制机制等问题的分析，本研究构建了体育强国目标下"一体两翼"型农村体育公共服务体系框架（见图5-2）。

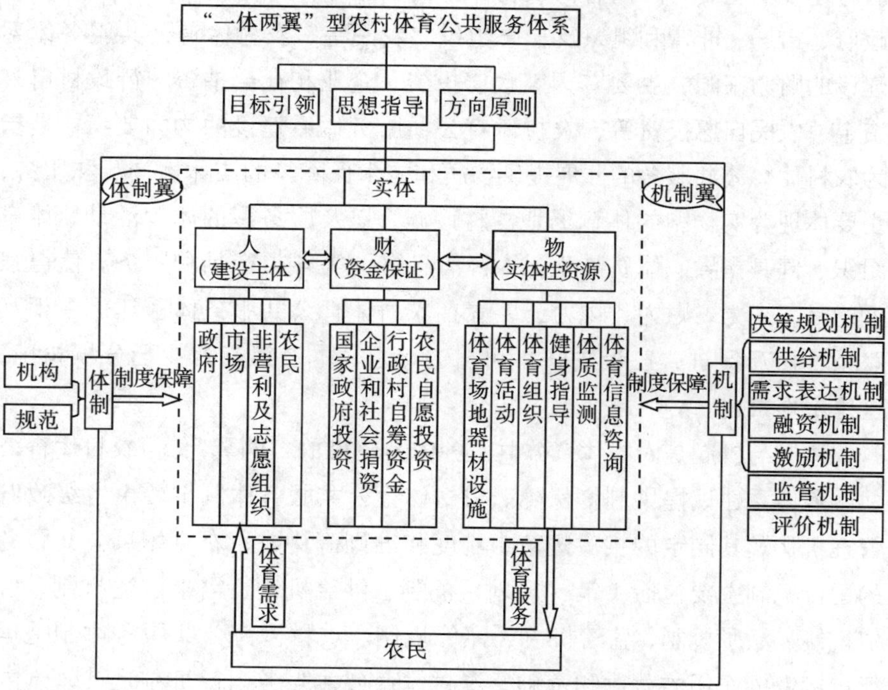

图5-2　体育强国目标下"一体两翼"型农村体育公共服务体系框架图

体育强国是引领现时代我国体育事业发展的宏伟目标，体育事业发展的方方面面均需以其为向标。农村体育公共服务体系建设是我国体育事业发展的短板工程、基础工程，无疑更应以体育强国目标为导向，抓住构建体育强国的战略机遇期，在实现我国体育事业全面发展的过程中，

充分利用国家的政策优势和各方资源，不断补短，完善提升。同时，还要遵循马克思列宁主义、毛泽东思想、邓小平理论、“三个代表”重要思想、科学发展观和习近平新时代中国特色社会主义思想的指导，以满足农民的体育公共服务需求为宗旨，坚持以人为本、非营利性、公平性、因地因人制宜、全面协调可持续发展的原则，以此思想和原则向导来共同构建农村体育公共服务体系。

人、财、物是农村体育公共服务体系建设的“实体”，是实质性问题、核心问题。其中，人力是根本，是农村体育公共服务体系建设的主体；财力是保证，为农村体育公共服务体系建设提供资金支持；物力是基础，是农村体育公共服务体系建设的实体性资源，也是农村体育公共服务建设的主要实际内容。农村体育公共服务体系建设的主体主要包括政府、市场、非营利组织及志愿组织、农民等。农村体育公共服务体系建设的财力来源，主要有国家政府投资、企业和社会捐资、行政村自筹资金、农民自愿投资等，农村体育公共服务体系建设的物力要素，是指为农村体育公共服务的开展提供物质和技术保障等的实体性产品和服务，主要体现为实物型的体育场地器材设施，以及服务型的体育活动、体育组织、健身指导、体质监测、体育信息咨询等各类产品和服务。值得强调的是，人力、财力、物力三要素在农村体育公共服务体系建设中相互联系、相互促进，三者缺一不可。这一点，本书第三章业已分析指出，这里不再赘述。

体制与机制是农村体育公共服务体系建设的“两翼”，为农村体育公共服务体系建设提供制度保障。农村体育公共服务体制主要由各级政府管理机构及其制定的相关规范、制度和准则等构成，农村体育公共服务的运行机制主要包括决策（规划）机制、供给机制、需求表达机制、融资机制、激励机制、监管机制、评价机制。农村体育公共服务体制是运行机制发挥作用的载体和基础，农村体育公共服务运行机制是其体制内在机理的体现，二者既相互联系，也相互区别（详见本书第四章所述），共同发挥着对农村体育公共服务体系建设的制度保障作用。

值得指出的是，农村体育公共服务体系建设的最终目的是为广大农民提供更多、更好的体育公共服务，因此，基于广大农民的实际体育需求，反映广大农民对体育公共服务的实际需要，不失为农村体育公共服务体系建设的一个基础性、根本性环节。

本章小结

在全民健身已上升为国家战略的新时代，农村体育公共服务体系建设对实现体育强国目标、促进我国体育事业全面协调发展具有重要的意义。虽然农村体育公共服务体系的构建具备了一定的理论与现实基础，但必须遵循科学的指导思想和正确的原则导向，始终以满足广大农民的体育公共服务需求为本位宗旨。本章在前述几章研究的基础之上，构建了一个纲要性的农村体育公共服务体系。之所以说是纲要性的，因为其是一个开放性、引导性、参考性的体系框架。但是，其对从整体上较为系统地认识农村体育公共服务建设问题，为农村体育公共服务体系建设提供纲要性的理论导向作用亦不容否认。

值得指出的是，本研究所构建的农村体育公共服务体系，并非是指常言的指标体系。在当下我国区域经济社会发展不平衡、体育发展基础水平差异大、农民体育需求多元化等现实背景下，也实难构建一个过于具体细化的农村体育公共服务体系，这从 2012 年国务院颁发的《国家基本公共服务体系“十二五”规划》中对公共文化体育事业基本标准的定性化描述中可见一斑。尽管如此，探讨农村体育基本公共服务体系的细化标准，分层、分类构建农村体育公共服务指标体系，不失为深化农村体育公共服务研究的后续研究方向。

第六章　抛砖引玉：迈向体育强国的农村体育公共服务建设建议

根据前述几章对农村体育公共服务现状、农村体育公共服务建设的实体、农村体育公共服务建设的“两翼”以及农村体育公共服务体系总体框架等问题的分析，结合体育强国目标背景，本研究提出如下对策建议，以期为农村体育公共服务及其体系建设提供参考。

一、把握构建体育强国的契机，坚持体育强国目标引领及正确的思想和原则

（一）充分利用构建体育强国的战略资源

构建体育强国是我国整体强国战略的重要一隅，是我国全面建成小康社会和实现中华民族伟大复兴中国梦征程中的体育发展战略。不言而喻，在实现全面建成小康社会、迈向全面建设社会主义现代化国家新时期，国家将从整体强国战略的发展高度，对体育事业的发展投入更多的政策、财力、物力等战略资源，尤其是将对群众体育、学校体育等我国体育事业发展中相对薄弱的环节，予以补短补缺，以实现体育事业的全面发展。这从现今全民健身已被上升为国家战略[①]、党的十九大报告“加快推进体育强国建设”等战略部署和决策中可见一斑。对于农村体育公共服务的发展而言，必须抓住构建体育强国这一战略机遇期，充分争取、利用相关政策优势，以实现城乡体育公共服务均等化发展。从某种程度上而言，农村体育事业的发展若不抓住体育强国构建的战略机遇，利用

① 中国新闻网. 国务院推体育产业新政 全民健身上升为国家战略［EB/OL］.(2014-10-20)［2021-08-12］. http://www. chinanews. com/ty/2014/10/20/6695176.shtml.

相关战略资源，那么无疑将错失良机，导致城乡体育发展的差距进一步扩大。因此，把握构建体育强国的重大契机，充分利用相关战略资源大力发展农村体育公共服务事业，不失为明智之举。

（二）把握体育强国目标引领的实践逻辑

无疑，当前及以后我国体育事业发展的方方面面均需围绕着实现体育强国目标而向前迈进。毋庸讳言，农村体育公共服务建设亦是要为提升我国体育事业的整体发展实力并最终实现体育强国目标而努力。从农村体育公共服务自身建设的实践层面来看，可以认为，以体育强国目标为引领，是农村体育公共服务建设的实践逻辑。无论是基于农村体育公共服务自身建设、获取更多政策和资源优势的需要，还是基于我国体育事业整体发展的需要，都必须以体育强国目标为引领，方能实现有限体育资源在不同领域的重新整合和合理分配。也只有以体育强国目标为引领，方能认识到农村体育在城乡体育一体化发展中的差距，认识到农村体育公共服务建设对实现体育强国目标和城乡体育公共服务均等化发展的重要性和迫切性。只有如此，在规划我国全面建成覆盖城乡、比较完善的体育公共服务体系时，才能真正将更多的人、财、物投入农村体育公共服务建设的实践中。

（三）坚持正确的指导思想和原则

尽管体育强国的构建为农村体育公共服务及其体系建设提供了良好的发展机遇，但是农村体育公共服务建设要想取得巨大成功，还必须坚持正确的指导思想和原则，因为正确的指导思想和原则决定了农村体育公共服务的发展方向、价值导向和路径保障。当前，农村体育公共服务及其体系建设，诚然必须以马克思列宁主义、毛泽东思想、邓小平理论、“三个代表”重要思想、科学发展观和习近平新时代中国特色社会主义思想为指导，以服务广大农民、满足农民体育公共服务需求为本位宗旨，努力构建相对完善的农村体育公共服务体系，以奠定体育强国的民生基础，最终实现体育强国梦。此外，农村体育公共服务及其体系建设在具体实践中走什么样的路、如何走路，还需要基本原则要求予以规制。坚持以人为本的原则、非营利性原则、公平性原则、因地因人制宜的原则、全面协调可持续发展的原则，是对农村体育公共服务及其体系建设的基本原则要求。

二、加强农村体育公共服务人、财、物的建设，增强农村体育公共服务建设实体

（一）充分发挥多元主体的合力，建立由政府主导、社会和公众广泛参与的多元供给主体格局

农村体育公共服务建设说到底还是人的问题，无论是从建设主体的角度，还是从为民服务的角度，都离不开人的因素。如前第三章所述，现阶段我国农村体育公共服务建设的主体包括政府、市场、非营利组织和志愿组织以及个人、农民等，它们在农村体育公共服务建设中均发挥着重要的作用。然而，由于多种因素的影响，市场、非营利组织和志愿组织以及个人、农民等非政府主体，在农村体育公共服务建设中的作用还尚未得到充分的开发和利用。无疑，在当下农村体育公共服务的投入更多地体现为社会公益效应而非经济效益的境况下，农村体育公共服务建设的供给主体主要是各级政府，至少在农村体育基本公共服务领域，尚必须坚持以政府为主导，这是服务型政府建设的必然要求，也是各级政府的应然责任和义务。但是，农村体育公共服务的供给主体不能仅仅局限于政府，必须注重发挥政府、市场、非营利组织和志愿组织以及个人、农民等多元主体的合力，形成多元供给主体的局面。这既是弥补政府在农村体育公共服务供给中力显不足而呈现出相对有限性的需要，也符合公共服务社会化的发展趋势，有利于实现农村体育公共服务向社会化发展方向过渡。

对于政府主体，一方面，要打造积极有为的服务型政府。虽然为农村社会提供体育公共服务是各级政府天经地义的职责和职能，但是囿于人财物等资源的相对有限性，加之现有绩效评估奖惩措施缺乏等因素影响，导致政府尤其是地方政府对公共服务的动力不足[①]。因此，各级政府要树立积极主动为农村社会提供体育公共服务的思想，争做敢于担当、有为的服务型政府。尤为重要的是，要帮助基层县乡（镇）二级政府走出财权与事权不匹配的窘境，平衡其财事权，以免使其陷入“巧妇难为无米之炊”的尴尬境地。另一方面，政府提供体育公共服务要树立正确

---

① 丁辉侠．地方政府提供公共服务的能力与动力分析［J］．河南社会科学，2012，20（9）：30-32．

价值观的导向。纵观公共服务理论的发展历程，从19世纪后半叶西方公共服务理论的萌发，到20世纪80年代新公共管理理论的确立，再到新公共服务理论的兴起，公共服务的价值问题可谓贯穿始终①。从此种意义来看，价值问题乃公共服务管理与实践领域的本源性问题。农村体育公共服务供给主要存在民需取向与政绩导向、民生取向与行政任务导向之间的博弈。农村体育公共服务供给的民需取向，是由农民的体育需求决定农村体育公共服务供给的一种价值诉求。然而，农村公共产品供给体制的强制性传统以及由国家计划决定农村公共产品数量类型的决策机制②③，长期以来一直将农民隔离在农村公共产品需求表达的大门之外，致使其难以逃离自上而下强制供给的体制性藩篱，在一厢情愿式地为民提供农村体育公共服务的背后，实则是政绩取向使然。农村体育公共服务供给的民需取向与政绩取向反映的是两种截然不同的需求类型，前者是对农民实际体育需求的反映，后者则体现为不良政绩观下的一种政绩狂热。民生取向与行政任务导向，两种不同的价值取向可导致农村体育公共服务供给理念及行为差别迥异。民生取向下的农村体育公共服务供给，可谓政为民所议、计为民所谋、策为民所施、财为民所用、利为民所得，农村体育公共服务供给时时处处、方方面面均是站在农民的立场，体现出务实、为民、利民的供给理念与行为，不掺杂任何形式主义和花架子的元素。行政任务取向下的农村体育公共服务供给，虽然在施政的过程中也能在一定程度上为民谋利，但是更多地着眼于行政任务的完成、行政职能的履行、行政文件命令的下发，体现为重量轻质、重形式轻实效。从某种程度上而言，政绩取向与行政任务取向下的农村体育公共服务供给，是作为“工具”的农村体育公共服务供给，呈现的是农村体育公共服务供给的工具价值，而民生取向与民需取向下的农村体育公共服务供给，则是体现“民本”的农村体育公共服务供给，彰显的是农村体育公共服务供给的终极价值。当前，政府提供农村体育公共服务一定要

① 张菀洺. 服务型政府塑造：公共服务理论与中国实践［J］. 浙江社会科学，2008（5）：66-71.

② 刘义强. 建构农民需求导向的公共产品供给制度［J］. 华中师范大学学报（人文社会科学版），2006，45（2）：15-23.

③ 张鹏，张佼. 城乡公共产品断裂的财政统筹发展研究［J］. 人民论坛，2011（24）：118-119.

摒弃政绩本位和行政任务本位，回归民生本位①。

对于非政府主体，主要是发挥市场、非营利组织和志愿组织以及个人、农民等主体的积极性，倡导并营造非政府主体参与农村体育公共服务建设的氛围。目前在市场投入农村体育公共服务建设源动力不足，非营利组织、志愿组织发展尚不壮大，个人与农民自愿供给的稳定性差和承担力较弱的情况下，应通过制度设计来强化非政府主体的作用。例如，在当前我国大力推行政府向社会力量购买公共服务的政策背景下，可通过制定一系列优惠政策或激励措施、采取一定补贴等手段，充分调动、培育和鼓励非政府主体参与农村体育公共服务建设。

（二）积极拓宽农村体育公共服务资金来源渠道，打造多元化的资金筹措方式

诚如本文第二、三章的分析，农村体育公共服务建设不仅存在供给主体单一的弊端，而且相应存在建设资金来源渠道单一的问题。农村体育公共服务建设的财力要素主要包括各级政府投资、企业和社会捐赠、行政村自筹资金以及农民自愿投资等，但从现今农村体育公共服务建设资金来源的实际来看，主要为中央财政和各级政府的投资。为适应未来公共服务社会化的发展趋势，破解当下政府的财力困境尤其是基层县乡政府投资农村体育公共服务建设资金的不足，实有必要拓宽农村体育公共服务建设资金来源渠道，强化规范政府投资，同时大力吸纳社会资金，形成多元化的筹资方式。

首先，对于政府投资，虽然公共服务社会化的发展趋势不可悖逆，但对于我国农村基本公共服务领域，包括农村体育基本公共服务而言，政府的主导地位不能动摇，政府投资的主体责任和义务不仅不能松懈，还应强化和规范。一方面，要加大中央财政对农村体育文化事业的投入力度，并形成一定的制度规范。2012 年 7 月，国务院颁发了《国家基本公共服务体系“十二五”规划》②，该规划是中华人民共和国成立以来首部国家基本公共服务专项规划，在我国大力加强服务型政府建设的现实

---

① 胡庆山，王健. 农村体育公共服务供给的价值审思与现实困境［J］. 上海体育学院学报，2014，38（4）：20-24.

② 中国政府网. 国务院关于印发国家基本公共服务体系“十二五”规划的通知［EB/OL］.（2012-07-20）［2021-08-12］. http://www.gov.cn/zwgk/2012-07/20/content_2187242.htm.

背景下，其颁布的意义远远超出该规划文件本身，更多地体现出了我国政府的一种责任和姿态。该规划第十章专门就公共文化体育事业的重点任务、基本标准等给予了规定。另一方面，要加大对基层县乡政府的财政转移支付力度，保证基层县乡政府财事权的相对平衡，同时，鼓励基层县乡政府广开财源，摆脱对国家和上级政府“等、要、靠”的依赖思想，大力发展县乡经济提升本级财政收入，以此来共同奠定基层县乡政府对农村体育基本公共服务投入的财力基础。

其次，对于企业和社会捐资，应大力倡导、鼓励和引导，形成企业和社会捐资农村体育公共服务建设的良好氛围和局面。一是要利用各种媒介、宣传手段大力推广全民健身战略，促进企业和社会经济实体及个体树立自愿捐资农村体育文化事业的公益意识；二是对于捐资修建的农村体育文化广场、健身路径和健身工程等，可考虑以捐资企业或个人的名义命名，以此鼓励企业和社会捐资农村体育公共服务建设；三是对于捐资农村体育公共服务建设的企业和社会经济实体及个体，当地政府部门应通过媒体予以报道推广，宣传塑造其公益形象，并给予其投资建业的优惠政策，以激励和引导更多的企业和社会经济实体及个体捐资农村体育公共服务建设。

再次，对于行政村自筹资金，在农业税改革后乡镇政府自身财政短缺而对下属行政村转移支付力度减弱的情况下，应通过大力发展乡村经济，增加村级财政收入，如通过承包租赁村级集体土地、鱼塘等获取经营性收入，还可通过发展村级企业、招商引资等来壮大集体经济，从根本上保证行政村开展农村体育公共服务建设。

最后，对于农民自愿投资，应大力鼓励并形成多样化的投资形式。在坚持自愿的原则前提下，应倡导和鼓励广大农民踊跃投资农村体育公共服务建设。此外，在基层农村体育公共服务实地建设中，如“农民体育健身工程”、健身路径、体育文化广场等的建设，可动员广大农民自愿出工出力，从而节省人力劳务费的开支，这无疑也是广大农民对农村体育公共服务建设的另一种投资形式。

（三）不断提升农村体育公共服务产品的数量和质量，构建按需多样分类供给的模式

农村体育公共服务产品的数量充足与否，主要是相对于广大农民的体育需求而言的。当前我国农村体育公共服务需求缺口巨大，而政府作为目前相对单一的供给主体其能力又具有必然的有限性，因此，要在短期内解决本书第二章所分析的我国农村体育公共服务产品供给数量严重不足的现实问题实属不易，必须逐步予以提升。要提升农村体育公共服务产品的数量，无疑要加大对农村体育公共服务产品的供给力度，其途径看似简单，但过程须以讲究。农村体育公共服务产品数量的增加，并非是单一地增加体育场地器材设施、粗暴式地随意投入，而是按照农民的实际需求并结合现有财力，有选择性、针对性地增设农村体育公共服务产品。事实上，注重农村体育公共服务产品供给的过程，某种程度上而言即是重视其供给的质量。农村体育公共服务产品供给的质量主要体现为两个方面：一是所供给的农村体育公共服务产品的有效性，要对广大农民有用，让广大农民感到实用；二是所供给的农村体育公共服务产品高标准、高质量，如体育场地器材设施质量好、体育健身指导科学规范、体育活动贴近农民生活、体育组织遍布农民身边、体质监测一对一跟踪服务、体育信息咨询便捷高效等。值得指出的是，提升农村体育公共服务产品的数量是提升其质量的基础和前提，尤其是在当前我国农村体育公共服务产品严重短缺的现实背景下，提升农村体育公共服务产品的数量，增大其基数尤为重要。但是，在注重量的增长的同时，亦要注重其质的提高，以充分利用当前有限的农村体育公共服务资源，避免农村体育公共服务供给的低效甚或无效投入。

要确保农村体育公共服务产品供给的有效性，有必要形成按需多样分类供给的模式。所谓按需，即是要按照农民的实际体育需求供给农村体育公共服务产品，农民需要什么，就供给什么，不盲目供给，不搞形式主义和花架子。所谓多样，即是农村体育公共服务供给的内容要避免单调，体现多样化。就当前农村体育公共服务供给的实践来看，则是要打破仅以体育场地器材设施为主要供给内容的单一形式，有针对性地增加体育活动、体育组织、健身指导、体质监测、体育信息等内容的供给。所谓分类，即是要按照不同人群、不同地域的特点和特定需求，并确立农村体育公共服务产品供给的优先次序，区别对待、有的放矢地供给农村体育公共服务产品。

三、完善农村体育公共服务体制和机制，打造农村体育公共服务建设的“两翼”

（一）逐步完善农村体育公共服务管理机构设置及其权责划分，并大力发挥非政府机构组织的作用

科学设置农村体育公共服务管理机构，是完善农村体育公共服务体制的基础和前提。针对农村体育公共服务管理机构设置“中间大、底层小”的问题，在地方农村体育公共服务管理体制改革中，可尝试施行“省直管县”的模式，也即撤销、缩减地市一级农村体育公共服务管理机构。正如有研究指出，地区级管理部门在省与县级管理部门之间发挥着职能上承上启下的作用，但随着市场经济的发展、行政治理方式的变化以及逐步融合的城乡社会环境来看，地区级体育管理部门的存在不仅增加了地方的财政支出，同时由于层级过多，也影响了行政效率，因而需要进行变革①。2012 年党的十八大报告即为未来“省直管县”改革指明了方向，并明确强调了乡镇行政体制改革问题。党的十八大报告指出，要“优化行政层级和行政区划设置，有条件的地方可探索省直接管理县（市）改革，深化乡镇行政体制改革”②。对于农村体育公共服务体制改革而言，缩减地市一级政府管理机构，既可以自下而上地倒逼、强化省级政府对基层县乡农村体育事业及其公共服务的管理职责，又可以精简中间机构、缩减行政事业经费开支，把节余的事业编制和经费用于解决基层县乡机构编制不足和经费短缺的问题。

对于县乡农村体育公共服务管理机构的设置，建议采用以“养事”而非“养人”的导向予以科学设置相关机构及人事编制。众所周知，长期以来我国实行的是以“养人”为依据的预算编制模式③，即使是在机构

① 徐屏．城乡均等化发展背景下群众体育管理体制变革［J］．武汉体育学院学报，2012，46（6）：20-25.

② 胡锦涛．坚定不移沿着中国特色社会主义道路前进 为全面建成小康社会而奋斗——在中国共产党第十八次代表大会上的报告［EB/OL］．（2012-11-08）［2021-08-12］．http://china.caixin.com/2012-11-08/100458021.html.

③ 高萍，黎一阳．湖北省县乡两级政府财政供养人口的现状与对策［J］．湖北社会科学，2006（5）：62-65.

合并重组的转型过程中，也是按照上级编制部门下达的编制数确定，没有认真研究机构改革转型过程中每个部门职能转变后的实际人数需求①。这种机构编制设置是计划经济时期各级政府层层机构设置相对应、人员编制数由上级政府部门行政指令规定安排的历史产物，极易导致机构设置庞大、人员冗余等弊端，对于基层县乡来说，更是直接增加了人力成本和财政支出，而相对缩减了公共事业经费支出。在当前各级政府职能转向公共服务的背景下，县乡一级政府机构的设置诚然不应是简单的合并重组，把一些更易体现社会公共服务价值、需要政府更多财力投入的文体管理部门粗放式地浓缩于精简政府机构的行政命令之下，而应该根据县乡地域面积、农业人口数量、财政收入、农村体育公共服务需求等因素科学设置体育管理部门并确定人事编制数量。同时，还要提高县乡农村体育公共服务的科学化、信息化、现代化管理水平，以提高农村体育公共服务管理效率，缩减人力成本和财政支出。

基层县乡政府在农村体育公共服务建设中财权、事权不平衡，即事权大于财权，无疑是制约其农村体育公共服务职能发挥的一个重要因素。诚如相关研究所描述，中央财政实力增强，省级财政“喜气洋洋”，县级财政“拆东墙补西墙”，乡级财政“哭爹喊娘”②。在此情景下，把基层农村体育公共服务建设问题的重要性再三强调也是枉然，把县乡农村体育公共服务管理机构设置得无论多么完善、人员配备无论多么充足也将无济于事。因此，当前亟须平衡基层县乡政府农村体育公共服务管理的权责，使其财权、事权一致。这无疑需要国家对各级政府制定农村体育公共服务管理的权责予以明确规定，确保基层县乡农村体育公共服务管理权责相匹配，尤其是对于乡镇一级政府，要明确规定加大上级财政转移支付的力度，保障其财力能有效行使基层农村体育公共服务职能，避免因“财小事大”而出现“小马拉大车”的问题。

要解决基层县乡农村体育公共服务管理权责失衡的问题，除了从内

---

① 樊瑛华，李秀珍. 从我国县乡机构设置现状看制度安排对地方政府组织绩效的影响［J］. 理论导刊，2007（3）：18-20.

② 中南财经政法大学湖北财政发展与研究中心. 湖北省县乡两级政府财政供养人口的调查和研究［EB/OL］.（2006-03-03）［2021-08-12］. http://www.wto-znufe.com.cn/articleshow.asp? ContentId=2952.

部调整财权、事权的分配外，在当前政府财力相对有限而农村体育公共服务需求缺口巨大的现实背景下，还需要适当转变农村体育公共服务的方式，设法从外部释压。一方面，应充分发挥非政府机构农村体育组织的作用，如基层农民体育协会、乡镇和行政村民间体育组织等群众性体育组织，可结合农村地域特点和人口基数大的特点，实行“非政府、大机构”的设置模式①，构建由县、乡镇、村三级农民体育协会构成的基层体育组织网络，调动其投入开展农村体育公共服务的积极性，以弥补县乡政府机构农村体育公共服务管理人员的不足。另一方面，可以尝试向社会力量购买农村体育公共服务。国家向社会力量购买公共服务的问题业已纳入了我国政府的议事日程，2013 年 7 月国务院常务会议曾专门研究推进政府向社会力量购买公共服务的问题②。国家通过委托、承包、采购等方式向社会组织、机构和企业等购买农村体育公共服务，既有利于政府简政放权、加快政府职能转变，也有利于利用社会力量建设农村体育公共服务事业，把有限的财力投入通过市场化运作来实现最大的效益产出。从某种程度上看，这不失为破解政府在农村体育公共服务建设中供给主体单一、基层县乡政府农村体育公共服务财力困境的佳途。当然，政府向社会力量购买农村体育公共服务，并非表示政府部门可以当“甩手掌柜”，并非是要转移政府的主体责任，而只是政府农村体育公共服务方式的转变和创新。值得强调的是，政府应该始终、也必须在农村体育基本公共服务的提供上承担主体责任和发挥主导作用。

（二）明确政府农村体育公共服务管理职能并制定职能标准，加强农村体育公共服务制度法规建设

党的十八大报告指出：“行政体制改革是推动上层建筑适应经济基础的必然要求。要按照建立中国特色社会主义行政体制目标，深入推进政企分开、政资分开、政事分开、政社分开，建设职能科学、结构优化、廉洁高效、人民满意的服务型政府。深化行政审批制度改革，继续简政放权，推动政府职能向创造良好发展环境、提供优质公共服务、维护社

① 王健，胡庆山．以人为本：农村体育“科学发展”的新理念［J］．北京体育大学学报，2005，28（12）：1602-1609.

② 人民网．政府购买公共服务再释“积极信号”［EB/OL］．（2013-08-07）［2021-08-12］．http://politics.people.com.cn/n/2013/0807/c70731-22472585.html.

会公平正义转变。稳步推进大部门制改革，健全部门职责体系。”① 诚然，要建设服务型政府，必须首先根据服务型政府的要求，对各级政府部门的职能予以科学定位，明确划分其服务职能和职责。然而，现行的各级政府管理机构有关农村体育公共服务职能的定位，虽然提出了要“推动建设全民健身服务体系和体育公共服务”，但是未就我国体育公共服务体系建设中的农村体育公共服务问题予以突出强调，这无疑不利于我国全面建设体育公共服务体系中重难点问题的解决，因为现今我国体育公共服务体系的完善，从某种程度上来看，实则是广大农村体育公共服务的“补课”和“跟进”问题。此外，现有各级政府的职能定位，其关键字眼多为“推动”“指导”“推进”等大气而宏观的表述，鲜见“履行”“承担”等“主动担责”的切实行动规定。如果说国家层面的相关职能表述由于其指导地位的特殊性可以略显宏观外，那么地方政府尤其是基层县乡政府的职能定位则必须清楚、具体。因此，根据党的十八大报告对“建设职能科学的服务型政府”的要求，各级政府农村体育公共服务的管理职能必须予以明确，不能太过笼统，更不容回避。

明确政府农村体育公共服务管理职能，关键是要制定政府农村体育公共服务职能标准。制定政府农村体育公共服务职能标准，就是要对各级政府承担哪些主体职责、如何提供农村体育公共服务、提供什么样以及何种程度的农村体育公共服务等作出明确规定。制定各级政府农村体育公共服务职能标准，在某种程度上即为政府农村体育公共服务职能的发挥提供了评价依据和参照，有利于促进、激励各级政府履行农村体育公共服务职能。

农村体育公共服务制度法规能对农村体育公共服务建设进行必要的政策引领和制度约束，既是农村体育公共服务体制改革及其建设的重要内容，也是农村体育公共服务建设及其体制完善的制度保障。从本书第四章有关农村体育公共服务建设的相关规范制度和准则中可以发现，虽然有关农村体育公共服务建设的规范制度和准则已为数不少，并且有2002 年下发的《农村体育工作暂行规定》、2006 年下发的《关于实施农

---

① 胡锦涛. 坚定不移沿着中国特色社会主义道路前进 为全面建成小康社会而奋斗——在中国共产党第十八次代表大会上的报告［EB/OL］.（2012-11-08)［2021-08-12］. http://china.caixin.com/2012-11-08/100458021.html.

民体育健身工程的意见》以及2017年下发的《关于进一步加强农民体育工作的指导意见》等直接相关的行政法规和文件，但目前尚未出台专门针对农村体育公共服务建设的专项规范制度和准则。然而，鉴于农村体育公共服务及其体系建设现已成为学界及群众体育实践中的重难点这一不争事实，在当前建设体育强国、加快完善全民健身服务体系的现实背景下，确有必要与时俱进地加强农村体育公共服务专项制度法规建设，建议国家及相关部门及时出台诸如“关于农村体育公共服务体系建设的意见”“农村体育公共服务建设暂行规定”“农村体育公共服务发展规划及其服务标准”等专项制度规范，并适时修改《中华人民共和国体育法》和《全民健身条例》，将农村体育公共服务及其体系建设明确纳入其中，适当增加相关制度法规的“刚性要求”，以促进和规制农村体育公共服务及其体系建设更好、更快地发展。

诚然，即使顶层设计做得再好，而国家有关农村体育公共服务建设的制度规范如果在基层得不到细化和有效落实，那么国家的相关制度法规也将被束之高阁而成为一纸空文。因此，国家有关农村体育公共服务建设的制度规范最终依赖于基层的细化方能取得实效。基层各级政府必须以高度的事业心和强烈的责任感来对待农村体育公共服务建设，结合地方实际，通过科学的规划和设计，将国家相关制度规范予以细化落实，塑造农村体育公共服务相关制度规范“顶天立地”的实践品格，打造既符合国家顶层设计的要求，又切合地方基层实际的、富有可操作性的“活”的制度规范。

（三）深化农村体育公共服务运行机制理论研究，注重农村体育公共服务运行机制整体建设并发挥其联动效应

实事求是地讲，现今我国农村体育公共服务实践在很大程度上尚处于起步和初级阶段，因此，实践中农村体育公共服务运行机制不完善自然难免。然而，不得不承认，前期有关理论储备不足、缺少预见性理论研究积淀，也在一定程度上导致了现今农村体育公共服务实践运行机制的不畅。诚然，理论既来源于实践，也应先于实践，为实践的发展提供导向和参考。否则，缺乏理论导向的实践必然是盲目的实践。诚如本书文献综述所析，目前有关体育公共服务运行机制的研究成果尚少，而直接针对农村体育公共服务运行机制的研究更是几近阙如，这诚然不利于农村体育公共服务运行机制的实践运行和完善。可见，当前亟待加强对农村体育公共服务运行机制相关问题的研究，以深化对农村体育公共服务运行机制的理性和科学认识，为农村体育公共服务运行机制的实践提供理论指导和参考。

构成农村体育公共服务运行机制的决策（规划）机制、供给机制、需求表达机制、激励机制、融资机制、监管机制、评价机制，是一个有机联系的系统。系统整体性功能的发挥要求注重农村体育公共服务运行机制的全面建设。诚如本书第四章对农村体育公共服务运行机制弊端的分析，当前农村体育公共服务运行机制整体建设状况令人担忧，且部分机制如融资机制、激励机制等严重缺位，可见，目前农村体育公共服务各运行机制间的有机联系和联动效应尚未发挥，其整体性功能缺失。为了发挥农村体育公共服务运行机制的整体功能，就要注意各机制间的有机联动，促进各运行机制间的协调运行，以发挥农村体育公共服务运行机制的整体效力。

（四）加强农村体育公共服务各具体运行机制建设，提高农村体育公共服务运行机制效率和效果

农村体育公共服务各具体运行机制建设，是其整体运行机制完善的基础。当前，亟须针对农村体育公共服务具体运行机制的现实弊端，有针对性地完善相关机制建设，发挥各具体运行机制的效力。

一是要改革完善农村体育公共服务决策（规划）机制和供给机制。当前，农村体育公共服务决策（规划）机制、供给机制在一定程度上均体现出了“自上而下”的独断性和强制性特点。即农村体育公共服务的决策由上级政府部门制定，决策沦为一种行政决定，其科学化、民主化程度不高；农村体育公共服务的供给主要由上级政府规划后逐级施行，基层农民的真实体育需求难以满足。在当前有必要为农村社会公共服务事业造势、需要弥补农村体育公共服务大面积不足的现实背景下，其“自上而下”的决策（规划）和供给方式，无疑在一定程度上也具有合理性和易操作性。然而，随着农村体育公共服务实践的深入发展，这种“自上而下”的决策（规划）和供给机制必然要求发生改变。农村体育公共服务的决策（规划）和供给机制，目前需要由“自上而下”向“自上而下与自下而上”相结合的方式转变，以提高农村体育公共服务决策的民主化、科学化程度，保证农村体育公共服务供给的有效性。

二是要加快建设农村体育公共服务需求表达机制、激励机制和融资机制。毫不夸张地说，目前这三者颇为匮乏甚至是几近缺失。由于农村体育公共服务对于农民的民生所需而言，在一定程度上是茶余饭后的高雅之需，此非必需性、非紧迫性需求，自然难以激起农民强烈的需求表达意识，加之目前需求表达渠道尚未建立，导致农民往往难以向外界表达体育之需。而囿于当前农村体育公共服务以基本体育公共服务产品的提供为主，此非回报性投入目前尚难以引入大量社会资金的参与，注定当前农村体育公共服务建设必须以国家财力投入为主，而此种由国家“自上而下”地垄断决策、供给的方式，实然不利于激励机制、融资机制的形成。因此，目前要大力强化农民的体育需求表达意识，畅通农村体育公共服务需求表达渠道，并大力发挥政府作为融资主体的主导作用，动员激发社会力量参与的积极性，以此助推农村体育公共服务需求表达机制、激励机制和融资机制的建设。

三是要着力完善监管机制和评价机制。首先，要促进当前监管主体、评价主体由一元向多元主体转变，改变政府“既是运动员，又是裁判员”的二位一体角色，吸纳社会组织、农民等参与农村体育公共服务的监管和评价之中。其次，要打造多元主体参与监管、评价的平台，如建立多级监管、评价的网络平台，在基层行政村设置农村体育公共服务评价意见箱等。最后，要建立健全相关监管、评价的制度法规，促进农村体育公共服务监督和评价的规范化、制度化发展。

四、加大加快农村经济社会发展步伐，夯实农村体育公共服务体系建设基础

（一）加强农村民主和公民社会建设，培育广大农民的公民意识和体育参与意识

有研究指出：“基层农村民主建设是社会主义民主政治建设的重要内容，对社会主义新农村建设具有重要意义，有利于调动广大农民参与新农村建设的积极性和创造性。”[①] 同理，农村体育公共服务及其体系建设亦不能没有基层农村民主政治予以保障。在倡导“富强、民主、文明、和谐、自由、平等、公正、法治、爱国、敬业、诚信、友善”这一社会

① 饶勇，刘务勇. 新农村建设视野下农村基层民主的现实困境与发展思路［J］. 求实，2011（3）：86-89.

主义核心价值观的现实背景下，更需要加强基层农村民主建设，提升广大农民的民主参与意识和主体公民意识。否则，农村体育公共服务发展得再好，农村体育公共服务体系建设得再完善，对于广大农民而言莫过于事不关己的无谓之物，这无论是对于广大农民参与农村体育公共服务及其体系建设的主体责任而言，还是对于农村体育公共服务及其体系建设的终极价值而言，都将毫无意义。因此，当下加强农村民主建设对于农村体育公共服务及其体系建设来说无疑非常必要。

加强农村民主建设，其中重要的一环就是要不断推动公民社会建设。因为，公民社会是“民主政治建设的催生剂和动力源”①。所谓公民社会，是指“政府及市场或企业之外的民间组织或关系的总和，是官方政治领域和市场领域之外的民间公共领域”②。2006 年中央一号文件指出“要鼓励、引导和支持农村发展各种新型的社会化服务组织”③。在目前农村非营利组织、志愿组织的发展尚不壮大的情况下，有必要推进公民社会建设，大力发展农村非营利组织和志愿组织，这既有利于弥补政府失灵和市场失灵的不足，推动农村社会自治④，也有利于弥补农村体育公共服务建设主体单一的弊端。

公民意识的觉醒是社会现代化的主要标志，也是公民社会形成的基础。对农村体育公共服务及其体系建设而言，在加强基层农村民主和公民社会建设的同时，还要注重培育广大农民的公民意识和体育参与意识。公民意识一般具有两层含义，一是当公众直接面对政府权力运作时，表现为对于政府权力公共性质的认可及监督，二是当公众侧身面对公共领域时，表现为对公共利益的自身维护和积极参与⑤。从这一概念分析可

① 程波辉. 公民社会：中国政治发展的新动力［J］. 中共四川省委党校学报，2007（4）：48-51.

② 俞可平. 中国公民社会：概念、分类与制度环境［J］. 中国社会科学，2006（1）：109-122.

③ 中发［2006］1 号. 中共中央 国务院关于推进社会主义新农村建设的若干意见［EB/OL］.（2006-02-21）［2022-03-20］http://www.gov.cn/gongbao/content/2006/content_254151.htm.

④ 陈叶兰. 论公民社会对我国农村社会自治的意义［J］. 社会科学家，2011（4）：104-106.

⑤ 俞睿，皋艳. 公民意识：中国政治现代化的驱动力［J］. 求实，2006（1）：65-68.

见，良好的公民意识是形成体育参与意识的前提和基础。当前农村体育公共服务及其体系建设，既需要广大农民积极地表达自身的体育诉求，维护自身的体育权利，也需要广大农民的积极参与，发挥其主体作用。然而，囿于城乡二元经济、文化、地理等社会结构长期存在，农村交通不便、信息闭塞、教育资源短缺、传统思想钳制等多种因素，在很大程度上影响了农民的公民意识及其体育参与意识的形成。就此来看，要培养农民的公民意识和体育参与意识，无疑是一项长期而又艰巨的任务。笔者认为，政府理应主动承担起这项责任。这是因为，一个好的政体除了“比任何其他政体更有利于提供良好的管理”，还要“能促进较好与较高形式的民族性格的发展”①。因此，政府要自觉地支持和帮助处于弱势地位的农民公民意识和体育参与意识的形成，大力引导农民参与农村体育公共服务及其体系建设的实践，使其成为推动农村体育公共服务及其体系建设的一股强劲动力。

（二）加快农村经济建设步伐，奠定农村体育公共服务及其体系建设的经济基础

经济基础决定上层建筑，在衣不遮体、食不果腹的状况下不切实际地一味追求高品质的精神文化生活无异于奢谈。农村体育公共服务及其体系建设也要以农村经济社会的发展为基础来开展，否则亦将是无源之水、无本之木。当今农村广大农民的基本生计和温饱问题虽然都能得以解决，大多数农民的生活日益迈向小康，但是农业生产仍然较为落后，以个体生产为主，机械化大生产的格局尚未形成。农村经济产业结构仍然较为单一、多数留守的农民还是从事着传统农业生产、农资投入高、产品附加值低、留守农民的增收等仍然是非常突出的问题。笔者在调研中发现，现今农民的收入已不再单单是依靠纯农业生产的收入，大多农村青壮年常年赴外地打工，农村留守的多以老幼弱病者居多，现今农村人均收入的来源已不能简单归于农业生产所得。因此，当我们面对媒体所报道的农村人均纯收入的年增长率时，并不能忽视农村社会的变迁、抛开农村社会的全面发展状况予以盲目乐观视之。正如“三农”问题专家徐勇教授所认为，在农村完全靠土地致富是行不通

① 约翰·斯图亚特·密尔．代议制政府［M］．北京：商务印书馆，1984.

的，只有从农民及其就业问题入手，才能解决“三农”及农户货币压力问题[①]。因此，对于农村经济的发展，还必须如费孝通先生所主张：“要大力发展乡镇企业，把工厂办到农村里去，不走把农民集中到城市里去发展工业的路子，而是让农民把工业引进乡村来脱贫致富。”[②] 这一主张，对于现今新型城镇化和城乡一体化背景下农村经济的发展而言，无疑启示深远。

当前农村经济的发展，需要继续深化农村土地改革，大力发展乡镇企业和现代农业，吸引农村青壮年回乡创业和就业，鼓励城乡人才的合理流动，促进科技和先进生产力进乡，推动农业规模化和产业化经营，不断提高农产品的附加值，拓展农民的就业渠道和收入来源，突破农村经济发展的瓶颈，从而实现城乡一体化发展。只有这样，才能奠定农村体育公共服务及其体系建设的经济基础，奠定城乡体育公共服务均等化发展的经济基础。

从长远来看，加快发展农村经济还是未来农村体育公共服务走向高层次、高水平的一种必须。因为现今农村体育公共服务的发展虽然在很大程度上由中央和国家各级政府部门投入建设，但是这毕竟局限在低水平、基本的体育公共服务范畴，未来广大农民高水平、多层次、非基本的体育公共服务需求，还得依靠农村社会及农民个人予以解决，这最终有赖农村自身经济的发展壮大和农民收入水平的提高。

（三）加大农村文化建设力度，培植农村体育公共服务及其体系建设的文化土壤

农村文化建设是我们党和国家坚持常抓不懈的一项重要工作。2011年党的十七届六中全会通过的《中共中央关于深化文化体制改革 推动社会主义文化大发展大繁荣若干重大问题的决定》指出：“增加农村文化服务总量，缩小城乡文化发展差距。”[③] 2015年中央一号文件亦强调，要“支持建设多种文化体育设施，整合利用现有设施场地和资源，构建农村

① 徐勇，邓大才. 社会化小农：解释当今农户的一种视角 [J]. 学术月刊，2006，38（7）：5-13.

② 费孝通. 行行重行行 [M]. 银川：宁夏人民出版社，1992.

③ 新华网. 中共中央关于深化文化体制改革的决定 [EB/OL].（2011-10-26）[2021-08-12]. http://news.sohu.com/20111026/n323403147.shtml.

基层综合公共服务平台"，"提供健康有益、喜闻乐见的文化服务"①。在新型城镇化和城乡一体化的发展过程中，现今新农村建设并非仅仅是局限在"物化"层面的建设，如发展农村经济、改造农村房舍、照搬城市小区模式建设新农村等，而是要实现物质文明和精神文明的双丰收，在促进农村经济发展的同时实现农村文化的大发展大繁荣。否则，新型城镇化和新农村建设可能将"没文化"②。现今加强农村文化建设，必须坚持以马克思列宁主义、毛泽东思想、邓小平理论、"三个代表"重要思想、科学发展观和习近平新时代中国特色社会主义思想为指导，以社会主义核心价值观为引领，按照公益性、基本性、便利性的要求，完善农村公共文化服务，保证农村群众普遍享有基本公共文化服务。

农村体育公共服务及其体系建设是现今农村文化建设的重要内容。毋庸置疑，离开了农村文化发展的土壤，农村体育公共服务及其体系建设也难以实现自身的一枝独秀。正如已有研究所指出："在当前农村体育尚未在农村普及、扎根不深，农民的文化科学素质较低的现实条件下，必须融合农村文化教育工作顺势、借势、造势来开展农村体育工作。"③更何况，农村公共服务的领域甚广，一些关系国计民生的必需的公共服务领域亟待加强，如农村的医疗卫生、水利设施、教育等公共服务领域均有待投入。因此，农村体育公共服务及其体系建设必须与农村文化教育事业的发展"联姻"，通过建立"农村文化艺术、体育、教育一体化建设平台"，争取更多更广的发展资源，实现共赢互利。在此过程中，农村体育公共服务及其体系建设也要保持相对的独立性，打好体育牌，以实施"农民体育健身工程""建体育组织""办体育活动"等为抓手占领农村的文化阵地，使农村体育文化在广大农村成为一种新常态、新生态。

---

① 中共中央　国务院. 关于加大改革创新力度加快农业现代化建设的若干意见［EB/OL］.（2015-02-01）[2021-08-12]. http://finance.sina.com.cn/china/20150201/190721447869.shtml.

② 新华网. 中央纠偏"千城一面"城镇化不能"没文化"［EB/OL］.（2014-03-17)[2021-08-12]. http://www.gov.cn/xinwen/2014-03/17/content_2640144.htm.

③ 胡庆山，王健，王维，等. 新农村建设中农民体育发展的文化审视［J］. 体育科学，2007，27（10）：40-48.

本章小结

农村体育公共服务及其体系建设是一个系统工程，必须坚持正确的目标引领和思想指导，把握正确的原则。在此基础上，着力人、财、物等实体建设，并加强体制和机制这“两翼”的完善。此外，农村体育公共服务及其体系建设不能脱离农村经济社会发展的大环境，必须与农村社会民主政治、经济建设、文化建设同步推进，否则，农村体育公共服务及其体系建设将失去赖以生存的土壤。

农村体育公共服务及其体系建设也是一个开放性、有待深入的研究领域，因此，本研究提出的如上对策与建议亦是开放性的、建设性的，不能等同于具体实施方案，而具体实施方案的制定，尚需根据农村体育公共服务建设的实际，在实践中有的放矢、区别对待予以实施。尽管如此，本书中促进农村体育公共服务及其体系建设的对策与建议，仍然不乏针对性和指导性，即使对农村体育公共服务及其体系建设具体方案的制定，亦不乏借鉴和裨益。

结　语

习近平总书记在 2019 年全国两会期间看望参加全国政协十三届二次会议文化艺术界、社会科学界委员时强调："'文章合为时而著，歌诗合为事而作'。所谓为时为事者，就是要发时代之先声，在时代发展中有所作为。"在我国大力构建体育强国、建设健康中国的新时代，对农村体育公共服务问题进行研究，无疑乃"为时为事"的时代之作。作为我国体育事业发展的短板，农村体育虽一直为学界研究所重，并业已取得一定的研究成果，但其研究的体系化程度、广度与深度等仍显不足，尤其是在完善全民健身公共服务体系、建设体育强国的现实语境下，针对农村体育公共服务问题的研究亟待加强。这从本书的文献综述中可见一斑。在实施全民健身国家战略、构建健康中国以及建设体育强国的征程中，对我国农村体育公共服务的理论与实践问题开展系统研究，可谓既迫切，又必要。为便于从整体上把握本研究的主要观点及论证的逻辑理路，有必要对本研究的主要结论和逻辑脉络做一简单梳理。

诚然，研究迈向体育强国的农村体育公共服务建设问题，首先需阐明体育强国的构建与农村体育公共服务建设的关系。研究认为，建设体育强国是实现现代化强国和中国梦的重要组成部分，也是促进我国体育事业全面、协调、可持续发展的需要，具有重大的历史与现实意义。体育强国的构建为农村体育公共服务及其体系建设提供了良好的发展机遇，是农村体育公共服务及其体系建设的有力推手。而作为体育强国构建的一项重要基础性工程，农村体育公共服务及其体系建设对体育强国目标的实现起着决定性的影响作用，是体育强国构建的主要抓手。

不可否认，农村体育公共服务建设既是一个理论问题，更是一个实践难题，其研究固然需建立在对农村体育公共服务建设现状的客观把握之上。通过大量的问卷调查和田野访谈发现，虽然目前我国农村体育公共服务建设在农民群体中具备了一定的认知和意愿基础，农民对农村体育公共服务的需求程度也较高，但是现实中农村体育公共服务的供给却并不充足，农民对农村体育公共服务的满意度也较低。从某种程度上来看，在当前我国农村体育公共服务由“供给主导”的实际境况下，农民对农村体育公共服务的需求程度较高、满意度较低等现状，实则是目前处于主导地位的农村体育公共服务供给相对不足的一个反映，而其现状背后折射出的也正是农村体育公共服务在供给主体、供给内容、供给方式以及供给保障等方面所存在的深层问题。这些问题主要表现为：农村体育公共服务供给主体单一、现有主体间权责不清；农村体育公共服务供给数量不足、内容单调、区域间不平衡；农村体育公共服务供给方式单一、制度内外供给失衡；农村体育公共服务建设资金不足、体制机制不完善、法律法规欠缺等。

众所周知，经济基础决定上层建筑。农村体育公共服务建设说到底乃是人、财、物的投入问题，这无疑是农村体育公共服务建设的实体要素。而当前农村体育公共服务体制与机制不健全，无疑则是影响人、财、物的供给及其运行的关键性问题，恰似农村体育公共服务建设的“两翼”。因此，要深入研究农村体育公共服务问题，构建农村体育公共服务体系，在把握农村体育公共服务建设现状的基础上，无疑有必要对农村体育公共服务建设的“一体两翼”做出深入探究。

一方面，作为农村体育公共服务建设的“实体”要素，人力、财力、物力三者相互联系，缺一不可，各自在农村体育公共服务建设中发挥着重要的作用。其中，人力是根本，是主体性资源；财力是保证，是关键性资源；物力是基础，是实体性资源。从农村体育公共服务建设的人力要素来看，政府是当前农村体育公共服务建设实践中几近唯一的供给主体，理论上主体多元而实践中却较为单一，应然与实然的巨大反差，是农村体育公共服务建设人力要素中的突出问题。从农村体育公共服务建设的财力要素来看，与人力要素的投入相对应，政府的财力投入是农村体育公共服务建设的主要财力来源。然而，囿于农村体育公共服务的巨大需求缺口和政府财力的相对有限性，尤其是基层县乡政府的财力困境，致使现今农村体育公共服务建设的财力短缺问题成为一道现实难题。从农村体育公共服务建设的物力要素来看，与人力、财力要素的投入相似，主要以政府“自上而下”地直接无偿供给为主，而供给主体的单一以及主要依靠政府的有限财力投入，决定了现今农村体育公共服务建设物力要素数量的不足、供给内容和形式的单调性，因此，亟待发挥农村体育公共服务建设多元主体的积极性，形成政府主导的复合型供给方式。

另一方面，农村体育公共服务体制与运行机制恰似农村体育公共服务建设的“两翼”，为农村体育公共服务建设提供制度保障，对建立和完善农村体育公共服务体系起着关键作用。农村体育公共服务体制与运行机制既相互区别，亦相互联系。以实现体育强国为目标构建农村体育公共服务体系，必须打造农村体育公共服务体制及运行机制这“两翼”，共同发挥农村体育公共服务体制及运行机制的作用。当前农村体育公共服务体制所呈现出的机构设置不合理、基层政府职能弱化、职能定位机械照搬、规范制度无细化标准等弊端，以及农村体育公共服务运行机制所表现出的整体建设欠佳、决策（规划）机制不健全、供需机制相脱节、融资机制缺失、监管机制不力、激励和评价机制乏力等问题，是影响我国农村体育公共服务及其体系建设的深层体制及机制问题。

毋庸置疑，在全民健身已上升为国家战略的新时期，农村体育公共服务体系建设对促进我国体育事业全面协调发展、构建健康中国、实现体育强国目标具有重要意义。为了从整体上系统地来分析、破解农村体育公共服务建设的理论与现实问题，在阐明农村体育公共服务体系构建的理论基础、现实条件及意义的基础上，本研究论析了体育强国目标下农村体育公共服务体系建设的指导思想、基本原则、目标任务、具体内容、机制模型等问题，并结合前述人财物、体制机制等内容分析，构建了“一体两翼”型农村体育公共服务体系框架。研究指出，农村体育公共服务体系的构建业已具备了一定的理论与现实基础；迈向体育强国的农村体育公共服务体系建设需以马克思列宁主义、毛泽东思想、邓小平理论、“三个代表”重要思想、科学发展观、习近平新时代中国特色社会主义思想为指导，以体育强国目标为引领，遵循以人为本的原则、非营利性原则、公平性原则、因地因人制宜的原则、全面协调可持续发展的原则；农村体育公共服务体系建设目标和任务的确立，应以体育强国构建对我国群众体育的总体要求为参照系，在体育法规政策保障服务建设、体育场地器材设施服务建设、体育组织服务建设、体育活动服务建设、体育指导服务建设、体质监测服务建设、体育信息咨询服务建设等方面发力；在“一体两翼”型农村体育公共服务体系建设中，既要抓住人、财、物这一实质性、核心要素，也要加强完善体制与机制这一制度性保障。

恰如习近平总书记所指出："一切有价值、有意义的文艺创作和学术研究，都应该反映现实、观照现实，都应该有利于解决现实问题、回答现实课题。"[①]对于学术研究，发现问题、分析问题、解决问题乃是一贯的研究逻辑。于本研究亦然。因此，在现有研究的基础上，为寻求农村体育公共服务建设之道，本研究结合体育强国目标背景，提出了促进农村体育公共服务及其体系建设的对策建议。研究认为，现时期应把握构建体育强国的契机，坚持体育强国目标引领及正确的指导思想和方向原则；应加强农村体育公共服务人、财、物的建设，增强农村体育公共服务建设实体；应完善农村体育公共服务体制和机制，打造农村体育公共服务建设的"两翼"；应加大加快农村经济社会发展步伐，夯实农村体育公共服务体系建设基础。

最后，值得指出的是，尽管本研究试图对农村体育公共服务建设的理论与实践问题开展系统而深入的阐析，然而囿于农村体育公共服务这一实践课题的复杂程度和难度，以及研究中人力与财力等所限，导致本研究难免有不尽如人意之处，如实证调研还可更为广泛和深入，研究的内容还可进一步拓展和深化等。并且从 2019 年《体育强国建设纲要》对有关公共体育服务及其体系建设的战略规划及其定位来看，农村体育公共服务及其体系建设尚且还在路上，随着时代的发展，其必然呈现出新的理论与实践问题，因此，迈向体育强国的农村体育公共服务研究可谓任重而道远。

---

① 人民网. 人民网评：文艺创作、学术研究必须坚持以精品奉献人民［EB/OL］.（2019-03-06）［2021-08-12］. http://opinion.people.com.cn/n1/2019/0306/c1003-30960734.html.

参考文献

1. 图书类

[1] 欧文·E. 休斯. 公共管理导论［M］. 北京：中国人民大学出版社，2001.

[2] 彼得·F. 德鲁克. 非营利组织经营［M］. 东京：日本经济评论社，1997.

[3] 保罗·萨缪尔森，威廉·诺德豪斯. 经济学：第16版［M］. 北京：华夏出版社，2000.

[4] 鲍冠文. 体育概论［M］. 北京：高等教育出版社，1995.

[5] 全国体育学院教材委员会《体育理论》编写组编. 体育理论［M］. 北京：人民体育出版社，1995.

[6] 曹亚东. 体育经济学［M］. 沈阳：辽宁大学出版社，2008.

[7] 陈江平. 基础教育改革全书［M］. 北京：印刷工业出版社，1999.

[8] 陈振明. 公共管理学［M］. 北京：中国人民大学出版社，2005.

[9] 辞海编辑委员会. 辞海［M］. 上海：上海辞书出版社，1979.

[10] 崔乐泉，杨向东. 中国体育思想史（现代卷）［M］. 北京：首都师范大学出版社，2008.

[11] 邓小平. 邓小平文选（第三卷）［M］. 北京：人民出版社，1994.

[12] 柯武刚，史漫飞. 制度经济学：社会秩序与公共政策［M］. 北京：商务印书馆，2000.

[13] 方堃. 当代中国新型农村公共服务体系研究［M］. 北京：中国社会科学出版社，2010.

[14] 莱昂·狄骥. 公法的变迁：法律与国家［M］. 郑戈，冷静，译. 沈阳：辽海出版社，1999.

[15] 樊丽明. 中国公共品市场与自愿供给分析［M］. 上海：上海人民出版社，2005.

[16] 费孝通. 行行重行行［M］. 银川：宁夏人民出版社，1992.

[17] 国家广电总局发展研究中心课题组. 中国农村广播影视公共服务［M］. 北京：中国广播电视出版社，2008.

[18] 国家体育总局政策法规司. 群众体育战略研究［M］. 北京：北京体育大学出版社，2005.

[19] 郭济. 政府权力运筹学［M］. 北京：人民出版社，2003.

[20] 何继新. 吉林省国有林区公共产品政府供给研究［M］. 北京：知识产权出版社，2011.

[21] 何培森. 体育体制转型期非营利组织与体育社团改革［M］. 长沙：中南大学出版社，2006.

[22] 胡庆山. 新农村建设背景下我国村落农民体育的理论与实证研究［M］. 北京：北京体育大学出版社，2010.

[23] 加里斯·摩根. 驾驭变革的浪潮：开发动荡时代的管理潜能［M］. 北京：中国人民大学出版社，2002.

[24] 靳毅民. 劳动价值论的新认识［M］. 北京：经济科学出版社，2007.

[25] 李金龙，刘坚. 体育社会学［M］. 桂林：广西师范大学出版社，2006.

[26] 李录堂，丁森林. 管理学原理［M］. 北京：中国农业出版社，2009.

[27] 李万来. 体育公共关系概论［M］. 北京：人民体育出版社，2005.

[28] 李晓园. 当代中国县级政府公共服务能力及其影响因素的实证研究［M］. 北京：中国社会科学出版社，2010.

[29] 刘丽霞. 公共政策与公共政策分析［M］. 北京：中国商业出版社，2001.

[30] 刘青. 体育行政管理新论［M］. 北京：人民体育出版社，

2006.

[31] 毛连程．西方财政思想史［M］．北京：经济科学出版社，2003.

[32] B．盖伊·彼德斯．政府未来的治理模式［M］．北京：中国人民大学出版社，2001.

[33] 戴伟·奥斯本．摒弃官僚制：政府再造的五项战略［M］．谭功荣，刘霞，译．北京：中国人民大学出版社，2002.

[34] 戴维·奥斯本，特德·盖布勒．改革政府：企业家精神如何改革着公共部门［M］．周敦仁，等，译．上海：上海译文出版社，2006.

[35] 赫伯特·A．西蒙．管理行为［M］．詹正茂，译．北京：机械工业出版社，2004.

[36] 简·芳汀．构建虚拟政府：信息技术与制度创新［M］．邵国松，译．北京：中国人民大学出版社，2004.

[37] 简·莱恩．新公共管理［M］．赵成根，等，译．北京：中国青年出版社，2004.

[38] 麦克尔·巴泽雷．突破官僚制：政府管理的新愿景［M］．孔宪遂，王磊，刘忠慧，译．北京：中国人民大学出版社，2002.

[39] 马克·G．波波维奇．创建高绩效政府组织［M］．孔宪遂，耿洪敏，译．北京：中国人民大学出版社，2002.

[40] 罗伯特·B．登哈特．公共组织理论（第三版）［M］．扶松茂，丁力，译．北京：中国人民大学出版社，2003.

[41] 史蒂文·科恩，威廉·埃米克．新有效公共管理者［M］．王巧玲，等，译．北京：中国人民大学出版社，2003.

[42] 詹姆斯·S．鲍曼，等．职业优势：公共服务中的技能三角［M］．张秀琴，译．北京：中国人民大学出版社，2005.

[43] 珍妮特·V．登哈特，罗伯特·B．哈登特．新公共服务［M］．丁煌，译．北京：中国人民大学出版社，2004.

[44] 闵健，李万来，刘青．公共体育管理概论［M］．北京：北京体育大学出版社，2005.

[45] 秦椿林．当代中国群众体育管理［M］．北京：人民体育出版社，2006.

[46] 秦椿林，张瑞林．体育管理学 [M]．北京：高等教育出版社，2008.

[47] 秦刚．中国特色社会主义理论体系 [M]．北京：中共中央党校出版社，2008.

[48] 全国体育学院教材委员会《体育理论》编写组编．体育理论 [M]．北京：人民体育出版社，1987.

[49] 全国体育院校成人教育《体育概论》教材编写组编．体育概论 [M]．北京：人民体育出版社，1999.

[50] 任定方，张存禄．国民经济管理教程 [M]．西安：西北大学出版社，1989.

[51] 施九青．当代中国政治运行机制 [M]．济南：山东人民出版社，1993.

[52] 孙翠清，林万龙．中国农村公共服务需求问题研究 [M]．北京：经济科学出版社，2011.

[53] 孙晓莉．中外公共服务体制比较 [M]．北京：国家行政学院出版社，2007.

[54] 申剑．基于卓越绩效管理的我国城市政府管理研究 [M]．昆明：云南大学出版社，2008.

[55] 唐铁汉，袁曙宏．公共服务创新 [M]．北京：国家行政学院出版社，2007.

[56] 唐铁汉．中国公共管理的重大理论与实践创新 [M]．北京：北京大学出版社，2007.

[57] 田雨普．农民体育发展战略研究 [M]．南京：南京师范大学出版社，2009.

[58] 田兆阳，尚秋谨．变革管理与政府创新 [M]．北京：北京出版社，2007.

[59] 吴长顺．营销学教程 [M]．北京：清华大学出版社，2011.

[60] 王海军．中国化马克思主义执政理论创新与发展的现实逻辑 [M]．北京：中共党史出版社，2010.

[62] 王文举，丁立宏．2006 年北京市城镇居民社会生活指数 [M]．北京：首都经贸大学出版社，2008.

[63] 王效昭，赵良庆．现代企业管理学［M］．合肥：安徽人民出版社，2008.

[64] 王延超，张国登．当代公共管理概论［M］．济南：济南出版社，2004.

[65] 汪玉光．消费心理学［M］．北京：化学工业出版社，2008.

[66] 汪玉凯．公共管理［M］．北京：中共中央党校出版社，2003.

[67] 吴志宏．新编教育管理学［M］．上海：华东师范大学出版社，2000.

[68] 谢丁宁．长效机制的建立与运作［M］．福州：海风出版社，2006.

[69] 谢明．公共政策导论［M］．北京：中国人民大学出版社，2005.

[70] 徐小青．中国农村公共服务［M］．北京：中国发展出版社，2002.

[71] 熊晓正．体育概论［M］．北京：北京体育大学出版社，2008.

[72] 夏征农．辞海（缩印本）［M］．上海：上海辞书出版社，1989.

[73] C. V. 布朗，P. M. 杰克逊．公共部门经济学（第4版）［M］．张馨，译．北京：中国人民大学出版社，2000.

[74] 于川信．军队后勤宏观管理机制论［M］．北京：军事科学出版社，2010.

[75] 杨文轩，陈琦．体育原理［M］．北京：高等教育出版社，2004.

[76] 杨文轩，杨霆．体育概论［M］．北京：高等教育出版社，2005.

[77] 杨庆云．经济学基础［M］．北京：中国轻工业出版社，2007.

[78] 杨雪锋．循环经济运行机制研究［M］．北京：商务印书馆，2008.

[79] 叶加宝，苏连勇．体育概论［M］．北京：北京体育大学出版社，2005.

[80] 严家明．社会机制论［M］．北京：知识出版社，1995.

[81] J. S. 密尔．代议制政府［M］．北京：商务印书馆，1984.

[82] 周坚卫. 地方公共财政理论与实践 [M]. 北京：中国财政经济出版社，2008.

[83] 周连弟. 农村公共产品政府投资优化配置 [M]. 北京：中国经济出版社，2007.

[84] 周振华. 现代经济增长中的结构效应 [M]. 上海：三联书店，1995.

[85] 赵子祥，曹晓编. 21世纪中国经济社会发展与社会学的历史使命（中国社会学会1996年年会文集） [M]. 沈阳：辽宁人民出版社，1997.

[86] 郑杭生. 社会学概论新编（第三版）[M]. 北京：中国人民大学出版社，2003.

[87] 郑功成. 当代中国慈善事业 [M]. 北京：人民出版社，2010.

[88] 张创新. 公共管理学概论 [M]. 北京：清华大学出版社，2010.

[89] 张洪涛. 国家主义抑或人本主义：转型中国法律运行研究 [M]. 北京：人民出版社，2008.

[90] 张鸿. 营销策划学 [M]. 广州：中山大学出版社，2009.

[91] 张巨勇，韩洪云. 非市场产品的价值评估 [M]. 北京：中国农业科学技术出版社，2004.

[92] 张秀生. 农村公共产品供给与农民收入增长 [M]. 北京：中国农业出版社，2008.

[93] 张振明. 公共管理学 [M]. 北京：中国人民大学出版社，2005.

[94] 张振中. 体育基础知识 [M]. 郑州：郑州大学出版社，2002.

[95] 张宗新. 中国融资制度创新研究 [M]. 北京：中国金融出版社，2003.

[96] 中国（海南）改革发展研究院编. 聚焦中国公共服务体制 [M]. 北京：中国经济出版社，2006.

[97] 中国社会科学院语言研究所词典编辑室. 现代汉语词典（修订本）[M]. 北京：商务印书馆，1996.

[98]《中国体育概论》编写组. 中国体育概论 [M]. 广州：广东省

农垦总局印刷厂，1986.

[99] BERTALANFFY VON. General System Theory [M]. New York: George Breziller, 1973.

[100] STEWART B. Australian Sport-Better by Design? The Evolution of Australian Sport Policy [M]. London: Routledge, 2004.

[101] CHRISTOPHER DUNN. The Handbook of Canadian Public Administration [M]. New York: Oxford University Press, 2002.

[102] DAVIA OSBORNE TED GAEBLRE. Reinventing Government-how the entrepreneurial spirit is transforming the Public sec-tor [M]. MA: Addison-Wesley publishing Company, 1992.

[103] BERGSGARD N A, BARRIE HOULIHAN, PER MANGSET, Hilmar Rommetvedt, Svein Ingve Nodland. Sport Policy: A Comparative Analysis of Stability and Change [M]. Oxford: Butterworth-Heinemann. 2007.

[104] LIGHT P C. The New Public Service [M]. Brookings Institution Press: Washington, DC, 1999.

[105] NAUL R, HARDMAN K. Sport and Physical Education in Germany [M]. London: Routledge. 2002.

[106] WOUTER VANDENABEELE, ANNIE HONDEGHEM. "New Public Service", Encyclopedia of Public Administration and Public Policy [M]. London: Taylor and Francis, 2005.

2. 期刊类

[1] 白晋湘. 从全能政府到有限政府：市场经济条件下政府体育职能转变的思考 [J]. 体育科学，2006，26 (5)：7-11.

[2] 鲍明晓. 体育大国向体育强国迈进的战略研究 [J]. 南京体育学院学报，2009，23 (6)：1-6.

[3] 蔡景台，樊炳有，王继帅. 城市体育公共服务居民满意度调查分析：以河南省 10 个城市为例 [J]. 北京体育大学学报，2009，32 (6)：31-34.

[4] 曹可强，徐箐，俞琳. 完善上海市体育公共服务体系的若干对策建议 [J]. 体育科研，2008，29 (2)：32-36.

[5] 曹可强，俞琳. 论体育公共服务供给主体的多元化 [J]. 体育学刊，2010，17 (10)：22-25.

[6] 曹守和，赵玉梅. “体育大国”与“体育强国”提出的由来与涵义的演进 [J]. 中国体育科技，2010，46 (1)：15-18.

[7] 程波辉. 公民社会：中国政治发展的新动力 [J]. 中共四川省委党校学报，2007 (4)：48-51.

[8] 陈静依，徐凤琴，吕树庭. 体育强国研究回望与前瞻 [J]. 武汉体育学院学报，2011，45 (11)：21-25.

[9] 陈立国，富学新. 尊重人的价值是体育强国之路的永恒选择 [J]. 体育学刊，2010，17 (6)：1-4.

[10] 陈立国，王明哲，富学新. 用分享思维构建我国体育公共服务体系 [J]. 吉林体育学院学报，2012，28 (3)：37-39.

[11] 陈秋喜. 体育管理体制的本质、分类及我国的特点 [J]. 武汉体育学院学报，2001，35 (3)：97-98.

[12] 陈庆云. 公共管理基本模式初探 [J]. 中国行政管理，2000 (8)：31-33.

[13] 陈伟，贺兆轩. 政府体育公共服务体系与体育强国建设论略 [J]. 成都体育学院学报，2011，35 (5)：1-4.

[14] 陈叶兰. 论公民社会对我国农村社会自治的意义 [J]. 社会科学家，2011 (4)：104-106.

[15] 陈玉忠. 社会转型与体育公共服务管理体制改革 [J]. 体育文化导刊，2008 (3)：9-12.

[16] 戴健，韩冬，梁晓洁，等. 新农村建设中长三角地区农民体育活动现状及对策 [J]. 体育科学，2009，29 (1)：8-13.

[17] 戴健，郑家鲲. 我国公共体育服务体系研究述评 [J]. 上海体育学院学报，2013，37 (1)：1-8.

[18] 戴敬东. 中国体育体制研究 [J]. 北京体育大学学报，2010，33 (1)：10-14.

[19] 丁辉侠. 地方政府提供公共服务的能力与动力分析 [J]. 河南社会科学，2012，20 (9)：30-32.

[20] 董翠香，茹佳，季浏. 体育强国视阈下中国学校体育发展方式

探究 [J]. 北京体育大学学报，2011，34 (11)：88-92.

[21] 杜利军. 国外体育产业的主要市场 [J]. 国外体育动态，1995 (12)：45-48.

[22] 段溢波. 新公共服务理论：缘起、内涵及启迪 [J]. 湖北财经高等专科学校学报，2009，21 (2)：3-7.

[23] 樊炳有. 体育公共服务的理论框架及系统结构 [J]. 体育学刊，2009，16 (6)：14-19.

[24] 樊炳有. 体育公共服务的运行机制探讨 [J]. 体育与科学，2010，31 (2)：25-32.

[25] 樊炳有. 我国体育公共服务供给制度及实践路径选择探讨 [J]. 体育与科学，2009，30 (4)：27-31.

[26] 范冬云. 我国体育公共服务研究中几个问题的探讨 [J]. 成都体育学院学报，2010 (2)：6-8.

[27] 范冬云. 中国城市化进程中的乡镇体育公共服务研究：基于广州市花都区新华街的实地调查 [J]. 成都体育学院学报，2012，37 (2)：6-9.

[28] 樊瑛华，李秀珍. 从我国县乡机构设置现状看制度安排对地方政府组织绩效的影响 [J]. 理论导刊，2007 (3)：18-20.

[29] 傅兰英，姬成茂，徐虎波，等. 河南省城市社区体育现状及发展对策研究 [J]. 体育科学，2004 (4)：16-18.

[30] 高萍，黎一阳. 湖北省县乡两级政府财政供养人口的现状与对策 [J]. 湖北社会科学，2006 (5)：62-65.

[31] 高军. 浙江省城市居民体育公共服务满意度的调查分析 [J]. 嘉兴学院学报，2009，21 (6)：103-108.

[32] 格非. 免征农业税之后村级财政怎么办 [J]. 山东省农业管理干部学院学报，2005 (5)：3.

[33] 龚建林. 论体育公共服务体系的内涵和结构 [J]. 当代体育科技，2012，2 (2)：93-94.

[34] 谷礼燕. 我国城市社区体育公共服务供给制度的改革研究 [J]. 广州体育学院学报，2011，31 (1)：24-27.

[35] 郭玉成，李守培. 体育强国视域下的武术发展方略 [J]. 上海

体育学院学报，2012，36（2）：54-58.

[36] 郝艳艳，李金亮．体育公共服务多主体供给分析 [J]．体育科技文献通报，2010，18（6）：98-99.

[37] 郝招．我国社会体育运行机制问题研究 [J]．甘肃社会科学，2009（2）：24-27.

[38] 胡洪彬．农村公共文化服务有效供给的现实困境与策略创新 [J]．重庆邮电大学学报，2012，24（2）：69-73.

[39] 胡庆山．论农村体育基本公共服务标准化 [J]．北京体育大学学报，2013，36（12）：16-22.

[40] 胡庆山，王健．新农村建设中发展“新农村体育”的必要性、制约因素及对策 [J]．体育科学，2006，26（10）：21-26.

[41] 胡庆山，王健．农村体育公共服务供给的价值审思与现实困境 [J]．上海体育学院学报，2014，38（4）：20-24.

[42] 胡庆山，郭敏，王健．论社会主义和谐体育的构建 [J]．上海体育学院学报，2006，30（1）：44-48.

[43] 胡庆山，王健，刘蕾．中国梦视野下的农村体育公共服务建设 [J]．成都体育学院学报，2013，39（12）：26-29.

[44] 胡庆山，王健，王维，等．新农村建设中农民体育发展的文化审视 [J]．体育科学，2007，27（10）：40-48.

[45] 黄辉祥，汤玉权．村级财政变迁与村民自治发展：困境与出路 [J]．东南学术，2007（4）：39-47.

[46] 黄莉．从体育强国内涵探究体育综合实力构成 [J]．上海体育学院学报，2010，34（4）：15-20.

[47] 黄晨曦，刘军．苏州古城区体育公共服务体系的发展对策研究 [J]．苏州市职业大学学报，2011，22（1）：68-72.

[48] 姜明，李樑，潘华．体育强国视域下休闲体育发展对策探究 [J]．成都体育学院学报，2010，36（12）：29-31.

[49] 贾文彤，郝军龙，齐文华．体育公共服务均等化若干问题研究 [J]．山东体育学院学报，2009，25（12）：1-5.

[50] 汲智勇．关于体育强国认识的演变历程与发展策略研究 [J]．体育与科学，2010，31（5）：26-29.

[51] 孔祥. 城市社区体育公共服务体系建设的供给主体及实现路径 [J]. 体育与科学，2011，32 (4)：66-71.

[52] 蓝国彬，樊炳有. 我国体育公共服务供给主体及供给方式探析 [J]. 首都体育学院学报，2010，22 (2)：27-31.

[53] 李朝祥. 政府公共服务职能的市场化 [J]. 广西社会科学，2003 (4)：16-17.

[54] 李静. 试论体育公共服务体系建设 [J]. 南京体育学院学报，2009，23 (1)：62-65.

[55] 李静，陈嵘. 浙江省社区体育公共服务体系的现状与对策研究：以杭州市为例 [J]. 成都体育学院学报，2009，35 (2)：23-25.

[56] 李建国. 体育强国的基础：体育公共服务体系建设 [J]. 体育科研，2009，30 (4)：15-18.

[57] 李洪波，刘红建，孙庆祝，等. 价值与困境：体育公共服务城乡一体化发展刍议 [J]. 南京体育学院学报 (社会科学版)，2010 (2)：61-65.

[58] 李萍美. 新农村体育服务模式建构 [J]. 体育文化导刊，2008 (10)：17-20.

[59] 李相如. 我国社会体育指导员的现状调查与研究 [J]. 体育科学，2002，22 (4)：27-30.

[60] 李亚莉，钟丽萍，范成文. 困境与思路：实现城乡体育公共服务均等化的路径 [J]. 体育科技文献通报，2012，20 (1)：15-17.

[61] 兰运平，曹守和，赵玉梅. 体育大国与体育强国考释 [J]. 体育文化导刊，2010 (8)：106-109.

[62] 林敏. 群众性多元化体育服务体系相关因素的分析 [J]. 武汉体育学院学报，2009，43 (2)：43-47.

[63] 刘超，李国，赵一平. 我国城乡体育公共服务组织与管理现状与对策研究 [J]. 四川体育科学，2011，12 (2)：108-112.

[64] 刘次琴. 新时期中国体育公共服务供给主体多元发展研究 [J]. 浙江体育科学，2012，34 (3)：23-26.

[65] 刘红建，孙庆祝. 江苏宜兴南园村体育公共服务调查 [J]. 体育文化导刊，2011 (9)：30-33.

[66] 刘俊伟，郭修金. 体育强国视野下民族传统体育传承机制探析 [J]. 山东体育学院学报，2010，26 (7)：35-38.

[67] 刘亮. 我国体育公共服务均等化的理论模型与实证分析 [J]. 体育科学，2013，33 (1)：10-16.

[68] 刘明生，李建国. 新公共服务理论视角下体育公共服务体系的建设 [J]. 体育科研，2010 (4)：54-56.

[69] 刘梅英. 体育强国视域下我国群众体育发展对策探索 [J]. 武汉体育学院学报，2009，43 (7)：9-13.

[70] 刘庆山. 我国体育公共服务体系研究述评 [J]. 上海体育学院学报，2008，32 (3)：24-26.

[71] 刘小俊. 体育强国视阈下我国群众体育的发展 [J]. 体育与科学，2010，31 (3)：69-72.

[72] 刘雪明，杨芳，蓝巧. 地方政府有效执行中央政策研究 [J]. 中国石油大学学报 (社会科学版)，2008，24 (6)：52-54.

[73] 刘欣然. 对构建群众性多元化体育服务体系的理论分析 [J]. 武汉体育学院学报，2007，40 (9)：57-61.

[74] 刘熙瑞. 服务型政府：经济全球化背景下中国政府改革的目标选择 [J]. 中国行政管理，2002 (7)：5-7.

[75] 刘晓云. 论邓小平为人民服务思想的成因及特征 [J]. 安徽行政学院学报，2010，3 (1)：11-14.

[76] 刘玉. 改革开放 30 年我国体育公共服务供给模式转型与现实选择 [J]. 体育科学，2013，33 (2)：11-21.

[77] 刘玉. 社会转型期的体育公共服务供给问题 [J]. 理论前言，2009 (23)：30-31.

[78] 刘艳丽，苗大培. 社会资本与社区体育公共服务 [J]. 体育学刊，2005，12 (3)：126-128.

[79] 刘一民，赵溢洋，刘翔. 关于体育强国战略若干问题的思考 [J]. 中国体育科技，2010，46 (1)：32-36.

[80] 刘义强. 建构农民需求导向的公共产品供给制度 [J]. 华中师范大学学报 (人文社会科学版)，2006，45 (2)：15-23.

[81] 吕树庭，商执娜. 北京奥运会后中国体育管理体制改革的思考

[J]．武汉体育学院学报，2010，44 (7)：9-15.

[82] 吕树庭，王铮，张宏，等．流动人口：社会体育的新课题 [J]．广州体育学院学报，2003，23 (1)：1-4.

[83] 罗旭，苗向军，邢文华．全民健身体育公共服务运行机制的理论分析 [J]．沈阳体育学院学报，2009，28 (6)：11-14.

[84] 马庆钰．公共服务的几个基本理论问题 [J]．中共中央党校学报，2005 (1)：58-64.

[85] 苗大培．构建我国体育志愿者组织的理论探讨 [J]．体育科学，2004，24 (9)：4-7.

[86] 牛寒松．刍议我国体育公共服务的供给主体与供给方式 [J]．网络财富，2010 (14)：204-205.

[87] 平杰．体育强国视域下我国青少年体育发展 [J]．上海体育学院学报，2011，35 (1)：47-50.

[88] 齐立斌．农村公共体育服务体系的运行机制 [J]．南京体育学院学报，2010，24 (4)：44-48.

[89] 齐立斌．"体育强国"战略内涵及评价指标体系的研究 [J]．南京体育学院学报，2010，24 (1)：73-76.

[90] 齐立斌，李泽群，曹庆荣，等．关于新农村公共体育服务体系几个理论问题的思考 [J]．体育科研，2009，30 (6)：59-62.

[91] 邱宗忠，周涛，赵敬华．城市社区体育公共服务体系动力机制构建要素分析 [J]．体育与科学，2011，32 (5)：54-56.

[92] 任海，王芳，赵卓．论体育强国的国际影响力 [J]．中国体育科技，2010，46 (1)：3-9.

[93] 任继跃．阜阳农村体育公共服务的发展现状与对策研究 [J]．许昌学院学报，2011，30 (2)：62-64.

[94] 饶勇，刘务勇．新农村建设视野下农村基层民主的现实困境与发展思路 [J]．求实，2011 (3)：86-89.

[95] 石宏伟．小康社会与社会保障制度建设 [J]．江苏大学学报 (社会科学版)，2003，5 (3)：17-21.

[96] 沈建华．上海市体育公共服务的需求 [J]．体育科研，2008，29 (2)：37-41.

[97] 孙克宜，秦椿林. 试论体育管理体制与中国体育管理体制改革[J]. 北京体育大学学报，1995，18（1）：6-13.

[98] 孙绵涛. 关于体制改革与机制创新关系的探讨 [J]. 华中师范大学学报（人文社会科学版），2009，48（4）：69-72.

[99] 孙月霞，袁旦. 中国传统体育管理体制解析 [J]. 北京体育大学学报，2010，33（9）：9-12.

[100] 宋继新. 文化兴体：建设体育强国的抉择 [J]. 北京体育大学学报，2010，33（2）：1-4.

[101] 孙亮. 服务型政府的目标意涵及其实现途径 [J]. 公共管理，2007（8）：41-44.

[102] 盛荣. 关于农村公共产品与服务研究现状的思考 [J]. 中国农业大学学报，2004（3）：32-35.

[103] 沈荣华. 各级政府公共服务职责划分的指导原则和改革方向[J]. 中国行政管理，2007（1）：9-14.

[104] 单勇，徐晓燕，章连娣. 试论体育服务产品的基本特征 [J]. 浙江体育科学，2004（2）：30-33.

[105] 时震雨. 我国农村体育管理体制研究 [J]. 体育成人教育学刊，2012（5）：1-5.

[106] 唐铁汉，李军鹏. 公共服务的理论演变与发展过程 [J]. 新视野，2005，11（6）：38-40.

[107] 田麦久. "竞技体育强国"论析 [J]. 北京体育大学学报，2008，31（11）：38-40.

[108] 田雨普. 努力实现由体育大国向体育强国的迈进 [J]. 体育科学，2009，29（3）：3-8.

[109] 田雨普，王欢. 体育强国的辩证认识论 [J]. 体育学刊，2009，16（8）：9-13.

[110] 王伯超. 构建我国体育公共服务体系的理论思考 [J]. 广州体育学院学报，2009，29（1）：1-4.

[111] 王才兴. 构建完善的体育公共服务体系 [J]. 体育科研，2008，29（2）：1-13.

[112] 王才兴. 上海市体育公共服务的实践与探索 [J]. 体育科研，

2008, 29 (2): 20-26.

[113] 王海宏，杨建国，王剑，等. 农村公共体育服务的现状调查与对策研究 [J]. 武汉体育学院学报，2008，42 (11): 73-77.

[114] 王健，胡庆山. 以人为本：农村体育“科学发展”的新理念 [J]. 北京体育大学学报，2005，28 (12): 1602-1603.

[115] 王景波. 加强体育行政部门体育公共服务职能的研究 [J]. 沈阳体育学院学报，2009，28 (1): 18-20.

[116] 王雷，王芳. 我国多元化体育服务体系影响因素研究 [J]. 武汉体育学院学报，2004，38 (5): 1-3.

[117] 王小娟，郁俊，罗华敏，等. 新农村多元化公共体育服务形式实证研究 [J]. 体育科学，2012，32 (2): 69-80.

[118] 王艳. 新公共服务视野下我国公务员激励机制创新 [J]. 江西行政学院学报，2006，8 (3): 17-19.

[119] 王自清，蔡皓，夏菊锋. 构建和完善上海社区体育公共服务供给增长的保障体系 [J]. 体育科研，2010，31 (2): 44-50.

[120] 汪波，周学荣，李慧萌. 贫困地区城市化进程中社区体育公共服务体系建设现状分析：以安徽省六安地区为研究个案 [J]. 首都体育学院学报，2008，20 (6): 39-42.

[121] 谢正阳，胡乔，李燕领，等. 体育公共服务体系建设中公民参与的必要性、可行性及路径 [J]. 体育学刊，2011，18 (5): 16-20.

[122] 肖焕禹，邵雪梅. 体育强国内涵的阐释 [J]. 体育科研，2009，30 (4): 2-5.

[123] 肖林鹏. 论全民健身服务体系的概念及其结构 [J]. 西安体育学院学报，2008，25 (4): 6-11.

[124] 肖林鹏. 中国体育管理体制改革研究综述 [J]. 西安体育学院学报，2005，22 (1): 23-26.

[125] 肖林鹏，李宗浩，杨晓晨. 公共体育服务概念及其理论分析 [J]. 天津体育学院学报，2007，22 (2): 97-101.

[126] 肖林鹏，李宗浩，杨晓晨. 我国公共体育服务体系概念开发及结构探讨 [J]. 天津体育学院学报，2007，22 (6): 472-475.

[127] 许立群. 中国体育：体育强国的辨析与建设——中国科协新观

点、新学说学术沙龙观点摘编 [J]. 体育文化导刊，2009 (8)：1-13.

[128] 晓敏. 对构建群众性多元化体育服务体系的思考 [J]. 体育文化导刊，2003 (8)：6-7.

[129] 徐勇，邓大才. 社会化小农：解释当今农户的一种视角 [J]. 学术月刊，2006，38 (7)：5-13.

[130] 徐家伟. 城市居民体育服务产品的需求收入弹性及影响因素分析——以杭州市居民为例 [J]. 北京体育大学学报，2011，34 (4)：30-34.

[131] 徐本力. 体育强国、竞技体育强国、大众体育强国内涵的诠释与评析 [J]. 天津体育学院学报，2009，24 (2)：93-98.

[132] 徐屏. 城乡均等化发展背景下群众体育管理体制变革 [J]. 武汉体育学院学报，2012，46 (6)：20-25.

[133] 徐瑞娥. 完善县乡财政体制的观点综述 [J]. 经济研究参考，2004 (63)：40-45.

[134] 熊晓正. 关于体育理论与实践几个问题的思考 [J]. 体育文化导刊，2009 (10)：9-14.

[135] 夏青，秦小平，王健，等. 我国体育公共服务均等化的实现路径研究 [J]. 三峡大学学报，2012，34 (2)：108-111.

[136] 杨春艳. 试探体育强国建设 [J]. 体育文化导刊，2011 (2)：5-7.

[137] 袁春梅，杨依坤. 我国体育公共服务资源配置均等化水平的实证研究 [J]. 武汉体育学院学报，2014，48 (2)：21-26.

[138] 杨桦，孙淑惠，舒为平，等. 坚持和进一步完善我国竞技体育举国体制的研究 [J]. 北京体育大学学报，2004，27 (5)：577-582.

[139] 杨乃东，姚毓武. 1959—1985 我国运动员获得世界冠军资料统计 [J]. 天津体育学院学报，1988 (1)：91-94.

[140] 易剑东. 中国体育公共服务研究 [J]. 体育学刊，2012，19 (2)：1-10.

[141] 郁俊，杨建营，李萍美，等. 浙苏皖赣鲁农民享有基本体育服务现状调查与对策研究 [J]. 体育科学，2006，26 (4)：21-27.

[142] 俞可平. 中国公民社会：概念、分类与制度环境 [J]. 中国社

会科学，2006 (1)：207-208.

[143] 俞琳，曹可强．国外体育公共服务供给的发展趋势及启示[J]．体育学刊，2011，18 (3)：41-43.

[144] 俞睿，皋艳．公民意识：中国政治现代化的驱动力 [J]．求实，2006 (1)：65-68.

[145] 姚启和．体制·机制·规律：论高等教育与社会主义市场经济的关系 [J]．高等教育研究，1994 (1)：28-32.

[146] 晏绍文，秦小平．体育公共服务多元化供给研究 [J]．湖州师范学院学报，2011，33 (1)：69-74.

[147] 于善旭．建设体育强国的法治抉择 [J]．体育文化导刊，2011 (2)：1-4.

[148] 于永慧．“体育强国”的制度创新：组织改革 [J]．体育与科学，2010，31 (5)：22-25.

[149] 尹维增．对构建和谐环境下公共体育服务的基本责任研究[J]．体育与科学，2009，30 (2)：45-47.

[150] 周爱光．从体育公共服务的概念审视政府的地位和作用 [J]．体育科学，2012，32 (5)：64-70.

[151] 周爱光．“体育大国”与“体育强国”的内涵探析 [J]．体育学刊，2009，16 (11)：1-4.

[152] 周登嵩，李林，茹秀英．新农村体育服务体系研究 [J]．北京体育大学学报，2009，32 (11)：1-7.

[153] 周建新，王凯．政府购买体育公共服务的困境与突破 [J]．体育与科学，2014，35 (5)：49-53.

[154] 周良君．广东省体育公共服务均等化现状与路径选择 [J]．上海体育学院学报，2011，35 (3)：33-37.

[155] 周丽萍，田雨普．“体育大国”与“体育强国”研究探析 [J]．北京体育大学学报，2010，33 (1)：103-105.

[156] 周平．湘鄂渝黔边城镇社区体育服务体系构建研究 [J]．山东体育学院学报，2007，23 (2)：20-23.

[157] 邹师．区域体育发展战略：实现体育强国目标的必然途径[J]．体育文化导刊，2012 (4)：1-4.

[158] 赵爱国．中美体育管理体制比较研究 [J]．体育文化导刊，2010 (11)：33-36.

[159] 赵理文．制度、体制、机制的区分及其对改革开放的方法论意义 [J]．中共中央党校学报，2009，13 (5)：17-21.

[160] 赵素卿．公共服务理论研究概述 [J]．中共山西省委党校学报，2005，28 (6)：62-64.

[161] 郑家鲲，沈建华．长三角地区体育公共服务发展现状、基本矛盾与对策 [J]．上海体育学院学报，2009，33 (3)：6-9.

[162] 郑言．全国体育发展战略讨论会综述 [J]．体育科学，1986 (1)：14-18.

[163] 张彩彩．新公共管理理论与新公共服务理论的比较 [J]．西安邮电学院学报，2010，15 (4)：135-138.

[164] 张富文．以人为本是中国特色社会主义理论体系的基本价值取向 [J]．理论月刊，2012 (3)：27-31.

[165] 张国庆．行政管理体制改革及其政治体制改革的异同 [J]．中国行政管理，1994 (4)：36-38.

[166] 张建会，刘振江．我国群众体育公共服务供给过程中的政府职能研究 [J]．河北体育学院学报，2012，26 (3)：10-13.

[167] 张利，田雨普．我国体育公共服务均等化现状及发展对策研究 [J]．西安体育学院学报，2010，27 (2)：137-141.

[168] 张鹏，张佼．城乡公共产品断裂的财政统筹发展研究 [J]．人民论坛，2011 (8)：118-119.

[169] 张清华，刘海辉，樊炳有．江苏省城镇居民体育公共服务满意度调查 [J]．山东体育学院学报，2010，26 (3)：8-12.

[170] 张菀洺．服务型政府塑造：公共服务理论与中国实践 [J]．浙江社会科学，2008 (5)：66-71.

[171] 张学飞．对体育强国认识分歧的思考 [J]．体育学刊，2010，17 (6)：10-13.

[172] 张红．中国农村现行公共服务运行机制 [J]．法律与经济，2010 (1)：130-131.

[173] 张岩．建立与社会主义市场经济相适应的体育运行机制 [J].

成都体育学院学报，1994，20（4）：1-5.

[174] 张晓义. 新时期建设体育强国的认识基础［J］. 武汉体育学院学报，2010，44（5）：11-15.

[175] 张永保，沈克印. 体育强国目标下发展群众体育的路径探讨［J］. 武汉体育学院学报，2010，44（12）：79-86.

[176] 张正民，赵元吉，徐永. 立足城乡统筹构建四川省农村体育公共服务体系［J］. 河北体育学院学报，2011，25（3）：7-10.

[177] 张忠，严爱鸣. 体育强国建设中青少年体育发展方略［J］. 上海体育学院学报，2011，35（5）：18-21.

[178] 朱毅然. 协同创新：我国农村公共体育服务供给模式新发展［J］. 阜阳师范学院学报（自然科学版），2014，31（1）：63-71.

[179] CONSIDINE, MARK. Governance and Competion: The Role of Non-profit Organisations in the Delivery of Public Serivice [J]. Australian Journal of Political Serivice, 2003, 3 (8): 63-77.

[180] ENJOLRAS B, WALDAHL R H. Policy-Making in Sport: The Norwegian Case [J]. International Review for the Sociology of Sport, 2007, 42 (2): 201-216.

[181] HOWAT G, ABSHER J, CRILLEY G. Measuring customer service quality in sports and leisure centres [J]. Managing Leisure, 1996, 20 (1) : 77-89.

[182] HANNIGAN, HANNIGAN. Assessing the New Public Management: the case of the National Health Serivice [J]. Journal of Nursing Management, 1998, 18 (6): 307-312.

[183] LAWTON ALAN, DOIG, ALAN. Researching Ethics for Public Service Organizations [J]. Public Integrity, 2005, 26 (8) : 11-33.

[184] GRAND L E, JULIAN. Equality and Choice in public Services [J]. Social Research, Summer, 2006, 73 (2): 695-710.

[185] MAXWELL G, MCDOUGALL, et al. Equality at work in UK public services and hotel organizations: inclining towards managing diversity? [J]. Human Resource Development International, 2003, 6 (2):

243-258.

[186] NEWMAN, JANET. Changing Governance, Changing Equality? New Labour, Modernization and Public Services [J]. Public Money&Management, 2002, 22 (1): 7-14.

[187] PATRICK MURPHY, IVAN WADDINGTON. Sport for all: some public health policy issues and problems [J]. Critical Public Health, 1998, 8 (3): 193-205.

[188] PATRICIAL W. INGRAHAM, DAVID H. Rosenbloom. The New Public Personnel and the New Public Service [J]. Public Administration Review, 1989, 49 (2): 116-126.

[189] SORENSEN, EVA. Democratic Governance and the Changing of Rose Use of Public Services [J]. Administrative Theory&Praxis, 2000, 22 (1): 24-44.

[190] SPRIGINGS, DELIVERING N. Public Service Under the New Public Management: The Case of Public Housing [J]. Public Money& Management, 2002, 22 (4): 11-17.

[191] VINCENT, IDA. Collaboration and Integrated Service in the NSW Public Sector [J]. Australian Journal of Public Administration, 1999, 58 (3): 50-54.

3. 学位论文类

[1] 岑国斌. 城市体育公共服务满意度及其改进研究 [D]. 广州: 暨南大学, 2011.

[2] 陈嘉文. 城镇社会弱势群体的体育公共服务研究 [D]. 桂林: 广西师范大学, 2011.

[3] 陈文娇. 我国体育公共服务的供给研究 [D]. 北京: 北京体育大学, 2013.

[4] 陈晓珍. 公共服务供给中的非营利组织参与研究 [D]. 厦门: 厦门大学, 2009.

[5] 冯宝忠. 中国迈向体育强国途径的研究 [D]. 苏州: 苏州大学, 2012.

[6] 傅川. 农村春节体育活动开展现状的调查及对策研究 [D]. 武

汉：华中师范大学，2012.

[7] 范东云. 广州市大众体育公共服务研究 [D]. 上海：上海体育学院，2011.

[8] 付筱薇. 中国政府公共服务能力建设的基本思路与对策 [D]. 长春：东北师范大学，2008.

[9] 傅振磊. 中国农村体育现代化研究 [D]. 苏州：苏州大学，2011.

[10] 高红香. 苏州市全民健身公共服务体系建设的研究 [D]. 苏州：苏州大学，2013.

[11] 郭长忱. 构建吉林省新农村体育服务体系的研究 [D]. 长春：东北师范大学，2008.

[12] 韩培玉. 从公共卫生角度谈我国公共服务型政府的建设 [D]. 太原：山西大学，2006.

[13] 胡科. 社会精英、民间组织、政府之于群众体育运行研究 [D]. 上海：上海体育学院，2012.

[14] 黄玉珍. 社会阶层分化与多元化群众体育服务体系研究 [D]. 长沙：湖南师范大学，2010.

[15] 李爱国. 农村体育公共服务体系构建研究 [D]. 重庆：西南大学，2013.

[16] 李海龙. 体育公共服务城乡一体化发展动力机制研究 [D]. 南京：南京师范大学，2011.

[17] 李雪琼. 我国全民健身公共服务的问责制度研究 [D]. 北京：北京体育大学，2013.

[18] 李学香. 我国农村公共服务体制创新研究 [D]. 曲阜：曲阜师范大学，2013.

[19] 廖理连. 从体育大国迈向体育强国的社会认同与影响因素研究 [D]. 长沙：湖南师范大学，2011.

[20] 梁朋举. 濮阳市城市居民体育公共服务需求研究 [D]. 新乡：河南师范大学，2014.

[21] 刘春苗. 基层政府农村公共服务状况调查研究 [D]. 重庆：重庆大学，2007.

[22] 刘江山. “环太湖体育圈”农民体育健身工程运行机制的研究[D]. 苏州：苏州大学，2009.

[23] 刘蕾. 湖北省农村体育公共服务建设现状调查研究 [D]. 武汉：华中师范大学，2013.

[24] 娄峥嵘. 我国公共服务财政支出效率研究 [D]. 徐州：中国矿业大学，2008.

[25] 卢胜君. 政府公共服务能力提升研究 [D]. 大连：大连理工大学，2008.

[26] 罗旭. 我国全民健身服务体系的理论构建与运行机制研究[D]. 北京：北京体育大学，2006.

[27] 梅定国. 中国特色社会主义理论体系之以人为本思想探析[D]. 喀什：喀什师范学院，2011.

[28] 秦小平. 城乡体育基本公共服务均等化研究 [D]. 武汉：华中师范大学，2011.

[29] 孙明鑫. 经济发达县市城乡体育公共服务一体化研究 [D]. 曲阜：曲阜师范大学，2011.

[30] 苏龙伟. 居民需求导向的体育公共服务供给研究 [D]. 北京：首都体育学院，2014.

[31] 苏锐. 中国特色社会主义理论体系基本问题研究 [D]. 保定：河北大学，2010.

[32] 田永芳. 我国农村公共物品的制度外供给分析与政策创新[D]. 西安：西北大学，2006.

[33] 王关怀. 湖南省农村公共体育服务供给现状及对策 [D]. 长沙：湖南师范大学，2014.

[34] 王建军. 中国共产党执政机制研究 [D]. 北京：中共中央党校(国家行政学院)，2004.

[35] 吴俊娜. 我国体育强国评价指标体系构建研究 [D]. 北京：北京体育大学，2013.

[36] 汪刚. 公共体育服务体系建设中的公民参与研究 [D]. 苏州：苏州大学，2013.

[37] 郇昌店. 我国公共体育服务供给市场化运作方式研究 [D]. 天

津：天津体育学院，2008.

[38] 徐曼. 论我国服务型政府建设现状与改进 [D]. 武汉：华中师范大学，2010.

[39] 杨希. 江西省农村居民体育公共产品需求现状的调查分析 [D]. 武汉：华中师范大学，2013.

[40] 曾智. 我国农村公共服务现状、问题及改革发展研究 [D]. 重庆：重庆大学，2007.

[41] 周玉玲. 河北省城市居民体育公共服务需求研究 [D]. 石家庄：河北师范大学，2012.

[42] 郑宝通. 我国建设体育强国基本理论的分析研究 [D]. 郑州：郑州大学，2011.

[43] 郑海梅. 农村学校服务新农村体育建设研究 [D]. 武汉：华中师范大学，2013.

[44] 张彩彩. 我国服务型政府建设的路径探索 [D]. 西安：西北大学，2010.

[45] 张宁宁. 天津市社区青少年公共体育服务供给研究 [D]. 天津：天津体育学院，2013.

[46] 张小林. 我国农村体育公共产品供给制度分析与创新 [D]. 长沙：湖南农业大学，2010.

[47] 张新萍. 对2008北京奥运会后中国体育改革走向的研究 [D]. 广州：华南师范大学，2006.

[48] 张园. 西安地区农村体育组织发展机制研究 [D]. 西安：西安体育学院，2013.

4. 电子资源类

[1] 中国政府网. 关于2006年中央和地方预算执行情况与2007年中央和地方预算草案的报告[EB/OL].(2007-03-18)[2022-04-05]. http://www.gov.cn/jrzg/2007-03/18/content_553550.htm.

[2] 中华人民共和国财政部. 财政支持文化事业发展情况[EB/OL].(2010-11-01)[2022-02-12]. http://www.mof.gov.cn/zhuantihuigu/czjbqk/czzc2/201011/t20101101_345438.html.

[3] 中共曹庄镇委员会. 中共曹庄镇委关于2012文化体育志愿服务活

动实施方案[EB/OL].(2012-09-20)[2022-02-13]. http://www.linshu.gov.cn/info/egovinfo/zwgk/zwgk-nry/00447569-5-02_H/2012-1223021.htm.

[4] 第五次全国体育场地普查办公室.第五次全国体育场地普查数据公报[EB/OL].(2005-02-18)[2021-09-18]. https://www.sport.gov.cn/n4/n15291/n15292/c964549/content.html.

[5] 第一财经日报.五年内乡镇编制只减不增必须坚守[EB/OL].(2006-09-04)[2022-01-18]. http://finance.sina.com.cn/g/20060904/02122880724.shtml.

[6] 中国政府网.国务院办公厅关于印发国家体育总局职能配置内设机构和人员编制规定的通知[EB/OL].(2010-11-18)[2021-08-12]. http://www.gov.cn/zhengce/content/2010-11/18/content_7784.htm

[7] 陕西省政府办公厅.国务院办公厅关于印发国家体育总局主要职责内设机构和人员编制规定的通知[EB/OL].(2008-06-26)[2021-08-12]. http://www.shaanxi.gov.cn/zfxxgk/zfgb/1998/d16q_4482/200806/t20080626_1636317.html.

[8] 中国政府网.国务院关于印发国家基本公共服务体系“十二五”规划的通知[EB/OL].(2012-07-20)[2021-08-12]. http://www.gov.cn/zwgk/2012-07/20/content_2187242.htm.

[9] 国家体育总局.刘鹏局长在全国体育局长会议上的讲话[EB/OL].(2013-12-25)[2021-08-12]. http://www.sport.gov.cn/n16/n1077/n1467/n3670964/n3671192/3708811.html.

[10] 国家体育总局.新时期中国体育改革与制度创新[EB/OL].(2007-03-12)[2021-08-12]. http://www.sport.gov.cn/n16/n1077/n1452/n31748/155176.html.

[11] 国家体育总局.14 项世界纪录我国运动员 2012 年成绩斐然[EB/OL].(2012-12-31)[2021-08-12]. http://www.sport.gov.cn/n16/n299469/3700221.html.

[12] 国家体育总局,国家发展和改革委员会,财政部.关于下发《“十一五”农民体育健身工程建设规划》的通知[EB/OL].(2007-05-19)[2021-08-12]. http://www.sport.gov.cn/n16/n1092/n16879/n17321/1440785.

html.

[13] 国家体育总局群体司. 国民体质监测工作规定[EB/OL]. (2003-09-18)[2021-08-12]. http://www.sport.gov.cn/n16/n1092/n16879/n17321/328826.html.

[14] 国家体育总局群众体育司. 国家体育总局群众体育司主要职责[EB/OL]. (2014-02-22)[2021-08-12]. http://www.sport.gov.cn/n16/n33193/n33208/n33418/index.html.

[15] 国家体育总局体. "雪炭工程"实施办法[EB/OL]. (2010-02-18)[2021-08-12]. http://www.sport.gov.cn/n16/n1092/n16879/n17321/1437548.html.

[16] 国家体育总局网站. 中华人民共和国体育法[EB/OL]. (2022-06-25)[2022-07-20]. http://www.sport.gov.cn/n16/n1092/n16819/312031.html.

[17] 国家体育总局政法司. 体育事业发展"十二五"规划[EB/OL]. (2011-04-01)[2021-08-12]. http://www.sport.gov.cn/n16/n1077/n1467/n1843577/1843747.html.

[18] 国家体育总局政法司.《体育事业发展"十二五"规划》名词解释[EB/OL]. (2011-04-01)[2021-08-12]. http://www.sport.gov.cn/n16/n1077/n1467/n1843577/1843754.html.

[19] 光明日报. 全民健身和竞技体育齐步走[EB/OL]. (2011-01-11)[2021-08-12]. http://theory.gmw.cn/2011-01/11/content_1534997.htm.

[20] 郭素萍. 国家体育总局今年正式启动"农民体育健身工程"[EB/OL]. (2006-03-29)[2021-08-12]. http://www.china.com.cn/chinese/kuaixun/1168486.htm.

[21] 贺雪峰. 论中国农村的区域差异——村庄社会结构的视角[EB/OL]. (2012-11-13)[2021-08-12]. http://www.sociologyol.org/yanjiubankuai/tuijianyuedu/tuijianyueduliebiao/2012-11-13/15408.html.

[22] 湖北省人民政府. 湖北省人民政府办公厅关于印发湖北省体育局主要职责内设机构和人员编制规定的通知[Z]. 湖北省人民政府公报,2010-02-01.

[23] 湖北省人民政府网站. 湖北省人民政府办公厅关于印发"健康湖北"全民行动计划(2011—2015)的通知[EB/OL]. (2011-12-09)[2021-08-12]. http://gkml. hubei. gov. cn/auto5472/auto5473/201112/t20111209_160403. html.

[24] 湖北省体育局. 关于援建 2011 年湖北省乡镇农民体育健身工程建设项目的通知[EB/OL]. (2010-10-22)[2021-08-12]. http://www. hbsport. gov. cn/Html/Mass/92704. html.

[25] 湖北省体育局. 湖北省体育局简介[EB/OL]. (2007-06-22)[2021-08-12]. http://www. hbsport. gov. cn/Html/view/Introduction/.

[26] 湖北省体育局. 湖北省体育局群众体育处[EB/OL]. (2019-11-29)[2021-08-12]. http://www. hbsport. gov. cn/Html/view/Institutions/530558195190. html.

[27] 湖北省体育局. 湖北省农村乡镇体育第一个五年(2004—2008)发展规划[EB/OL]. (2003-11-04)[2021-08-12]. http://www. hbsport. gov. cn/Html/history/2005/0716972. html.

[28] 胡锦涛. 高举中国特色社会主义伟大旗帜 为夺取全面建设小康社会新胜利而奋斗——在中国共产党第十七次全国代表大会上的报告[EB/OL]. (2007-10-24)[2021-08-12]. http://news. xinhuanet. com/newscenter/2007-10/24/content_6938568. htm.

[29] 胡锦涛. 坚定不移沿着中国特色社会主义道路前进 为全面建成小康社会而奋斗——在中国共产党第十八次代表大会上的报告[EB/OL]. (2012-11-08)[2021-08-12]. http://china. caixin. com/2012-11-08/100458021. html.

[30] 胡锦涛. 在北京奥运会、残奥会总结表彰大会上的讲话[EB/OL]. (2008-09-29)[2021-08-12]. http://news. xinhuanet. com/newscenter/2008-09/29/content_10133226. htm.

[31] 华奥星空. 向体育强国迈进刘鹏接受中央主流媒体集体采访[EB/OL]. (2010-09-27)[2021-08-12]. http://www. sport. org. cn/gasc/2010-09-27/326735. html.

[32] 华彩网. 体彩公益惠及全民 雪炭工程援建项目已达 400 个[EB/OL]. (2015-01-29)[2021-08-12]. http://www. huacai. com/news/2011/

0705/45758. html.

[33] 荆州市体育局. 荆州市体育局内设机构简介[EB/OL]. (2020-03-20)[2021-08-12]. http://www. jzty. gov. cn/page/textnews1. asp? id=758.

[34] 荆州市体育局. 荆州市体育局职能简介[EB/OL]. (2020-03-20)[2021-08-12]. http://www. jzty. gov. cn/page/textnews1. asp? id=801.

[35] 江苏省体育局群体处. 新农村 新体育 新生活——江苏省实施农民体育健身工程调查[EB/OL]. (2015-05-10)[2021-08-12]. http://www. jssports. gov. cn/info/2009/3/18/info_304_20334. html.

[36] 交通运输部. 关于"十二五"农村公路建设的指导意见[EB/OL]. (2012-01-06)[2021-08-12]. http://www. moc. gov. cn/06road/zhengcefg/201201/t20120106_1182353. html.

[37] 刘鹏. 大力加强体育文化建设[EB/OL]. (2012-02-16)[2021-08-12]. http://www. gov. cn/jrzg/2012-02/16/content_2068095. htm.

[38] 刘鹏. 科学规划 改革创新 迈出建设体育强国新步伐——在2011年全国体育局长会议上的讲话[EB/OL]. (2010-01-26)[2021-08-12]. http://www. sport. gov. cn/n16/n1077/n1392/n1765998/n1766013/1775716. html.

[39] 刘鹏. 刘鹏局长在2010年全国体育局长会议上的讲话[EB/OL]. (2010-01-26)[2021-08-12]. http://www. sport. org. cn/gasc/2010-01-26/289292. html.

[40] 刘鹏. 在2009年全国群体工作会议上的讲话[EB/OL]. (2009-03-10)[2021-08-12]. http://www. sport. gov. cn/n16/n33193/n33208/n33418/n33583/1060537. html.

[41] 刘鹏. 在2009年全国体育局长会议上的工作报告[EB/OL]. (2009-01-20)[2021-08-12]. http://www. sport. org. cn/gasc/2009-01-20/232615. html.

[42] 刘鹏. 推动全民健身事业 谱写体育总会新篇章[EB/OL]. (2012-12-28)[2021-08-12]. http://www. sports. cn/subject/2013tyjz/ywsd/2012-12-28/2198146. html.

[43] 刘鹏. 在2013年全国体育局长会议上的讲话[EB/OL]. (2013-

12-24)[2021-08-12]. http://www.sport.gov.cn/n16/n1077/n1467/n3670964/n3671192/3708811.html.

[44] 马建堂. 全面认识我国在世界经济中的地位[EB/OL]. (2011-03-17)[2021-08-12]. http://politics.people.com.cn/GB/1027/14163121.html.

[45] 民政部. 民政部发布2009年民政事业发展统计公报:进步显著[EB/OL]. (2010-02-03)[2021-08-12]. http://www.gov.cn/gzdt/2010-02/03/content_1527088.htm.

[46] 南方网. 中国村级债务估计有4000亿 财政部酝酿相关方案[EB/OL]. (2006-11-17)[2021-08-12]. http://news.sohu.com/20061117/n246454245.shtml.

[47] 人民网. 5年完成23万个工程,农民体育健身工程惠及亿万群众[EB/OL]. (2011-03-25)[2021-08-12]. http://sports.people.com.cn/jianshen/GB/14232865.html.

[48] 人民网. 体育总局:公共体育场地设施建设不准增加农民负担[EB/OL]. (2006-03-29)[2021-08-12]. http://politics.people.com.cn/GB/1027/4249169.html.

[49] 人民网. 政府购买公共服务再释"积极信号"[EB/OL]. (2013-08-07)[2021-08-12]. http://politics.people.com.cn/n/2013/0807/c70731-22472585.html.

[50] 人民网资料. 1984年10月5日中共中央发出《关于进一步发展体育运动的通知》[EB/OL]. (1984-10-05)[2021-08-12]. http://cpc.people.com.cn/GB/64162/64165/70486/70491/4867558.html.

[51] 搜狐体育. 农民体育健身工程惠及亿万群众5年努力出成果[EB/OL]. (2011-03-25)[2021-08-12]. http://sports.sohu.com/20110325/n279988093.shtml.

[52] 孙晓莉. 公共服务社会化[EB/OL]. (2008-01-02)[2021-08-12]. http://www.china.com.cn/xxsb/txt/2008-01/02/content_9469570.htm.

[53] 陕西省体育局. 关于实施陕西省2011年第三期"村级农民体育健身工程"的通知[EB/OL]. (2011-02-25)[2021-08-12]. http://www.sxty.

gov. cn/structure/qzty/qzthd. htm.

[54] 体群字(2002)53号. 农村体育工作暂行规定[EB/OL]. (2009-05-22)[2021-08-12]. http://www. sport. gov. cn/n16/n1092/n16879/n17321/328875. html.

[55] 温家宝. 2010年政府工作报告[EB/OL]. (2010-03-15)[2021-08-12]. http://www. china. com. cn/policy/txt/2010-03/15/content_19612372. htm.

[56] 谢旭人. 中央财政过去十年安排"三农"支出约6万亿[EB/OL]. (2012-10-29)[2021-08-12]. http://finance. chinanews. com/cj/2012/10-29/4285537. shtml.

[57] 新华社北京11月15日电. 中共中央关于全面深化改革若干重大问题的决定[EB/OL]. (2013-11-15)[2021-08-12]. http://news. xinhuanet. com/politics/2013-11/15/c_118164235. htm.

[58] 新华社北京2011年2月24日电. 体育总局解读《全民健身计划(2011—2015年)》[EB/OL]. (2011-02-24)[2021-08-12]. http://www. gov. cn/jrzg/2011-02/24/content_1810038. htm.

[59] 新华社北京2011年3月16日电. 中华人民共和国国民经济和社会发展第十二个五年规划纲要[EB/OL]. (2011-03-16)[2021-08-12]. http://www. gov. cn/test/2011-03/16/content_1825941. htm.

[60] 新华社. 国民经济和社会发展第十二个五年规划纲要[EB/OL]. (2011-03-16)[2021-08-12]. http://www. gov. cn/2011lh/content_1825838. htm.

[61] 新华网. 中共中央关于构建社会主义和谐社会若干重大问题的决定[EB/OL]. (2006-10-18)[2021-08-12]. http://news. xinhuanet. com/politics/2006-10/18/content_5218639. htm.

[62] 新华网. 中共中央关于深化文化体制改革的决定[EB/OL]. (2011-10-26)[2021-08-12]. http://news. sohu. com/20111026/n323403147. shtml.

[63] 新华社. 中华人民共和国国民经济和社会发展第十二个五年规划纲要[EB/OL]. (2011-03-16)[2021-08-12]. http://www. gov. cn/test/2011-03/16/content_1825941. htm.

[64] 新华网. 中央纠偏“千城一面” 城镇化不能“没文化”[EB/OL]. (2014-03-17) [2021-08-12]. http://www. gov. cn/xinwen/2014-03/17/content_2640144. htm.

[65] 新华社北京 10 月 27 日电. 习近平:决胜全面建成小康社会 夺取新时代中国特色社会主义伟大胜利——在中国共产党第十九次全国代表大会上的报告[EB/OL]. (2017-10-27) [2021-08-12]. http://www. gov. cn/zhuanti/2017-10/27/content_5234876. htm.

[66] 杨正军. 安徽滁州烟草向农民体育健身工程捐赠十万元[EB/OL]. (2006-10-12) [2021-08-12]. http://www. tobaccochina. com/news/China/society/200610/20061012172024_231184. shtml.

[67] 扬子晚报. 体彩公益金助力农民体育健身工程[EB/OL]. (2012-12-28) [2021-08-12]. http://news. 163. com/12/1228/06/8JPQIUBN00014AED. html.

[68] 赵丽,马月红. 志愿者队伍成公共服务生力军尚存分布不平衡管理不规范难题完善志愿服务体系期待法律出力[EB/OL]. (2011-10-20) [2021-08-12]. http://www. legaldaily. com. cn/bm/content/2011-10/20/content_3051612. htm? node=20732.

[69] 政法司. 体育事业发展“十二五”规划[EB/OL]. (2011-04-01) [2021-08-12]. http://www. sport. gov. cn/n16/n1077/n1467/n1843577/1843747. html.

[70] 中发[2006] 1 号. 中共中央国务院关于推进社会主义新农村建设的若干意见[EB/OL]. (2005-12-31) [2021-08-12]. http://www. gov. cn/gongbao/content/2006/content_254151. htm.

[71] 中国日报. 2012 年中国人均 GDP 为 6100 美元[EB/OL]. (2013-02-22) [2021-08-12]. http://www. chinadaily. com. cn/hqpl/zggc/2013-02-22/content_8322449. html.

[72] 中国网. 2000 年 2 月 25 日江泽民考察广东首次提出“三个代表”重要思想[EB/OL]. (2003-06-25) [2021-08-12]. http://www. china. com. cn/zhuanti2005/txt/2003-06/25/content_5353656. htm.

[73] 中国文明网. 广东省体育局:广泛开展全民健身志愿服务 为建设幸福广东做贡献[EB/OL]. (2012-10-17) [2021-08-12]. http://www.

wenming. cn/zyfw _ 298/zyjsyzh/gdld/gd _ 3502/201210/t20121017 _ 891050. shtml.

[74] 中国新闻网. 国务院推体育产业新政 全民健身上升为国家战略[EB/OL]. (2014-10-20)[2021-08-12]. http://www. chinanews. com/ty/2014/10-20/6695176. shtml.

[75] 中国新闻网. 中国 31 省份 2013 年 GDP 出炉 总和超全国总量[EB/OL]. (2014-04-04)[2021-08-12]. http://www. chinanews. com/gn/2014/04-04/6031499. shtml.

[76] 中国信息报. 国际地位明显提高,国际影响力显著增强[EB/OL]. (2010-02-26)[2021-08-12]. http://www. zgxxb. com. cn/jjsp/201002263891. shtml.

[77] 中共中央,国务院. 关于加大改革创新力度加快农业现代化建设的若干意见[EB/OL]. (2015-02-01)[2021-08-12]. http://finance. sina. com. cn/china/20150201/190721447869. shtml.

[78] 中华人民共和国财政部网. 2010 年全国公共财政支出基本情况[EB/OL]. (2011-08-03)[2021-08-12]. http://www. mof. gov. cn/zhengwuxinxi/caizhengshuju/201108/t20110803_583781. html.

[79] 中华人民共和国国务院令(第 560 号). 全民健身条例[EB/OL]. (2009-09-06)[2021-08-12]. http://www. gov. cn/flfg/2009-09/06/content_1410716. htm.

[80] 中华人民共和国主席令. 中华人民共和国村民委员会组织法[EB/OL]. (2010-10-28)[2021-08-12]. http://www. gov. cn/flfg/2010-10/28/content_1732986. htm.

[81] 中南财经政法大学湖北财政发展与研究中心. 湖北省县乡两级政府财政供养人口的调查和研究[EB/OL]. (2014-09-02)[2021-08-12]. http://www. wto-znufe. com. cn/articleshow. asp? ContentId=2952.

[82] 中新网 3 月 17 日电. 习近平:再接再厉,继续为实现中国梦奋斗[EB/OL]. (2013-03-17)[2021-08-12]. http://www. chinanews. com/gn/2013/03-17/4650079. shtml.

5. 报纸类

[1] 曹彧. 中国体育发展战略研讨会召开:共同探讨体育强国内涵特

征［N］. 中国体育报，2009-12-14（3）.

［2］陈永杰. 推动公共服务领域的改革开放［N］. 经济参考报，2005-01-25（4）.

［3］李浩. 农村体育事业发展难点与解决之道［N］. 光明日报，2013-02-02（8）.

［4］王世让. 20 万人的活动中心［N］. 中国体育报，2011-07-04（14）.

［5］许立群. 农民体育健身工程惠及亿万群众［N］. 人民日报，2011-03-25（4）.

后　记

十年磨一剑。本书稿是在本人主持完成的 2011 年度国家社科基金项目“体育强国目标下农村体育公共服务的理论与实证研究”（项目编号为 11BTY011）最终成果的基础上不断修订完善而成的，并得到华中师范大学出版基金资助出版。虽然该项目早于 2015 年底以“良好”等级结项，并收到一些知名出版社的约稿，但囿于本人追求完美的固执性格，以及体育强国与农村体育公共服务建设任重道远的实际，本书稿一直处于打磨与完善中，直至全面建成小康社会并迈向第二个百年奋斗目标新征程交汇之际杀青付梓。

本课题的申报与完成，离不开课题组成员华中师范大学王健教授、国家体育总局徐文强处长、三峡大学秦小平教授、中南民族大学谭延敏教授等人的大力支持。在本课题的完成过程中，华中师范大学体育学院刘蕾等研究生在本课题的问卷发放与回收、数据采集与统计及部分初稿资料的收集整理中付出了艰辛的劳动。在此，谨向以上同志表示衷心的感谢！

感谢北京体育大学原校长杨桦教授在百忙之中欣然为拙著作序！此序既有对本书的肯定，也有且更多的是对晚辈的一种鼓励、鞭策与期望。感谢一直以来给予我关心、支持与帮助的诸多学界前辈、同仁与朋友们！感谢华中师范大学以及体育学院各级领导和同事们的关爱！

感谢全国哲学社会科学规划办及华中师范大学出版基金的支持！感谢华中师范大学出版社谢琴、刘少玲、方统伟等编辑为拙著的付梓出版所付出的辛勤劳动！此外，本书中还引用了诸多专家学者的观点和成果，在此一并表示诚挚的谢意！

最后，值得一提的是，在全民健身战略、体育强国战略、健康中国战略以及乡村振兴战略等国家战略大力实施的新时代，新征程中农村体育公共服务体系建设与完善，仍然是众国家战略交响乐曲中的重要音符，其建设与完善事关 2030 远景目标及第二个百年奋斗目标实现的大局。就此意义而言，新征程中农村体育及其公共服务建设研究，可谓只有进行时而没有完成时，需要广大同仁一起再接再厉、踔厉奋进。此外，囿于本人有限的学力及精力，该书难免挂一漏万，其中不尽如人意之处敬请广大读者、专家和同行批评指正。

是为记。

2021 年 12 月于武昌桂子山